U0022311

滄海叢刊

現代美學及其他

趙天儀著

1990

東大圖書公司印行

國立中央圖書館出版品預行編目資料

現代美學及其他／趙天儀著 -- 初版 --
台北市：東大出版：三民總經銷，民79
面；　　公分 --（滄海叢刊）
含參考書目
ISBN 957-19-0056-7（精裝）
ISBN 957-19-0057-5（平裝）

1.美學
180

© 現代美學及其他

著　者　趙天儀
發行人　劉仲文
出版者　東大圖書股份有限公司
總經銷　三民書局股份有限公司
印刷所　東大圖書股份有限公司
地址／臺北市重慶南路一段六十一號二樓
郵撥／〇一〇七一七五—〇號
初　版　中華民國七十九年三月
編　號　E 18003①
基本定價　伍元伍角陸分
行政院新聞局登記證局版臺業字第〇一九七號

ISBN 957-19-0056-7

假如我是一個詩的讀者（代序）

㈠

我愛好詩，三十年如一日，從新詩到現代詩，我幾乎沒有間斷地一直在欣賞著，所以，假如我是一個詩的讀者，我願表示我這一份長期訂戶的心情，也許也能代表一種讀者的心聲吧！三十多年來，在臺灣所出版的詩刊、詩集、詩選、譯詩集、評論集，以及報章雜誌所發表的有關新詩或現代詩的作品，我不敢說全部過目，但是，我敢說百分之九十以上，我大都過目，而且，有許多作品不只觀賞一次，這樣的讀者該是非常的難得吧！所以，我以一個詩的讀者的身份，來對我們正在發展中的現代詩及詩人們，提出三點希望與三點建議。

所謂三點希望，就是指詩人創作的心血結晶而言。也就是說從詩人的作品中，我常常感到還有不滿足、不過癮的感覺，提出下列三點希望：

一、詩要給我們充實美感經驗：詩人不要以為用華麗的辭藻捕捉了剎那的經驗，或用傳統的聲籟表達了思古的幽情，就已盡到了表現的責任。我們所期待的是一種全新的創造，充實我們的美感經驗，能給我們帶來新的秩序，而不只是過去詩人的回音而已。

二、詩要給我們啟迪人生智慧：詩人創作了作品，作品便斷臍而獲得獨立存在的生命，然而，如果這個獨立存在的生命，缺乏生命的光輝，那麼，如何能給我們啟迪人生智慧呢？不錯，詩是一種表現人生智慧的語言，是經過了詩人創造活動苦心經營的結果。

三、詩要能給我們鼓舞批評精神：詩人一邊創作，一邊自我批評，在不斷地推敲的創作過程中，表現了詩人在精神世界的飛揚。我們希望這種自我批評的精神，能突破自我中心的封閉性，而成爲開放性的批評精神；一方面是對詩人的激勵與躍昇，另一方面是對讀者的鼓舞與啟示。

所謂三點建議，就是指對詩人而言，尤其是對詩人所表現的情操來說。對於一個有耐心的詩的讀者而言，溫柔敦厚，敦品勵學，該是給他最好的教養與印象。然而，事實上，我們許多詩人所作所爲，是否能獲得讀者打從心裏由衷的激賞與首肯呢？所以，我提出三點建議：

一、詩人的表現，不要只給我們迷惑於才氣的閃爍，而是要給我們感受到一種教養的薰陶。

我們並不希望一個詩人是一個百科全書式的學者，一個十項全能的博士先生，事實上，那不是眞正詩人所要表現的精神。詩人有而且只有狂熱的創造精神以及冷靜的批評精神，才能使他不斷地向前邁進；創造精神使他不斷地有所突破，批評精神使他不斷地自我反省，自我檢討與節制，面對著永恒的挑戰而不退卻。

二、詩人的結社，不要只給我們困惑於黨同而異伐，而是要給我們品味到一種境界的提昇。

詩人是靠作品本身的芬芳，而贏得讀者的激賞。決不是靠結社、辦詩刊、編詩選、出詩集、開朗誦會等活動所能取代，更不是黨同而異伐就能提高自己的身份與地位。事實恰恰相反，其人大名鼎鼎，而其詩不過爾爾，那才是天下最悲哀的反諷。

三、詩人的風範，不要只給我們蠱惑於作秀的光采，而是要給我們學習到一種由衷的敬意。

近幾年來，我們有些所謂現代詩人，喜歡作秀，不亞於歌星明星之流。例如：所謂十大詩人選集，所謂十大詩人選舉，這不是作秀，是什麼？被選上的可能飄飄然，自我陶醉一番，然而，這跟十大歌星的選舉有何不同呢？詩人曝光到這種地步，實令人感慨萬千。老實說，三十多年來，我們有沒有眞正的大詩人？我們讀者心裏有數。眞正的文學史、詩史會證明，我們還沒有大詩人，更何況是十大詩人？當然，我們所需要的詩人的風範，決不是只會自我膨脹的名利之徒而已。

好了，假如我是一個詩的讀者，我將不斷地有耐心地欣賞詩人創造的結晶，尤其是那種令人感動的作品。但是，我也要率直地提出我的希望與建議，來鞭策他、來激勵他。

㈡

孔子談詩、談美，在春秋時代，已經有詩三百成爲他討論的對象。柏拉圖、亞里士多德談詩、談美，在古希臘時代，已經有希臘的史詩、抒情詩、悲劇以及藝術，成爲他們討論的對象。所以，我們現今談美學、談詩學，便有自古以來的創作品及評論成爲研究的對象。

本書包括「現代美學」與「現代詩的美學」兩大部份，事實上就是自古以來談美與詩的兩大課題。本書以「假如我是一個詩的讀者」一文做爲代序，正表示我做爲一個讀者的心聲，這是我對現代詩創作的期待，也是我對現代美學探索的期望。

們學習到一些成功的訣竅。

[illegible]

[illegible]

[illegible]

[illegible]

[illegible]

已。

[illegible]

[illegible]

的作家與讀者，來推動現代文學研究的風氣。

[illegible]

本書包括「現代文學」與「現代詩的美學」兩大部份，事實上就[illegible]

[illegible]

的理論，也是建立現代文學研究的起點。

現代美學及其他　目次

第一部份　現代美學

第二部份　現代詩的美學

第一部份

現　代　美　學

現代美學的研究領域

「美」與「美感」的意義

在日常生活中，有許多用語，往往是「美」的同義語。例如：在中文裏的「美麗」、「漂亮」、「好帥」等等。然而，把「美」與「美感」的用語，從美學的觀點來省察，就有許多意義，值得讓我們來加以分析與澄清。

德語的 Schönheit 或 das Schöne，從德語的形容詞來看，有事物、行爲、思想、語言、心等的意味，甚至連實驗、證明、述作等也適用。近代歐洲語言的「美」的形容詞，常跟「良好」、「高貴」等意義密切結合。把「美」這個字眼，放在美學的領域中來使用，巴克(Edmund Burke, 1729-1797)或康德（Immanuel Kant, 1724-1804）都曾經把「美」（Beauty）與「崇高」（Sublime）並稱。換句話說，是把「美」與「崇高」放在「美的範疇」裏的概念來加以思考。

在美學的領域中，德語的「美感」（das Asthetische）的概念，是來自希臘語，具有「知覺」、「感覺」等的意義。所以，從語源的意義上來看，是在直接體驗上成立，表示有著直感性價值的美的價值。因此，依照這種意義來看，相對於「美感」而言，「美」是它的下位概念，是跟「崇高」、「悲壯」、「滑稽」等並列的一種美的範疇的意義。 姚一葦教授在《美的範疇論》裏， 便是採用了類似的觀點，他是以「秀美」、「崇高」、「悲壯」、「滑稽」、「怪誕」與「抽象」等並列來探討。

在廣義的意義上，「美」與「美感」都有直感的、感覺的，而且是有著精神的一種獨自的價值內容爲其本質性的表示。從美學的立場與學說來看， 有客觀的解釋與主觀的解釋 。 從一般性的用語來看，「美」(Schön, beauty) 是對藝術品及其他的對象給予形容的賓述語詞而言，而「美感」(Ästhetisch, aesthetic) 卻是適用於凝注觀照或享受的作用而言。

當然，爲了探討美學問題的需要，也爲了行文的方便，我們使用「美」或「美感」的字眼，乃依事實上的需要，或單獨使用，或並列使用，或交替使用，我們將謹愼地來使用它。

美學的兩種性格

美學的兩種性格：一種是哲學的性格，也可以說是來自美學史的傳統，尤其是形上學的美學，在哲學的美學上，還是具有一股不可忽視的傳統淵源。另一種是科學的性格，也可以說是來自美學史的近代的演變，尤其是心理學的美學，在科學的美學上，曾經帶來了很大的衝擊力量。

從傳統的淵源來看，西方哲學家，柏拉圖的模倣說，源自他的理型論；亞里斯多德的模倣說，也建立在他的形上學的基礎上。因此，西方傳統哲學，從形上學，而知識論，而價值論，都給美學的發展和建設，帶來了很重要的踏腳石。

從近代美學的演變來看， 費希納 (Gustav Theodor Fechner,

1801-1887) 在他的《美學入門》(*Vorschule der Asthetik*, 2 Teile, 1876) 的序文中，他把過去哲學的、思辨的美學，認爲是「從上而來的美學」(Asthetik von oben); 而相對於此，以科學的，經驗的美學爲「從下而來的美學」(Asthetik von unten)。他認爲前者採用了演繹的、思辨的研究方法，而後者卻採用了依照實驗而來的歸納的，記述的研究方法。這兩種不同的研究取向，也可以看出美學的兩種性格。哲學的美學，建立在哲學的基礎上，強調演繹的思辨的方法論。而科學的美學，則建立在科學的基礎上，強調歸納的實驗的方法論。科學的美學，以人類學、心理學、社會學等的探討，提供了不少研究經驗的基礎。

美國當代美學家孟羅・畢爾斯萊 (Monroe C. Beardsley, 1915-) 在他的《美學》(*Aesthetics*, 1958) 中說:「我想，有效地去區別心理學的美學，它處理關於藝術作品的原因與結果問題，而哲學的美學，它處理關於批評的陳述的意義與眞理的問題。」從他這種看法與區別中，我們可以更進一步地了解美學的兩種性格，以及他們所處理的不同的取向。

美學的三種類型

美學的三種類型，是指哲學家的美學、科學家的美學以及藝術家的美學而言。在西方美學史發展的過程中，美學的發展跟西方哲學史有著密切的關聯，幾乎重要的哲學家，都有重要的美學著作；如柏拉圖、亞里斯多德、康德以及黑格爾，都自成一個重要的哲學體系，而美學在他們的體系上都佔有一個很重要的位置。柏拉圖的《對話錄》、亞里斯多德的《詩學》、康德的《判斷力批判》、黑格爾的

《美學》，都已成爲美學史上重要的美學古典名著了。這些哲學家的美學思想，站在哲學的立場上來發言，而且都離不開他們哲學思想的系統，所以，也可以說是哲學家的美學。

到了近代美學史的時期，美學的發展，除了哲學的美學以外，從心理學、人類學以及社會學的方法與見地來研究美學，也就逐漸地形成了科學的美學。實驗美學、感情移入的美學、精神分析等的研究，形成了心理學的美學。藝術起源的研究，不但形成了人類的美學，而且也促進了原始藝術的研究。另外從社會學的見地來研究藝術，也形成了藝術社會學。這些美學思想，站在經驗科學的立場來發言，比較具有實驗的精神以及實證的傾向，也許可以稱爲科學家的美學。

又藝術家、文學家以及詩人，在他們創作的體驗上，除了在狂熱的創造過程中表現他們的才華以外，有些也頗能理智地來反省與批評，因此，當下許多有關美學思想的探討，例如：達文西的《繪畫論》、哥德和愛克爾曼的《對話錄》、羅丹的《藝術論》以及托爾斯泰的《藝術論》等等，這些帶有批評精神的反省，往往也頗有精闢的見解，雖然不若哲學家的美學那樣具有龐大的體系，或玄想的思辨，或嚴密的分析；也不若科學家的美學那樣具有實驗的態度或實證的精神。然而，對美學思想的貢獻，也不能等閑視之，所以，或許我們可以稱爲藝術家的美學。

哲學家的美學，在系統性的思辨或分析；科學家的美學，在實驗性的觀察或歸類；而藝術家的美學，則在體驗性的反省或批評。事實上，在美學問題的研究上，我們都應加以重視，不過，哲學家的美學思想還是其中淵源最爲深遠。因此，哲學家的美學還是我們首先必須加以重視的第一個部門。

美學研究的領域

如果我們以美與藝術爲美學研究的兩個對象來思考的話，到底美學研究的領域有那些呢？美學是一種美的研究，美學是一種藝術的研究，美學是一種美感的研究等等的定義，都只是說明了美學研究的本質性的範圍。

根據日本美學家竹內敏雄所編修的《美學事典》❶，美學的領域包括了美學藝術論史、美學體系、美術學、音樂學、文藝學、演劇學、電影學以及藝術教育八大部門。美學藝術論史與美學體系是美學研究的兩大主要部門。美術學、音樂學、文藝學、演劇學及電影學是五個美學研究的分支的部門。而藝術教育則是屬於美學研究的實踐的部門。

美學藝術論史的研究，是以歷史性的研究爲重點，有如研究哲學中的哲學史一樣，探討希臘到二十世紀美學及藝術理論的發展。美學體系的研究，是以系統性的研究爲重點，因此，有如研究哲學中的哲學問題研究一樣，探討美學問題，包括理論的架構與問題的分析。

而其他六個部門；美術學主要研究造型藝術的理論，重要的課題有美術史、美術史的哲學以及美術批評。音樂學主要研究音樂理論，重要的課題有音樂史、音樂美學及音樂批評。文藝學主要研究文藝理論，主要課題有文學史、文學理論、文學批評、詩學、小說的美學以及文藝思潮。演劇學主要研究戲劇理論，電影學主要研究電影理論，

---

❶ 日本美學家竹內敏雄，爲東京大學教授，現已逝世，爲東京大學榮譽教授，日本學士院會員，著有《美學總論》、《亞里斯多德藝術理論》、《現代藝術的美學》、《塔與橋——技術美的美學》等，譯有黑格爾的《美學》共十二卷。《美學事典》由他主編，集日本戰後美學界共同執筆，有如一部美學的百科全書。

重要課題有電影美學。至於藝術教育，主要研究藝術教育理論，包括藝術敎育論、藝術敎育史以及藝術敎育的方法論。

從以上所述， 我們可以扼要地看出美學研究的領域實在非常廣泛，從哲學性的思辨到科學性的分析，從歷史性的追溯到體系性的解明，研究美學所須具備的學問或基本知識，也不容忽視。

美學與哲學

在西方美學史上， 美學曾經以詩學的形式出現， 在古代希臘哲學期， 亞里斯多德的《詩學》(*Poetics*) 便是最重要的代表作品之一。在文藝復興時期，研究亞里斯多德的《詩學》也曾經盛行一時。這種詩學、文學批評跟美學混合不分的作品，該是歷史發展過程中的現象。

因此，詩學是哲學的一支，批評也是哲學的一支，而美學更是哲學的一支。他們有些共同的課題，可以說有共同界域，同時彼此也都是建立在其形上學的基礎上。所以，我們可以說美學的發展，跟哲學的發展有其不可分的淵源與關聯。

從古代希臘哲學史中，我們可以瞭解，心理學曾經也是哲學的一支，所謂哲學的心理學 (Philosophical psychology)，在西方心理學史上也有其相當的歷史的淵源，由於科學的心理學的發展，今日的心理學已脫離哲學的領域， 成爲新興的科學之一。 心理學在科學方法的探討與研究的結果， 不但是一門經驗科學， 而且也是一種行爲科學。

而哲學的美學跟哲學的心理學一樣，是哲學的一支。在西方哲學的領域中，美學是價值哲學的一個部門。如果我們把價值哲學分爲一般價值理論與特殊價值理論，那麼，美學就跟倫理學頗相彷彿，都可歸類在特殊價值理論的領域裏。

從西方美學史的發展過程中，我們可以看到美學曾經從形上學的理論基礎出發，逐漸地發展與演變的結果，美學成爲屬於價值論的一環。美學跟哲學這種密切的關聯，雖然也曾經受到科學發展的衝擊，然而，今日哲學的美學似乎還有其不可忽視的存在。例如：現代英美的分析美學，歐洲的現象學的美學、實存主義的美學等等，都有很重要的發展，值得讓我們來重視與研究。

美學與科學

美學問題有系統的探討，側重了橫斷面的研究。而美學史把問題意識放在歷史脈絡的發展與探討，則側重了縱斷面的研究。因此，美學問題重視現在的意義，而美學史則回顧過去的意義；美學問題從現在把握過去，而美學史則從過去展現將來。

法國美學家游士曼(Denis Huisman)在其《美學》(*L'Esthetique* 1954)❷中指出，西方美學史的發展，經過了獨斷主義、批判主義、實證主義的三個階段；同時也形成了藝術哲學、藝術心理學、藝術社會學的三個階段。藝術哲學是哲學的美學與哲學的藝術學發展的一個取向，而藝術心理學與藝術社會學則是科學的美學與科學的藝術學影響的一種趨勢。

自科學方法引進美學研究的領域以後，人類學、心理學與社會學對美學與藝術學的研究，都提供了許多不可忽視的問題及其著作。其

---

❷ 游士曼的《美學》，日譯本爲久保伊平治譯，白水社出版，一九五九年初版。

中尤其是心理學與社會學的影響最爲顯著。就以心理學的美學爲例；在美感經驗的學說上，對觀賞者與美感對象之間的探討與分析就有「移情」(empathy) 說，「遊戲」(play) 說以及「心理的距離」(psychical distance) 說等等的提出。而現代心理學的發展，以實驗心理學 (Experimental psychology)、完形心理學 (Gestalt psychology) 及精神分析 (psychoanalytic) 等對美學的影響與貢獻，最被重視。

從科學方法的參與到經驗科學的介入，美學的研究，受了科學的衝擊，愈來愈明顯，愈來愈擴大。美學的研究固然有其不可忽視的哲學的歷史傳統，但是，這種科學方法與研究的取向，也形成了美學在學問意識的探討上更有自主性與獨立性的地位，而不僅僅只是哲學的副產品而已。

游士曼認爲美學發展到二十世紀，相對於十九世紀的言辭主義而言，有一種根本性的變化，那就是說二十世紀須要建立「實驗室的美學」(Esthetigue de Laboratoire)。

美學與藝術學

以美爲研究的對象，有美的哲學與美的科學；美的哲學也就是哲學的美學，美的科學也就是科學的美學。如果說形上學的美學是哲學的美學的一個代表，那麼，心理學的美學也可說是科學的美學的一個代表。

以藝術爲研究的對象，有藝術的哲學與藝術的科學；藝術的哲學是哲學的藝術學，而藝術的科學是科學的藝術學。西方美學的發展，到了十九世紀，由於「藝術學」要從傳統的美學中獨立出來，而以有著藝術學之祖的費得拉（Konrad Fiedler，1841-1895）在理論上，區別了美與藝術的問題。

德國在十九世紀到二十世紀所發展出來的所謂「藝術學」（Kunstwissenschaft），有著多樣性的意義。「藝術」（Kunst）一詞，廣義的意義，是指一般的藝術而言；而狹義的意義，卻是指美術，或者說是指造形藝術而言。

如果我們說，藝術學是研究一般的藝術，也有兩種的用法：一是指作爲諸藝術共通的理論的研究，所以，所謂藝術，就包括了造形藝術、文藝、音樂、演劇、電影、舞蹈等等，藝術學就是對於這些作爲其共通的法則在理論上的研究。通常把這種藝術學稱爲一般藝術學（Allgemeine-Kunstwissenschaft）。另一是指個別藝術的特殊的研究，而在方便上，總稱爲藝術學，那就是包括了造形藝術學、音樂學、文藝學、戲劇學、電影學等各部門，稱爲藝術學或藝術科學，在這個意義上，德文的 Kunstwissenschaften，則採用了複數的形式來表達。以上是廣義的藝術學。

狹義的藝術學，是把藝術只當作造形藝術來使用時，這時也有兩種用法：一是指關於造形藝術在理論上的體系的研究，藝術學，亦稱爲美術學，跟文藝學、戲劇學、音樂學、電影學並立而存在的學問。另一是指關於造形藝術的歷史的研究，在這個意義上，是跟「美術史」有著同義性。在德國，所謂 Kunstwissenschaft，也有想做一般的美術史而言。

那麼，爲什麼在美學的研究以外，還倡導了藝術學的研究呢？主要的理由有三：一、所謂藝術的表現不只限於美。二、相對於美學的體驗是以受容的態度爲基本，藝術卻是創造的行爲。三、如果美是精神的價值，而藝術卻是在社會中作爲客體性存在的文化。

簡單地說，如果美學的研究較有哲學的傾向，那麼，藝術學的研究便較有科學的傾向了。日本東京大學渡邊護教授❸認爲藝術學在廣義的意義上，是作爲美學的一個分野；正如物理學中的光學一樣。這樣的類比推論，是否妥貼？當然還值得探討，不過，也可以呈現出藝術學在美學的研究與發展，有其相關而又有獨立性的意義與存在。

美學與藝術批評

如果說美學是研究美與藝術的哲學，在廣義的意義上，美學所包含的領域，也涉及了藝術批評的問題了。不過，如果把美學與藝術批評相對地來看待，彼此當然有其各自獨立的領域，然而，也有其彼此的共同界域。

美學一向被認爲是以研究美或美感經驗等爲主要的課題。然而，一旦涉及美感對象的問題的時候，也不能不討論何謂藝術的問題，尤其是可能涉及了藝術作品的問題。

藝術批評，一方面要研究藝術的性質與結構，同時另一方面也要研究批評的性質與方法；因此，站在哲學的反省上，藝術批評也需要建立所謂批評的理論。

那麼，批評是不是一種哲學精神呢？如果說它的回答是肯定的，顯然地，批評該也是哲學的一支了。批評的對象，如果是限定在藝術的領域上，我們就叫做藝術批評。批評的對象，如果是限定在藝術各

---

❸ 渡邊護教授，日本東大美學科畢業，留歐，曾任武藏野音樂大學教授，現任東京大學文學部美學藝術學教授。著有《音樂美的構造》、《藝術學》等。

部門上；例如：批評的對象是文學，我們就叫做文學批評。批評的對象是美術，我們就叫做美術批評。批評的對象是音樂，我們就叫做音樂批評。批評的對象是電影，我們就叫做電影批評。

因此，所謂藝術批評，在廣義的意義上，便包括了文學批評、美術批評、音樂批評以及電影批評等等。其中尤其是文學批評，在西方批評史上，可說是最發達也最豐富。所以，藝術批評一方面可說是伴隨著文學批評而發展，另一方面卻是強調了它本身的獨立性而發展。當然，狹義的美術批評也刺激了廣義的藝術批評。把藝術批評當作一種哲學，顯然是強調了它的哲學的意義。哲學是充滿了思辨、分析以及評價的活動，而藝術批評的哲學做爲哲學的一支，便也暗示了這種活動的展開。

通常藝術批評所展現的，幾乎是針對某些藝術作品的批評活動所帶來的成果。例如：在文學批評中，亞里斯多德的《詩學》，便是針對希臘的史詩、悲劇等批評活動的結果。王國維的《人間詞話》，便是針對唐宋以來的詩詞，尤其是對詞批評活動的結果。在這些批評活動中，我們可看得出批評有其不同的層次。當藝術家在創造活動中，便有了一種自我批評的參與，但我們通常所說的批評，往往是針對藝術作品而言。所以，針對藝術作品的批評，如果是對象批評，也就是第一層次的批評。那麼，針對批評的批評，該是後設批評，也就是第二層次的批評了。如果說前者是藝術批評的話，那麼，後者該是後設的藝術批評，或者說是藝術批評的哲學了。可以說，藝術批評的哲學，最主要的便是研究批評的批評，尤其是批評的方法、批評的語言以及批評的理論等等。如果說把美學當作後設理論，或者當作批評的哲學的話，那麼，藝術批評的哲學該是一種藝術批評的後設理論，在這一點上，兩者似乎是一脈相通的。

美學與藝術史

美學與藝術史都是以藝術爲研究的對象，然而，它們研究的方法與領域究竟有何不同呢？美學除了研究美的與美感的問題以外，也探討藝術的問題。美學是把藝術的創造、欣賞與批評給予相關而一貫的探索，因此，是以藝術的本質爲把握的核心，來掌握藝術的理論與實踐的原理。而藝術史則以藝術創造的歷史爲把握的重點，對藝術作品的淵源與解釋，給予歷史的以及文化的考察。

自十九世紀德意志美學思潮蓬勃地發展以後，間接也促成了藝術學的興起，因此，頗爲重視藝術研究的獨立性與自主性。同樣地，也促成了藝術史研究的勃興。尤其是在藝術史的方法論、藝術史的哲學以及藝術史學等範圍，拓展了許多重要的領域。

謝德麥（Hans Sedlmayr）在《藝術史的理論與方法》一書中指出，藝術史的研究有三大取向：一是當作風格史的藝術史，二是當作美術史的藝術史，三是當作精神史的藝術史。他探討藝術作品的解釋與眞實等問題，並且從科學的藝術史，藝術史的科學，到現有的藝術史的檢討，來探討研究藝術史的可能的新方向。那麼，到底什麼才算是藝術史呢？我們現有的藝術史的研究究竟完成了那些研究的成果呢？這些都是值得讓我們來進一步地加以思考的課題。

中華民族是一個歷史文化悠久的民族，而且也有相當輝煌的美術史。自民國以來，中國美術史的研究固然有些成績，可是，往往欠缺相干的知識的參與；例如：美學、藝術學、藝術史的方法論、藝術史的哲學、藝術批評的哲學、比較美學以及比較藝術學等相關學問的省察，實在值得讓我們來加以重視，並且早日彌補這方面的欠缺，以充實我們在這方面的研究，以便提昇我們研究藝術史的新境界。

當然，一個美學的研究者，需要有相當的藝術史的知識與修養爲基礎，它的理論的探討才不會落空。而一個藝術史的研究者，也需要有相當的美學的與藝術學的知識與修養爲基礎，它的歷史的研究才不會流於盲目。

美的感情

什麼是美？美是在觀賞者主觀的自我呢？還是在美感對象客觀的存在呢？或者是在兩者互相的關係呢？究竟美的存在具有什麼意義呢？這是在美學基本問題的討論中，首先要遇到的一個重要的課題。

美國美學家喬烈德（James L. Jarrett）在《美的探求》（*The Quest for Beauty*）一書中，提到美與美感時，從美是一種感情來省察。他認爲如果美是存在於個人的感情，而個人的感情是由他們不同文化的氣質所形成的。依照美的主觀論，文化相對論以及客觀論，他把討論的結果加以簡介如下：

一、主觀論：所謂主觀論，基於事實，認爲感情是沒有一種滿足的時候，所謂有著美好的感情者，以爲美是感情主觀的感受，沒有任何事物，通常可說是包含了現實的美。

二、文化相對論：所謂文化相對論，也基於事實，認爲感情是一種個人的反應，而個人所受到的文化的陶冶或影響，使他的美感跟所謂一種賦與他的文化相一致。

三、客觀論：所謂客觀論，亦基於事實，認爲美是事物的一種性質，是在我們所謂的美感裏面，而不是在經驗中的迅速的判斷。

換句話說，主觀論強調觀賞者主觀的自我，客觀論強調美感對象客觀的存在，而文化相對論則強調了個人的感受及其文化的影響。

德國美學家蓋格爾則堅持美不是一種感情，然而，感情卻是個人經驗裏的一種感性、知性以及藝術活動，因此，美是美感經驗的原因，也是美感經驗的結果。

從美的感情出發，自然涉及了感覺、知覺、觸覺等情緒的活動，而美到底具有怎樣的性質與意義呢？值得讓我們來繼續探索。

美感態度

如果說美感態度涉及了主體與對象的關係，主體是觀賞的自我，而對象便是被觀賞的存在。那麼，觀賞的自我要以怎樣的態度來觀賞對象，才算是美感態度呢？

在美的現象所呈現的多樣性的領域中，有一種比較基本的美的性格，從美的範疇來看，有所謂自然美與藝術美的區別。從自然的現實的事物所見的美，用比較通俗的稱呼，就是指非人的對象的美；例如：所謂風景美。而從人事的現實的層次來看，甚至還包括了歷史的與社會的層次，以現實的生命作爲體驗的美，相對於所謂非人的對象的美而言，就是所謂藝術美。自然美是非人爲的美，而藝術美卻是人爲的美。藝術美往往有人爲的技術性的參與，也就是指藝術性的製作而言。

因此，所謂美感態度，是觀賞的自我凝視關注美感的對象，有其選擇性的取向。那麼，我們該以怎樣的態度來面對美感的對象呢？也就是說，怎樣才算是一種美感態度呢？進一步地說，是以怎樣的態度來面對藝術作品，才算是一種美感態度呢？

美國美學家史托尼慈（Jerome Stolnity）教授在《美學與藝術批評的哲學》一書中，談到美感態度的界說的時候，以無關心、同情的注意與靜觀注視對感覺的任何對象，是美感的主要關鍵性的態度。

所謂無關心，是指在過程本身就是目的；而關心則是在過程以外，有其究極的目的。因此，無關心，如一個藝術工作者的工作，創造過程本身就是他的目的。而關心，如一個勞動者的工作，其目的不在勞動過程本身，而是在他的究極的目的，也就是獲得工資的報酬爲其目的。

當觀賞的自我以美感態度凝視關注美感對象的時候，所謂無關心，即以美感爲非實用的；所謂同情的注意，即以美感爲非認知的；所謂靜觀注視，即以美感爲非切身的。簡單說，美感是非實用的、非認知的、非切身的態度。而無關心的學說，是德國哲學家康德在他的三大批判之一「判斷力批判」中所提出的，值得我們重視。

美的價值

把美當作一種感情，我們從美的主觀論、文化相對論以及客觀論來加以探討。把美當作一種價值，我們將從工具的、本質的以及固有的三種意義，來加以思考。

如果把眞、善、美當作三種價值的理想來看待，那麼，邏輯學探討眞，是科學的價值。倫理學探討善，是道德的價值。而美學探討美，是藝術的價值。

因此，當我們把美當作一種價值來思考的時候，如果說美有一種工具的意義，那就是說，美的事物或對象，有工具的價值。如果說美有一種本質的意義，那就是說，美感經驗有本質的價值，如果說美有一種固有的意義，也就是說，美的事物或對象有固有的價值。

工具的價值涉及一種工具的需要。本質的價值是感覺的價值，也就是涉及直接的滿足。而固有的價值，跟工具的價值一樣，也是屬於涉及事物或對象。因此，我們可以說，如果問事物，它們到底有什麼價值呢？那就是說，有工具的或固有的價值。如果問經驗，它們到底有什麼價值呢？也就是說，經驗有內在本質的價值。

談到美的價值，我們必須談到美的主觀性與客觀性的問題。如果說美的主觀論者堅持美在個別的感情，美的文化相對論者堅持美是反應社會的條件， 而美的客觀論者， 則堅持美的存在是一種事物的性質。因此，如果我們把美當作一種固有的價值的話，我們的問題也就不難克服了。

因此， 我們可以說， 美的價值，一方面要有主觀性的自我的參與，另一方面也要有客觀性的固有的存在；而且是當自我的主觀性與對象的客觀性發生緊張關係的時候，所謂美的價值，才宣告成立。

創造過程與藝術作品的分析

引　論

在十九世紀，正當自然科學的勃興而强烈地影響了哲學底發展的時候，所謂價值哲學的提倡，便是意味著價值的領域還是哲學所要探討的對象，而價值以外的問題，該是科學所要探討的對象了。那就是說，只有價值的問題，還是哲學家所關心的課題，甚至有的進一步認爲唯有價值的問題才是哲學尚未讓科學取代的問題。

到了二十世紀，尤其所謂分析哲學的提倡，認爲哲學是在概念的分析， 包括了語言分析與邏輯分析， 强調著哲學的意義是在通過了邏輯的論證而更爲顯著。把語言的問題認爲是哲學所要探討的對象一樣，是頗相彷彿的。固然，兩者的領域是不同的，但是劃分出那些問題是哲學所關心的領域，其用意是頗爲類似的。

美學的界說

在西洋美學史上，如果我們承認美學的研究有著兩大類型；那就是哲學的美學與科學的美學。 美國美學教授畢爾斯萊（Monroe C. Beardsley）認爲哲學的美學所要處理的問題是在批評的述句底意義與眞理；而科學的美學所要處理的問題是在藝術作品的原因與結果❶。

換句話說，哲學的美學強調了哲學方法的功能，而科學的美學便是強調了科學方法的應用。

把所謂科學方法應用到美學研究的領域上，最顯著的該是所謂心理學的美學了。德國美學家費希納（Gustav Theodor Fechner, 1801-1887） 除了所謂精神物理學的研究以外， 在倡導所謂實驗美學的時候，提出了方法上的革新。他認爲過去的美學的研究；是演繹的，是思辨的；而今後的美學的研究，該是歸納的、是經驗的。前者是一種從上而來的美學 (Ästhetik von oben, aesthetic from above)，而後者便是一種從下而來的美學（Ästhetik von unten, aesthetic from below)。 雖然， 所謂實驗美學已經逐漸地成爲歷史性的名詞， 但在美學的研究上，其方法革新的要求，卻是值得重視的。

在傳統美學的探討中，哲學方法的應用，不外乎是思辨的與經驗的兩大傾向。如果說現象學的美學，強調了現象學的方法，那麼，我們也可以說，分析美學是強調了分析的方法，尤其是語言分析與邏輯分析。

分析哲學把哲學界說爲一種概念的分析，並不因而否定了其他的哲學的界說，同樣地，分析美學把美學界說爲一種美的記號的分析，也並不因而否定了其他的美學的界說。分析美學是以傳統美學的問題爲其檢討、分析與批評的對象。

現代美學的中心問題

自從美學 (Asthetik, Aesthetics) 與藝術學 (Künstwissenschaft,

---

❶ 參閱畢爾斯萊（Monroe C. Beardsley）著《美學：在批評哲學上的問題》（*Aesthetics*: *Problems in the Philosophy of Criticism*）一書，頁 7。

Science of Art）對立地發展以後，認為美的問題是美學的課題，而藝術的問題便是藝術學的課題。其實，在美的與藝術的問題上，範圍固然有其區別，但是兩者卻是緊密地關聯著。藝術是以美為其理想，為其追求的目標；而美卻是以藝術為其實踐的方法與領域。美包括了自然美與藝術美，前者以自然為對象，後者以藝術作品為對象。而藝術所要表現的便是在藝術作品中表現其藝術美的範型。

現代美學的中心問題，自是環繞著美的與藝術的兩大 領域 而發展；在美的問題上，所謂美的界說、美的標準、美的價值、美的範疇以及美的理想，便成為其探討的範圍。而在藝術的領域上，所謂藝術的創造、鑑賞以及批評，便成為三大核心的問題，創造側重美的生產，鑑賞側重美的享受，而批評則側重美的趣味。當然，在創造者與鑑賞者之間，便是通過了藝術作品所表現了的想像世界來進一步地加以溝通的。

因此，所謂創造過程與藝術作品的分析，可以說是現代美學的一個很重要的課題，值得我們謹愼地進一步地來加以討論。

創造者與創造性

如果我們說創造者是能產的自然，那麼，藝術作品該是所產的自然了。創造者是意味著有創造新藝術的天才，在藝術精神的發揮中，創造了所謂的藝術作品。而藝術性在人為的因素上，藝術作品有著藝術創造者高度技巧的表現，然而，所謂技巧，卻不是藝術唯一的技倆。

創造者的性質

那麼，何謂創造者呢？要具有怎樣的性質與精神才配稱爲創造者呢？創造者在宗教上、哲學上、科學上、文學上、藝術上以及文化上是具有怎樣的意義呢？

所謂創造者，在宗教上，便是意味著創造宇宙的主宰，通常我們稱爲神或上帝。在哲學上，所謂哲學的創造者，該是指具有創見的哲學家。在科學上，科學理論的創造者，我們稱爲科學家，或理論的科學家。在文學上，詩的創造者，我們稱爲詩人；小說的創造者，我們便稱爲是小說家。在藝術上，繪畫的創造者，我們稱爲畫家；雕塑的創造者，我們稱爲雕塑家；而建築的創造者，我們稱爲建築家，而以上各種領域的創造者，都可以當作是不同領域的創造者，或者說是不同的文化領域的創造者。

然而，到底誰是創造者呢？抄襲者算不算是創造者呢？模倣者算不算是創造者呢？所謂藝術的創造者，至少在創造活動上是要有所表現的，到底表現了些什麼呢？我們可以說創造的表現有二：一是無中生有，由能產的自然到所產的自然，是原創的，或是創新的。二是推陳出新，從已有的傳統中再加以變化，加以創造，好比是舊瓶裝新酒。

在科學的活動上，所謂發明家，往往是意味著在科學實用的製作上有新的發現。而所謂科學家，卻常常是指在科學原理與理論上有新的探討者，因此，作爲創造者而言，他們的性質與取向是不盡相同的。

在文學、藝術的活動上，由於所涉及的範圍不同，其性質也不盡相同。在文學方面；詩人寫詩，散文家寫散文，小說家寫小說，劇作家寫劇本，通常所謂的作家，便是以上述不同的文藝創作爲討論的範圍。在藝術方面，從廣義的性質來看，文學是包含在藝術的類型之中，有抒情的、敍事的以及劇作的三種類型。畫家繪畫，雕塑家雕塑，建築家設計藍圖，作曲家作曲，舞蹈家舞蹈，都可以說是藝術的表現。然而，不論是科學的表現，文學的表現，甚或藝術的表現，在創造精神的表現上，可能是相通的，換句話說，在高度的精神的創造上，他們都需要想像，一稱屬於創造性的想像。

詩的朗誦者，必須通過了詩人的想像作用，再創造詩作的演出。鋼琴家的演奏，也必須是通過了作曲家的想像作用，再創造音樂作品的演出。因此，這種朗誦者或演奏者，是屬於第二層次的表現者，在嚴格的意義上，他們不是藝術作品第一層次的原創者。第二層次的表現者往往是藝術的演出者。例如德國的實存哲學家雅斯培（Karl Jaspers, 1883-1969）便認為藝術作品只有一次性，有而且只有一次，因此，演出該是屬於再創造的活動。

創造性的意義

所謂藝術的創造，既然是要無中生有，要推陳出新，因此，凡創造的一定是新的，但新的卻不一定是永恒的。一個時代有一個時代的時尚或流行，但流行一過，則很快地又感到不時髦、不新鮮了。藝術也有時尚或流行，但眞實的藝術卻能突破時尚的限制，萬古常新。為什麼眞實的藝術能够萬古常新呢？那是因為藝術是創造的，就是因為藝術的創造性使其萬古常新。中國古代的詩人可以因其創造性而管領風騷一百年，而今日的中國現代詩人，能够管領風騷一、二年，我想已經很不錯了！為什麼現代詩人，現代藝術家能够管領風騷一、二年就已經很不錯了呢？因為現代社會，交通發達，印刷進步，藝術作品複製的流通性很快很迅速，所以，缺乏創造性的作品便很快地就成為明日黃花了。

我認爲藝術的創造性的意義，可以分爲下列三點來加以陳述。

一、獨創性：所謂獨創性，是前無古人，後無來者的，所以，獨創性是強調了創造者的原創的精神，那種一次性的精神。

二、新鮮性：既然我們說「凡創造的一定是新的，但新的卻不一定是永恒的」；藝術的創造如果是陳舊的，那根本就不是創造的了！因此，新鮮性是藝術創造的必要條件，但卻不是必要而充足的條件。

三、範例性：藝術的創造是有其典型的，有其範例的，創造具有典範性，也有其不可模倣性，因此，藝術成爲時尚或流行的花樣時，也就開始走下坡路了。

當我們看到太空人阿姆斯壯（Armstrong）第一次踏上月球的時候，那是令人興奮的，那是一次新秩序的建立，然而，曾幾何時，太空人接二連三地踏上月球的時候，那種興奮便減低了，重複使他們由大變小，由創造性變成複製性了❷。所以，我們認爲創造性需包括創造性、新鮮性以及範例性。

創造者的性格

在學校的作文課上，我們常常看到由老師出題目給學生們習作，學生常常是環繞著老師所出的題目構想，在習作的時候，根本就不容易跳出題目的範圍，常常受了題目的限制，這種習作，只能培養一種模倣者的心態，而不容易培養一種創造者的心態。所謂創作，往往是先表現成爲作品，然後才定題目的。例如詩的創作，在一首詩作中，我們可以利用詩作中的一句或一行來作題目，反而使詩作更醒目更富於畫龍點睛。因此，我們可以說，抄襲者根本就不是創造者，而所謂

---

❷ 參閱白萩著《現代詩散論》頁 114。

模倣者，充其量，只不過是擬似的創造者 (Pseudo creator) 罷了。

那麼，究竟創造者的性格如何呢？怎樣才算是一種創造者的品格呢？創造者需包括那些要素那些氣質呢？李白斗酒詩百篇，如果說是因為他的豪飲，使他的詩思如泉湧，也許說得過去，但豪飲而酩酊大醉，那只是一種飄飄然的氣氛，他無法淸醒地寫作。因此，我們不能說某詩人是嗜好杯中物，某藝術家是癮君子，便意味著詩人或藝術家需有那種特質。酒精中毒、同性戀、伊底帕斯情意結(Oedipus Complex) 以及某些特殊的嗜好，固然跟某些藝術家有所關聯，但那些特殊的嗜好卻不是使藝術家之所以成為創造者的理由，創造者必須有其本身的條件來構成。

美國的美學家喬烈德 (James L. Jarrett) 認為一個創造者的人格必須具備下列八種要素：（一）、一種強烈的遊戲衝動，（二）、想像力，（三）、注意，（四）、靈視，（五）、經營，（六）、知識與技巧，（七）、獨立性，（八）、冒險意志。❸因此，我認為一個藝術創造者的人格與氣質，至少需具備下列的要素：

一、創造的衝動：遊戲的衝動跟創造的衝動是頗相彷彿的，都是可以因為入神而達到忘我的境界，然而，遊戲的結果卻無法留下什麼，而創造的結果卻留下了藝術作品，換句話說，兩者雖然相通，卻不盡相同。創造的衝動是一種入乎其內出乎其外的活動。

二、想像的作用：不論是科學的活動，也不論是藝術的活動，想像的作用在創造者本身都是一種非常重要的關鍵，沒有想像力，等於沒有創造的活動；一個創造者想像力豐富，則愈富於創造的活力；而一個創造者想像力貧乏，則其創造的活力也必逐漸地減弱，甚至消

---

❸ 參閱喬烈德 (James L. Jarrett) 著《美的探求》(*The Quest for Beauty*) 頁 38-50。

失。

三、透視的靈敏: 一個創造者，在科學上是要善於觀察，而在藝術上則要善於透視。觀察入微，透視入神，都需要一種銳利，一種靈敏。瞎者尙聽覺，主要的是因爲瞎子無法利用視覺，因此，便留心使用耳朵，注意聽覺。詩人對語言要靈敏，畫家對色彩線條要銳利，音樂家對音感需要敏銳，都是一種創造者必需具備的基本氣質。

四、表現的能力: 這是包括了一個創造者在創造活動上所需具備的知識與技巧，透過這種知識與技巧，才可能造就一個富於創造性的藝術家。一個能寫好英詩的詩人，一定要有相當的英文的知識及表達的能力，但一個懂英文的人並不必然就能寫好英詩。一個能有所表現的藝術家，一定要有相當的藝術的學養及表現的技巧，但一個有藝術修養及表現技巧的人，並不必然就能創造好的藝術作品，他們的道理是相同的。

五、冒險的意志: 一個創造者需要獨來獨往，一種屬於自我的獨立性，而且要有靈魂冒險的意志，創作者表現了那種神聖的一刻，他需要持續這種冒險的意志，在藝術的天地中，在遼廣的世界上，創造者的情境是時時面臨著一種對決，一種抗拒，一種冒險。

在創造活動的立足點上，我們可以說是人人平等；一個詩人的創造，可以讓一個詩學敎授研究了半天，但一個詩學敎授卻不一定有詩人的那種創造力，然而，我們卻希望一個詩學敎授最好也有像詩人的那種創造力。

簡言之，創造者的要素，主要的可以說需具備創造的衝動，想像的作用，透視的靈敏，表現的能力以及冒險的意志。我們一般人多多少少也具備了上列的各種要素，因此，我們可以說，我們一般人多多少少也可能是個創造者，也可能是個藝術家。

創造過程的分析

我們可以說創造者並非異於常人，我們一般普通人或多或少也是個創造者。我們雖然不是藝術的創造者，但我們要鑑賞藝術作品的時候，便多多少少要還原，要從事再創造的活動，這就顯示了我們也可能是個藝術的創造者，是個藝術家。

藝術家之所以成爲創造者，除了他有藝術的愛好以外，他必須還有一些技巧，一些表現的本領，同時加上他在創造上有持續的能耐。如果沒有恒心，沒有毅力，也不可能苦心經營創造他的作品。

從美感經驗來看，鑑賞者是以自然之美與藝術作品爲其美感的對象。從藝術創造來看，創造者不是側重美感的享受，而是以美感的觀照爲美感的對象底受容作用，因此，藝術創作是側重了藝術作品的生產作用。美感經驗是在美的吸收與投射，而藝術創造是在美的統一與外射。

藝術創造的學說

藝術創造的學說，自古以來就眾說紛云，藝術創作，似乎有某種的目的，有某種的動因，是爲了一種把握藝術本質的活動而努力的生產作用。玆將四種較爲顯著的學說陳述如下[4]：

一、藝術的模倣說

「模倣」一詞，自古以來，就有多種的說法，其基本語詞的意義有三：（一）是模倣理念的模倣，（二）是模倣自然的模倣，（三）

---

[4] 參閱竹內敏雄監修《美學事典》，後藤狷士作《藝術創作》，頁 171-173。

是模倣古典的模倣。第一種模倣的意義，柏拉圖認爲絕對的美是對美的理念的模倣。亞里斯多德認爲藝術所要模倣的是在其普遍性；詩是表現可能的眞，歷史是表現事實的眞。第二種模倣的意義，是具寫實主義的意味，特別是忠實於自然的寫照。第三種模倣的意義，是指模倣古典的意味。模倣說是從表現的眞或準確的要求而從技巧的層面來重視的；雕刻、繪畫、敍事文藝、戲劇文藝等爲模倣藝術，而音樂、建築等則爲非模倣藝術。

二、藝術的表現說

「表現」一詞，或可譯爲「表出」。此說以藝術底本質爲表現，特別是當作感情的表現，把藝術的活動當作表現衝動的出發，當然，所謂表現主義的藝術，是特別強調著表現藝術的意義。當我們把任何種類的藝術，都當作有著某種愛情底表現的時候，可以說在藝術的活動上，都有著一種表現參與著。

三、藝術的裝飾說

「裝飾」一詞，可以說在藝術上是重視形式美的契機，而在藝術活動上，至少是當作一種因素。所謂裝飾衝動，也就是一種形式衝動。「裝飾」相對於「表現」而言，裝飾是側重了形式的外在的表現，而「表現」是側重了內容的內在的表出。不論是裝飾藝術，也不論是非裝飾藝術，以及其他各種藝術，多多少少都是向著裝飾的形式的要求，在創作上，卻是不可否認的。不過，裝飾說拿來解釋藝術的活動，只能當作是一種契機，或一種起因而已。

四、藝術的遊戲說

「遊戲」一詞，是一種假想的活動，一種信以爲眞的忘我境界，兒童時期是一種最適宜遊戲的時候，小孩佯信他們的遊戲如同眞實的成人的活動一樣。當然，成人也可以遊戲，但成人如把眞實的當作遊戲，則又當如何呢？把所謂藝術當作一種遊戲，把創作的動機當作一種遊戲衝動，這是遊戲說的基本意義。把藝術當作遊戲，便是意味著藝術跟實際的生活脫離，以藝術本身為目的的活動，而帶著固有的快感，因此，藝術跟遊戲是有其類似性的，但遊戲的結果卻沒有像藝術活動的結果留下了藝術作品。把一切藝術的本質、目的、起源的說明都以遊戲為詮釋似乎是勉強的，因此藝術創作乃是在藝術不同的種類上，依其顯著的不同而不同，可以說把種種作用的契機來當作構成藝術的要素，這正表示了藝術有著複雜的精神活動的緣故。

簡言之，藝術在其根本的構造上，有模倣（寫實）與理想化（或稱是裝飾的美化），也有模倣（外在的對象底表現）與表現（內在的體驗底表現），認為藝術的表現與形式的對立乃是綜合而統一的，藝術的體驗是有著渾然一體的有機的全體存在著。

創造過程的四個階段說

我們把藝術的創造過程分為四個階段，並非是絕對性的，也有分為五個階段的，例如喬烈德就把創造過程分為五個階段❺：（一）問題的定位，（二）潛伏期，（三）構想期，（四）發展期以及（五）批評的訂正五個階段。創造過程有其時間的歷程；有的是一氣呵成，有的是要經過一段時間的歷程，但要把這種創造過程的發展加以分析，我們打算分成四個階段來加以說明❻：

一、氣氛時期

在創造過程的第一階段，是一種創作的氣氛，我們稱為氣氛時期。以創作活動的最初，在藝術家的內裏產生磅礡而漠然底感情的醱

❺ 參閱喬烈德著《美的探求》頁 50-55,

❻ 同❹。

酵底狀態，從沒有形態的素材的體驗內容，而朝向藝術的形成底摸索，以緊張與努力所持有的情調而顯示其心。這種氣氛，依照某種特定的體驗而被自然所誘發者較多，依照藝術家，也可被表示爲是有意圖的，也可說是不經意地被藝術家所承襲著。在這種醞釀的氣氛時期，藝術家本身還是處於恍惚而莫明的狀態。

二、胚胎時期

在創造過程的第二階段，是一種構想的胚胎，我們稱爲胚胎時期。這是從創作的氣氛而到藝術作品全部的形象逐漸地浮 現著 的階段，是意志或思考的工作，而且從能動的意識底構想爲組合的場合，依照靈感底受動的意識底著想。有著種種的類型。依照靈感類型的不同，我們也可以再分類爲種種不同的情境:

（一）神秘的靈感: 認爲在藝術家的腦海中，有突然而來的妙想閃光，是帶有神秘性的直接的靈感。

（二）熱病的、苦惱的靈感: 藝術家通過了昏迷的與苦惱的意識狀態，在某種機會中突然有思想構成一般的熱病的，苦惱的靈感，或者說是渾沌的靈感。

（三）構成型的靈感: 藝術家在精神活動的全能力中，集中在某一點上的結果，因此，其精神狀態異常地昂揚，油然而生的構想，可當作構成型的靈感。

（四）瞑想型的靈感: 藝術家以某種理念爲出發點，而加以熟慮著，在一定的構想上達成了的瞑想型的靈感。

我們認爲靈感一詞，雖可分爲四種類型，正如以上所述，但靈感的意義仍然有其曖昧的成份，柏拉圖嘗認爲創作是神聖的瘋狂，也是帶有某種神秘的意味。所以說，創造過程的第二階段，是潛伏的，是醞釀的胚胎時期。

三、精鍊時期

在創造過程的第三階段，是一種內在的精鍊，我們稱爲精鍊時期。藝術家乃以心裏的胚胎將未完成未發展的心象通過細部的層面，由內面展開想像的形成活動，對作品中的人物底感情移入，或以各部份的安排配置以及關係的聯接爲按配調整底思考作用來當作補助作用次第地以明瞭的形態或秩序所形成了的過程，可說是一種構想的內在的精鍊。因此，卽興的意義在此過程中幾乎是全被省略了。在這個階段中，藝術家是負著慘澹經營的苦心，當作精鍊的工夫的過程，也可說在完成藝術作品以前，這個階段是當作尋路的準備工作。

四、修正時期

在創造過程的第四階段，是一種外在的完成，我們稱爲修正時期。這個時期，藝術家依內在的精鍊而成熟了的想像形象，爲依一定的物質的素材與技巧而向外在的形象探路出來，所以說，是當作客觀的所產底藝術作品所欲完成的過程。這個時期，可說是卽將完成的最後的階段，但這個階段卻是要修正前面三個階段所已經完成了的。當然，在大多數的場合，內在的精鍊進行到某種程度的時候，外在的完成也正在同時開始進行。兩者是相輔相成的，是有緊密地相互依存著的關係，前者對後者固然有所規定，而後者對前者卻常常有所變更，甚至會影響到最初的構想。我們認爲中國的一個典故「推敲」，卻是頗吻合這個階段的精義，或許我也可稱爲推敲時期；這個時期是由藝術家內在的自我批評開始，然後，發展成外在的修改的完成，是藝術作品定稿的最後階段。

把創造過程分爲以上四個時期的階段；氣氛時期與胚胎時期可以說是側重靈感的激發，爲天才的、自然的、無意識的要素所顯示著，而精鍊時期與修正時期可以說是側重推敲的完成，爲技術的、目的意識的要素所表現著。創造過程；有一氣呵成者，自第一階段到第四階段，時間極爲短暫，具有刹那性的連續與飛躍。也有逐漸地完成者，自第一階段到第四階段，頗有一段時間的歷程，具有長期性的持續與能耐。

科學創造與藝術創造的比較

科學有其理論的一面，也有實踐的一面，同樣地，藝術有其理論的一面，也有其實踐的一面。因此，在科學方面的創造，包括了理論的與實踐的兩大部份；而在藝術方面的創造，也包括了理論的與實踐的兩大部份。一種科學的假設，經過了觀察、實驗以及證明的過程，因而可以有一種新的理論的提出，或一種新的實踐的發現。嚴格地說，發明家的所謂發明，只是科學創造在實踐上的一部份而已。例如：愛因斯坦（Albert Einstein, 1879-1955）在物理學上的創見，相對於牛頓（Isaac Newton, 1642-1727）在物理學上的創見而言，是一種革命性的修正。但在物理學上的成就，愛因斯坦固然有其創造性的成就，牛頓也一樣地有創造性的成就。當然，科學創造不是很容易的事，科學要有所創造；一方面要有科學精神，包括創造性的想像、科學態度的培養等等。另一方面則要有科學知識與科學方法，包括科學知識的確切的瞭解，以及科學方法的正確的運用。研究科學是要循序以進的，要達到創造性的境地，誠非一朝一夕的事。而在藝術的創造方面，就理論的層面來說，包括藝術哲學、藝術批評以及藝術史學上的種種創見，應該是跟科學創造在理論上的成效一樣的。而就實踐的層面來說，藝術創造是跟科學創造不同的；藝術創造是天才性的，自我豎立了創造的規準，是無法傳授其創造的奧秘的，可以說正吻合了「大匠不能使人巧，只能使人以規矩」的意義。如果說科學創造是學問性的，則科學創造也需要高等的能力，但不是藝術的技巧，不是天才性的才情橫溢，而是一種才能，一種正確性的知識配合了創造性的想像。德國哲學家康德 (Immanuel Kant, 1724-1804) 便是認爲學問需要才能，而藝術則需要天才。

不論是在理論上也好，也不論是在實踐上也好，從創造方面來說，兩者都需要高度的想像力，都需要確切的知識。科學探討概念與概念之間的轉換，而藝術則直接把握本質性的意義。科學是要通過邏輯的構造來建設其理論的創造，而藝術則是依直覺的洞見來開拓其實踐的創造。

科學家與藝術家

當我們把一個科學的研究工作者稱爲科學家的時候，那就是表示著他在科學領域的探討上，有了某種創造性的發現或成就，而事實上，一個科學研究工作者要能够有某種創造性的成就，是要許多因素來構成的。例如：個人的因素，與社會的因素，便是相輔相成的；個人的因素常常可以克服社會的因素底缺陷，而社會的因素也可以克服個人的因素底不足。

一個科學研究的工作者，不論是研究形式科學或經驗科學，理論科學或應用科學，在不同科學的領域中，我們可以把他稱爲不同名目的科學家，然而他在科學的創造性上需要有其表現卻是相同的。

當我們把一個藝術的研究工作者稱爲藝術學者的時候；如果說他的領域是在美學方面，則可以稱爲美學家；如果說他的領域是在藝術史學方面，則可以稱爲藝術史家；而如果說他的領域是在藝術批評方面，則可以稱爲藝術批評家。然而，我們把一個藝術的創造者稱爲藝術家的時候，卻也需要考慮到不同的藝術領域。如果說他的領域是在文學方面，則可能是詩人、小說家、散文家或劇作家。如果說他的領域是在造形藝術方面，則可能是畫家、雕塑家、版畫家、建築家等等。如果說他的領域是在音樂方面；則可能是作曲家、鋼琴家、指揮家，以及歌唱家等等。我們可以說作曲家是第一層次的創造者，那麼，演奏家卻是第二層次的創造者了。總括上述，藝術家之所以成爲藝術家，在藝術作品的創造性，卻必須有其共同的理想，共同的表現。如果說一個藝術家，在他的所謂藝術作品上毫無創造性的表現的話，那簡直就可以說他不是藝術家！

科學家之需要創造性，正猶之乎藝術家之需要創造性一樣。而藝術作品之是否有創造性，當然就是要看藝術家的表現，他把創造的血液裏貫注到他的作品，正如醫師一針見血地注入人體的血脈，讓它流動，讓它循環。

科學成果與藝術作品

科學家固然重視科學研究的成果，但寧可說他可能更重視科學研究的過程，包括科學精神、科學方法及科學知識的運用。而我們一般普通人，多半是以科學成果作爲讚嘆科學成就的對象。科學成果最重要的意義往往被普通人忽略，因爲普通人只會坐享其成。當科學成果可以被大量地應用的時候，常常可以當作產品製造一樣地大量生產，好比我們今日家庭中的電化設備般，普遍地採用著。

相對於科學成果而言，藝術作品可以說是藝術家研究工作的成果，藝術家除了重視其成果以外，也一樣地重視他創造的過程，然而，藝術家所完成的藝術作品，可以說有而且只有一次，藝術作品本身是只有一次性的；模倣已非原作，複製品也不能取代原來的藝術品了！因此，藝術作品不能像工業產品一樣地大量生產，複製品固然可以大量生產，但已非藝術作品本身，只是別具一格而已。

科學成果；在理論方面，也只有一次性；但在實用方面，則有其多次性。藝術成果；在理論方面以及在實踐方面，都只有一次性，尤其是藝術作品本身，它本身有其固有的價值或內在的價值，但無法像工業產品一樣地大量生產，也許這是藝術作品跟科學成果或工業產品最大的不同的地方。

藝術作品的意義底分析

當我們使用「藝術」(Art) 這個字眼的時候，它的意義通常包括了三個取向；一是藝術家及藝術家的活動，二是藝術作品，三是把藝術當作文化的一個領域。一、藝術家以及藝術家的活動；這是以藝術家主觀的創造作用爲主，並且包括了大眾欣賞的觀照作用。二、藝術作品；這是以藝術作品客觀的存在爲著眼點。三、把藝術當作文化的一個領域，也就是把藝術當作文化價值的一個形態。以上三種意義的取向，是把藝術的本質當作美的技術來加以考慮，以美的技術作爲前提❼。

因此， 我們可以瞭解， 藝術作品是藝術這個概念的主要意義之一，同時，它本身該有其獨特的意義與特徵。藝術作品代表了藝術美的精神，正如自然之美代表了自然美的精神。所謂美感的對象，該是指自然與藝術作品兩者而言，但在藝術的美感對象方面，則是指藝術作品。

❼ 參閱竹內敏雄監修《美學事典》，井村陽一作《藝術》，頁 150-156。

藝術作品的意義

阿迪琦 (V. C. Aldrich) 在《藝術哲學》(*Philosophy of Art*) 一書中認爲: 所謂藝術作品的意義, 在哲學的美學上, 正如意義在語言哲學上一樣, 可以說「藝術作品」與「意義」頗有相通的地方[8]。

在藝術的領域中; 文學方面的作品, 我們可以把詩作當作表現了詩素或詩的精神底作品, 因此, 如果說詩是代表了一種語言藝術的話, 那麼, 詩作便是代表了一種語言藝術的作品了。其他方面; 散文、小說、戲劇可以類推。在造形藝術, 音樂藝術等各方面亦可以類推。

所以說, 藝術作品是被當作一種表現品, 而不是概念品; 是一種創造品, 而不是複製品。藝術作品是一種由創造者所表現了的宇宙, 一種獨立的世界。欣賞者必須通過這個世界、這個宇宙去觀照創造者所表現的創造精神。

比方說, 下面有一個述句是這樣的[9]:

「約翰寫了一封信給瑪麗」(John writes a letter to Mary.)

約翰是生產事件的解釋者 (Interpreter of the productive event), 一封信是物理的記號標符 (Physical sign-token), 而瑪麗便是接受事件的解釋者 (Interpreter of the receptive event)。用這種記號學的術語來類比的話, 我們可以說藝術作品的創造者是生產事件的解釋者, 藝術作品本身是物理的記號標符, 而藝術作品的欣賞者便是接受事件的解釋者, 同時也是有意向的第二羣 (Intended second

---

[8] 參閱阿廸琦 (Virgil C. Aldrich) 著《藝術哲學》, 頁 28-55。

[9] 參閱雷奧拿德 (Henry S. Leonard) 著《推理的原理》(*Principles of Reasoning*), 頁 99-104。

party)。在此，一封信便可以比擬爲類似藝術作品的意味，因爲他們都是代表了物理的記號標符。

有關藝術作品的四種論說

關於藝術作品的論說，可以說，各家論說不一，而且也不只是四種論說而已。玆依照阿廸琦在《藝術哲學》⑩一書中所提出的四種論說爲代表來加以討論，並且，在必要的時候，提出我個人的意見來折衷彼此不同的觀點，以便取得較爲妥貼合理的解釋與說明。

阿廸琦所提出的四種論說，即是觀念論的看法、邏輯實在論的看法、現象論的看法以及語言哲學的看法。這四種不同的看法，都是代表了對藝術作品的不同的意見，然而，他們卻有一個相同的主題，那就是問：什麼是藝術作品？究竟藝術作品是代表了什麼意義？

玆分別敍述與討論如下：

一、觀念論（Idealism）的觀點

“Idealism”一詞；在知識論上，有觀念論的意義；在形上學上，有唯心論的意義；而在人生問題或價值論上，則有理想主義的意義。觀念論者對於藝術作品的看法，便是認爲藝術作品不是物理的事實，因而認爲藝術作品跟物質的物不相干。觀念論者認爲藝術作品是心的、是精神的事實，因此，當作美感對象的藝術作品是主觀的作品。意大利的美學家克羅齊（Benedetto Croce, 1866-1952），可以說是此說的一大代表。把藝術作品當作是心的或精神的產品，而這種藝術哲學的中心概念便是想像，藝術作品是想像的內在的創造品。包桑葵（Bernard Bosanguet, 1848-1923）依照藝術家主觀的要求，相互地

---

⑩ 同⑨。

變形的作用之下，強調著帶有媒體的變形，藝術作品因此帶有兩種要因的功能； 這兩種要因； ㈠是主觀的要求，㈡是客觀的心。 柯林烏(Robin G. Collingwood, 1889-1943) 則認爲藝術作品是統一性的想像活動的表現。

二、邏輯實在論（Logical realism）的觀點

邏輯實在論的看法，認爲所謂的藝術作品，既不是物理的事實，卻也不是心的或精神的事實，而是第三者（tertuim guid)，是像柏拉圖（Plato, 427/8-347/8 B. C.）所謂普遍，是物質化的普遍，而所謂藝術作品，是當作物質化了的普遍的觀念，帶有普遍自體的觀點的傾向。依照邏輯的普遍的知性之眼看來，藝術作品，乃是被教育了的想像之眼所注視著。依照柏拉圖的觀點看來，通常所謂的藝術作品，充其量，只不過模倣現象界的產品，而現象卻是模倣著理念界，因此，所謂藝術只是模倣的模倣，離理念世界有三層之隔。柏拉圖所能首肯的藝術作品該是理念界的，是普遍的第三者。

三、現象論（Phenomenology）的觀點

現象論者跟觀念論，邏輯實在論相一致的看法，就是把藝術作品認爲不是物理的事實這一點互相一致。但現象論者卻反對邏輯實在論把藝術作品當作像柏拉圖的概念那種普遍的實在。現象論者認爲藝術作品是統一與含蓄的一組底外觀，以藝術作品卽美感的對象，而逃避了物理的對象的問題。但現象論者卻承認要否定物理的事實是頗有困難的，如果說藝術作品不是物理的事實，那麼，藝術作品是如何懸掛在藝術館的牆壁上呢？它又是如何被搬運了呢？如果說故宮博物院裏的藝術作品不是物理的事實，那又如何從大陸輾轉運到臺灣來呢？現象論尚可分爲純粹現象論 (Pure phenomenalism)、 非純粹現象論(Impure phenomenalism)以及附隨現象論(Epiphenomenalism)三種。

四、語言哲學 (Philosophy of Language) 的觀點

語言哲學的看法，是從複雜的語言的觀點來考慮藝術作品是以物理的要素爲基礎來構成的。例如：造形藝術的作品，便有許多物理的要素；文學與音樂的作品，也有許多物理的要素。如果說我們把藝術作品本身當作物理的因素，但是還有精神的因素，那就是從這種物理的記號標符可以激喚起藝術的想像，流露出藝術的表現。

綜觀以上所述；觀念論的看法是一種極端的主觀論，邏輯實在論的看法是一種修正的主觀論，而現象論的看法，則較具有一種客觀的意義，語言哲學的看法當然已是不那麼獨斷性了，因此我們可以說，把「藝術作品」跟語言哲學上的「意義」來相比擬，雖然承認了物理的基礎，卻還是有精神作用的意義。

美感經驗與藝術作品

美感經驗 (Aesthetic experience) 的問題；如果說從側重創造方面來看，那就是創造者如何觀照自然，如何觀照事物的問題了。然而，說到美感經驗，通常是側重欣賞方面來看，因此，可以說是欣賞者如何觀照自然，如何觀照藝術作品的問題了。我們說美感的對象有二；一是自然，一是藝術作品。而美感經驗與藝術作品的關係，可以說是欣賞者如何觀照藝術作品的關係，換句話說，是自我與美感對象之間的關係。

有關美感經驗的學說

在美感經驗的諸學說中；如果從態度方面來加以考察的話，則有生理的態度與心理的態度底不同。如果從方法方面來加以考察的話，

則有哲學方法與科學方法的不同。例如：亞里斯多德(Aristotle, 384-322 B. C.)的發散(Catharsis)與普佛爾(Ethl Puffer)的美感的安置(Aesthetic reposs)是側重了生理的意義。而康德的無關心性(Disinterestedness)、克羅齊的直覺(Intuition)與桑塔耶那(George Santayana, 1863-1952)的客觀化(Objectification)是側重了哲學的意義。布洛(Edward Bullough, 1880-1934)的「心理的距離」(Psychical distance)、李普斯(Theodor Lipps, 1851-1914)與浮龍李(Vernon Lee, 1856-1935)的感情移入(Einfühlung, Empathy)，貝爾(Clive Bell, 1881-1964)的有意義的形式(Significant form)以及閔斯特堡(Hugo Münsterberg, 1863-1916)的孤立(Isolation)等則是側重了心理的意義。以上有關美感經驗的學說，不論是側重了那一種態度、方法與意義，都有其言之成理的地方，他們都想來加以描述、解釋與說明美感經驗的性質與意義。

我想在此來討論西班牙哲學家奧德茄·葉·加賽(Ortega y Gasset, 1883-1955)在《藝術的非人間化》(*The Dehumanization of Art*)⓫一書中所提出的問題。葉·加賽認為要從現象學的觀點來省察藝術的問題，他認為精神的距離與感情的關係，是我們作為欣賞者或觀照者與對象之間的一個重要課題，他作了一個類比推論；他說：好比有一位偉大的人物在臨終以前的情境，有四種不同類型的人物跟這一位偉大人物的關係，因為他們彼此有不同精神的距離，所以，也產生了不同的感情的反應。

第一類型就是偉人的妻子，作為這個偉大人物的妻子來說，由於她的精神的距離太接近太密切了，她的另一半的死，對於她來說，不

⓫ 參閱奧德茄·葉·加賽(Ortega y Gasset)的《藝術的非人間化》(*The Dehumanization of Art*)，頁 5-28。

能不說是感同身受，因此，她無法騰出適當的距離，可以說是幾乎已沒有距離的緣故。

第二類型就是偉人的私人醫生，私人醫生因爲常常跟這偉人相處，因此，也無法騰出適當的距離，雖然說醫生比偉人的妻子已較有距離了，但從感情方面來說，還是太接近了。

第三類型就是新聞記者，新聞記者要採訪有關偉人的消息，一方面固然是較有距離，但另一方面可能因爲對偉人的崇敬，因此，還是有某種感情的介入，距離的焦點還是無法調整到恰到好處。

第四類型是畫家，一個畫家被請來爲臨終以前的偉人畫肖像，他全神貫注地觀照，沒有感情的介入，反而能騰出適當的距離，因此，反而能在距離中調整其感情，不因私誼而失去距離。

簡言之，偉人的妻子距離最近，感情的介入也最大；其次是私人醫生，再其次是新聞記者，最後是畫家。畫家是最有距離，而感情的介入也最小。葉・加賽認爲最能欣賞與觀照的是像畫家的類型，有距離，而感情的介入最小者，這是觀照非人間化的藝術所需具備的。

葉・加賽的說法跟布洛的論說頗爲接近，所謂「心理的距離」，不能過與不及，不然，就會產生距離的矛盾，一種距離的二律背反。距離的適當，是因爲在自我與美感對象之間有了妥貼的安排，才能構成美感經驗的關聯。

自然與美感對象的關聯

不論是純粹的自我與非純粹的自我，不論是意識的自我與潛意識的自我，當我們作爲創造者的時候，便是以創造的自我來面對自然、面對物象、面對世界、面對宇宙，這種創造的自我一旦跟美感對象發生了緊張關係的時候，美感的價值才能成立。

同樣地，當我們作爲欣賞者的時候，便是以欣賞的自我，或觀賞的自我，來面對自然，面對藝術作品，因此，觀賞的自我一旦跟美感對象發生了緊張關係的時候，美感的價值也才能宣告成立。

比方，如果我們說莎士比亞（William Shakespeare, 1564-1616）是一位偉大的詩人兼劇作家，可是，如果我們從未欣賞過他的作品，不論是詩作或劇作，甚至不論是舞臺或電影的演出，他的作品跟我們的自我還是不相干的。換句話說，不論他究竟有多麼地偉大，在自我與美感對象之間，如果沒有產生緊張關係的話，莎士比亞的作品與觀賞的自我不相干，美的價值無法在兩者之間成立。

結　論

我的結論有二：我們如何進一步地去瞭解下列兩個課題？一是分析美學的意義的課題，二是創造過程與藝術作品的關聯的課題。

分析美學的意義

現代美學的淵源，如果我們從費希納倡導實驗美學開始；則在科學的美學方面，可以說發展了心理學的美學、社會學的美學、人類學的美學、以及藝術學等等。而在哲學的美學方面，則發展了新康德學派的美學、生命哲學的美學、表現學的美學、現象學的美學以及存在論的美學等等。而在當代的美學思潮中，在歐洲方面是發展了實存主義的美學，而在英、美方面則發展了分析美學。

分析美學可以說是分析哲學的一支，側重概念的分析，採取了記號學、邏輯學及分析哲學的方法，重新檢討傳統美學中的一些問題，有的稱爲美學分析，也有的稱爲藝術記號論。

創造過程與藝術作品的關聯

分析美學的基本問題，還是在美的與藝術的兩個中心概念，而且把創造、鑑賞與批評的問題貫串其中。所以說，我們談到創造過程與藝術作品的關聯這一課題的時候，我們可以說，創造過程的分析必須側重心理學的解釋，而藝術作品的分析則必須側重哲學的說明。

所謂創造過程，可以說不僅僅是限於藝術的活動而已，當然，我們可以包括具有學術性的科學活動、哲學活動等等，同時也可以包括非學術性的活動。然而，我們認爲教育的目的是要培養創造性的人格及創造性的想像能力，而不是要來束縛創造性的發揮。在藝術的創造性上，我們該可以瞭解自我訓練，自我教育對於藝術的創造具有決定性的影響。爲什麼大學的文學院不必然就是作家的訓練所，藝術系也不必然就是藝術家的溫床，音樂系也不必然就是音樂家的溫室，道理便是在這裏。許許多多的創造者是由自我訓練培養出來的，而不是依賴了現成的訓練培養出來的。

所謂藝術作品，如果是從美學的觀點來看，則可以當作美感的對象，鑑賞的對象。如果是從藝術史的觀點來看，則可以當作歷史探討的對象，文化形態的對象。因此，美學的問題，便是要探討藝術的本質，藝術作品的意義，究竟藝術作品是屬於精神的要素呢？抑是屬於物理的要素呢？並且從哲學的觀點來加以省察。而藝術史的問題，便是要探討藝術家的性格，藝術作品的風格，以及時代背景的文化意識與精神。

總之，創造過程是創造者瀝盡心血的心路歷程，而藝術作品卻是那心血的結晶。創造藝術作品不但是創造者的目的，而且也是他的精神之寄託；因此，我們可以說，是藝術創造者在他的藝術作品中創造了他的精神世界，而且也表現了他的精神宇宙。在另一方面，通過了所謂藝術作品的鑑賞，藝術鑑賞者重溫了創造者的創造過程，因此，我們也可以說，鑑賞的活動是一種再創造的活動。

哲學的美學

—柯林烏藝術哲學的發展

柯林烏生平簡介

柯林烏（Robin George Collingwood, 1889-1943）是英國現代的哲學家、美學家以及歷史理論家。一八八九年生於康尼斯頓（Coniston）的蘭卡雪（Lancashire）。他的父親 W. G. 柯林烏（W. G. Collingwood）是英國藝術批評家羅素金（John Ruskin, 1819-1900）的朋友，同時也是羅素金的傳記作者。在幼兒時期，柯林烏就接受了家庭教育，而且很早就顯現了他的才俊與聰慧。他四歲學拉丁文，六歲學希臘文，而在自然科學的領域中，也展開了他的視野。

一九〇二年，他以優等生的資格進入了拉股比（Rugby）就學，他對現代史抱著很深的關心，同時也獲得了高度的音樂的教養。他欣賞巴哈（Johann Sebastain Bach, 1685）的作品，學習小提琴，學習和聲學、對位法以及交響樂，並且也嘗試著練習作曲。

在牛津大學就學時期，他研讀歷史學、考古學以及哲學，他對考古學的興趣特別濃厚，尤其是關於羅馬征服時代的不列顛文化底專門的發掘，他不但實際地從事於其工作，而且在他的研究成果上，那種明晰與豐富，也頗受重視與好評。

在第一次世界大戰期間，他曾經服務於英國海軍本部情報局。一九一二年，他獲得了研究獎學金，在龐布洛克學院（Pembroke College）研究。一九三四年，他獲得了魏恩佛烈特教授研究（Waynflete Professorship），直到一九四三年逝世爲止，他一直在牛津講授哲學，潛心著述。

茲依照他的哲學研究的發展，把他在美學、考古學以及哲學三方面的著作簡介如下：一般研究柯林烏哲學的學者都把他的哲學作品分爲三個時期❶。

第一時期是從一九一二年到一九二七年，是他接受了觀念論（Idealism）的時期。這時期的作品有：

（一）《宗教與哲學》（*Religion and Philosophy*, 1916）

（二）《知性之鏡》（*Speculum Mentis*, 1924）

第二時期是從一九二七年到一九三七年，是他從諸科學來奠定他的哲學基礎的時期。這時期的作品有：

（三）《哲學方法論集》（*Essay on Philosophical Method*, 1933）

（四）《自然的理念》（*The Idea of Nature*, 1934-1936）

（五）《歷史的理念》（*The Idea of History*, 1936）

第三時期是從一九三七年到一九四三年，是他拒絕觀念論的時期。這時期的作品有：

（六）《自傳》（*Autobiography*, 1939）

（七）《形上學論集》（*Essay on Metaphysics*, 1940）

（八）《新 Leviathan》（*The New Leviathan*, 1942）

（九）《藝術原理》（*The Principles of Art*, 1938）

---

❶ 參閱愛德華主編的《哲學百科全書》第二册頁 140「柯林烏」。

《藝術原理》一書，也有認為是介於他的第二時期到第三時期之間的作品。至於有關考古學的作品，則有《羅曼不列顛及其英吉利殖民地》(*Roman Britain and the English Settlements*) 與《羅曼不列顛》(*Roman Britain*) 兩書。至於柯林烏美學方面的作品；早期的《藝術哲學綱要》(*Outline of a Philosophy of Art*, 1925) 與晚期《藝術原理》則於下面加以詳述與評介。

柯林烏哲學系統及其淵源

雖然柯林烏是一位英國的哲學家，但他卻不是屬於英國經驗論的系統，而是屬是觀念論的系統。除了受英國經驗論的影響以外，他頗受意大利哲學家兼美學家的克羅齊 (Benedetto Croce, 1866-1952) 的影響。杜納貢 (Alan Donagon) 認為柯林烏的哲學作品是依其發展而分為三個時期；第一時期 (1912-1927) 便是他接受觀念論的時期，第二時期 (1927-1937) 便是他接受特殊科學而建設的哲學底成熟時期，第三時期 (1937-1943) 便是他否定觀念論的時期。而布朗 (Merle E. Brown) 則在《新觀念論者的美學：克羅齊——任蒂爾——柯林烏》(*Neo-Idealistic Aesthetics: Croce-Gentile-Collingwood*)❷一書中，則很明顯地把柯林烏列入新觀念論者的行列之中。

英國哲學的傳統：從英國古典經驗論到柯林烏

在西洋近世哲學的發展過程中，從培根 (Francis Bacon, 1561-1626) 開始有了經驗論的萌芽、經過霍布士 (Thomas Hobbes, 1588-

❷ 參閱布朗著《新觀念論者的美學：克羅齊——任蒂爾——柯林烏》。

1679)、洛克(John Locke, 1632-1704)、柏克萊(George Berkeley, 1685-1753)到休謨(David Hume, 1711-1776)的發展，形成了英國古典經驗論的哲學。他們以心理主義的傾向，從心理學的分析來探討有關美學的問題，且跟倫理學的問題息息相關著。英國的美學家，在古典經驗論發展的時期之間，也曾經是人材輩出，盛極一時。例如：謝夫慈貝利(Lord Anthony Ashley Cooper, 3rd Earl of Shaftesbury, 1673-1713)、哈奇遜(Francis Hutcheson, 1694-1746)、阿迪森(Joseph Addison, 1672-1719)、霍加士(William Hogarth, 1697-1764)、巴克(Edmund Burke, 1729-1797)以及何姆(Lord Kames, Henry Home, 1696-1712)等等。我們要回顧柯林烏以前的英國哲學，尤其是英國美學的淵源，我們認爲十九世紀以前的英國美學，當然有其歷史性的關聯，不過，更爲直接地關聯著的卻是十九世紀到二十世紀的英國美學的發展。

在近世美學的初期，英國的美學曾經是扮演了一個主要的角色。因爲是德意志的美學興盛起來，所以，英國才把領導的地位移給了新興的德意志美學。在浪漫主義勃興的時代，伴著文藝批評的發展，英國的確也產生了一些美學理論。其中，尤其是英國浪漫詩人柯立芝(Samuel T. Coleridge, 1772-1834)站在浪漫詩人的立場，同時他一方面又受了德國哲學家康德(Immanuel Kant, 1724-1804)、謝琳(Friedrich Wilhelm Joseph Schelling, 1775-1854)等的美學思想的影響。可以說，他是越過了知性的界限，在理念上，在創造的想像上，強調著藝術的體驗。華茲華斯(William Wordsworth, 1770-1850)則依照神秘的汎神論，來發展他的美學思想。他也是一位浪漫時期的重要的詩人。稍後，則有卡萊爾(Thomas Carlyle, 1795-1881)在《英雄與英雄崇拜》一書之中，強調在歷史上的偉大的個人的意義，把詩人也當作一種英雄而加以禮讚。

然而，當時的英吉利，一面有法蘭西革命的影響，一面又有產業革命以後近代文明的勃興與發展的影響，因而有新興的精神在醞釀著，在美學思想上，也可以看到這種新興精神的反映。羅素金在《近代畫家論》(*Modern Painters*, 1844-1860) 之中，採取了所謂在成長、衰頹、抵抗底個性的姿態中而變化運動著的自然，承認了兩種美的類型；一是無限定、統一、永遠、正義底神的屬性爲其象徵的「類型美」(typical beauty)，一是在生物的機能底幸福的充實之中顯現了的「生命美」(vital beauty)。依照這種美所蘊含著而貫通起來的想像的概念爲立足點來說，有著新的美底領域的開拓。在這時，同時也有著以本能或感情以及「道德的知覺」，依照融合了的美感意識，也可以看到這種統一的考察。然而，羅素金在另一本書《維尼斯之石》(*The Stones of Venice*, 1851-1853) 中，他認爲以藝術作爲全民眾的創造的表現，而且也結合了勞動者的生活與社會的正義。這種思想可以說是被毛利斯 (William Morris, 1834-1896) 所繼承著，他把藝術當作人類在勞動上所表現了的喜悅。在近代社會中，所謂勞動的喜悅，以及其分離對立，乃是因技能 (craft) 從藝術 (art) 中脫離，更小藝術 (lesser art) 從更大藝術 (greater art) 脫離了的結果。爲了使他們的對立成爲和解起見，似乎需對他們在藝術的材料與效用上加以省察，而進一步，對所謂工藝給予再評價。

因爲近代產業革命的發展，而使社會的矛盾更激烈化，在惟恐被逼迫，而且爲了要守著所謂藝術的純粹性，則有唯美主義 (Aestheticism) 的擡頭。這種思潮，在十九世紀的前半葉，已經在美國詩人愛倫・坡 (Edgar Allan Poe, 1809-1849) 的文學思想中有了伏筆，到了英國的沛透 (Walter Pater, 1834-1894) 或王爾德 (Oscar

Wilde, 1856-1900) 時，他們的旗幟便愈益鮮明。沛透認爲在所謂藝術作品或自然美之中，是因在快感中欠缺明顯的印象，因此，在感動上，才有其價值可言。像這種從印象主義的立場來探求美的體驗底眞實，可以說，是意味著流動的瞬間底印象的美。而王爾德則認爲在社會上，該以在完全的孤立之中，所謂藝術的理想才能顯現，因此，他主張了「自律的藝術」(autonomons art)。在英國美學界，以《美學史》(*History of Aesthetics*, 1892) 而聞名的英國美學家包桑葵 (Bernard Bosanquet, 1848-1923)，是一位黑格爾主義者，黑格爾的美學，到了十九世紀的英國美學，還是成爲重要的形式原理，包桑葵把黑格爾美學的形式原理，跟浪漫主義運動以來當作主題的感情表現的原理，加以結合，而且提出了折衷主義的美學思想。他在《美學三講》(*Three Lectures on Aesthetics*, 1915) 之中，強調著以感情被客體所包含，依其物質的形式而形態化，在當作永續的普遍性之中，有著美感體驗的特質。特別是以當作感情定著劑的媒介的強調，而跟克羅齊對立著。因爲克羅齊的美學思想強調了直覺就是表現，而藝術是一種直覺，是當作一種精神的存在而言。

布萊德雷 (Andrew C. Bradley. 1851-1935) 在《牛津詩論》(*Oxford Lectures on Poetry*, 1909) 中，他主張藝術作品的形式＝內容的一元論，依他所謂的內容，就是「能作關係的要素」，而形式則是「要素間的關係」，因而所謂藝術作品，就不得不是以這種當作全體融合了的「有關係的要素底有機的統一」。因此，內容是跟形式密接著，帶著固有的美的意義。布萊德雷的美學思想，似乎也頗影響了現代英美文學批評中的所謂「新批評」(New Criticism) 的運動。

在當年的牛津大學，克羅齊的美學一度也有很強烈的影響，在包桑葵、布萊德雷、柯立德（Edgar Frederick Carritt）以後，柯林烏的美學思想的出現，可以說也是一位承上啟下的人物。總括以上所述，是以柯林烏以前的英國美學思想的淵源，作了一個歷史性的回顧。

新觀念論的淵源：克羅齊、任蒂爾以及柯林烏

依照布朗在《新觀念論者的美學：克羅齊——任蒂爾——柯林烏》一書所提示的，顯然地，柯林烏是代表了在意大利以外的國度受了克羅齊的影響最大的美學家。吉伯特（Katharine Everett Gilbert）與顧恩（Helmut Kuhn）在他們聯合編著的《美學史》（*A History of Esthetics*）中，認爲柯林烏是克羅齊主義者。因此，如果我們要探求柯林烏藝術哲學的發展，則我們有瞭解克羅齊美學的必要。因爲克羅齊的美學，在美學史上，不但是被認爲當作表現學的美學，而且也是一種劃時代的代表。

克羅齊是以精神爲哲學的中心課題，任何所謂的實在，是因爲精神的動機才開始有生動的、具體的形式，採取這種見地來看，依照這種精神活動，克羅齊把形式的理論與實踐，在根本的形式上加以區分著。克羅齊認爲知識有兩種：一是邏輯的知識，一是直覺的知識。邏輯的知識是以知性爲根源底普遍的概念的認識，直覺的知識是以想像爲根源底個別的直覺的認識。就這兩種知識的功能來說，實踐的知識尙可區分爲個別的實用的意志與普遍的道德的意志兩種功能。克羅齊把各種領域的自律的價值，即美、眞、效用以及善，跟美學、邏輯學、經濟學以及倫理學來相對應，給他的精神哲學建立了體系。克羅齊的《美學》（*Estetica come scienza dell' espressione e linguistica generale*, 1902）便是這個體系的主要著作之一。該書包括了

兩大部份；第一部是美學理論，第二部是美學史。此外，他還有《美學的諸問題》(*Problemi di estetica e contributi alla storia dell' estetica italiana*, 1910)、《美學綱要》(*Breviario diestetica*, 1913)、《美學》(*Aesthetics*, 1938)❸等美學著作，這些作品，主要的都是給《美學》那部作品的思想，加以引申、解說與發展的。

就以克羅齊的美學來說，首先他便是認爲「藝術卽是直覺」。關於他這個簡潔的定義。我們可以加以討論。依照克羅齊給藝術所下的界說，他有三點意義必須加以陳述的：

一、克羅齊認爲「藝術不是物理的事實」；他的理由是說，所謂直覺，是跟感覺不同的，那麼，爲什麼感覺又是無形的物質呢？依照所謂的精神作用，直覺是相當於形式的，而且又是被具體化了的內容，好比是能受動的、抽象的事物。

二、克羅齊認爲「藝術不是知覺的事實」；然而，克羅齊所謂的直覺，也是跟知識不同的。那麼，爲什麼知覺也是一種的直覺呢？這是因爲佔在實在與非實在的辨別之上，也就是說，是對於把握實在的成爲本質的，直覺是以實在的東西底知覺與可能的東西之單純的形象之未分的統一爲本質的原故。

三、克羅齊認爲「藝術是想像的事實」；然而，克羅齊所謂的直覺，是跟空想或聯想等不同的。依照克羅齊的看法，相對於創造性而言，直覺是依著想像單一的形象的產生爲一種多樣的統一。所以，直覺是具有創造性的。而相對於非創造性而言，空想是一種缺乏連絡的、不統一的形象底結合與聚集，因此，空想是不具有創造性的。

---

❸ 參閱爾曼（Frank A. Tillman）與柯恩（Steven M. Cahn）合編的《藝術哲學與美學：從柏拉圖到維根斯坦》(*Philosophy of Art and Aesthetics: From Plato to Witlgenstein*) 一書，頁 311。

依照以上所述，克羅齊所謂的形象的直覺，該是一種純粹的直覺。相當於這種有機的統一性而言，純粹直覺是意味著一種感情，在這種意味上，他所謂的藝術，就是一種抒情詩，藝術的直覺就是抒情的直覺。因此，克羅齊認爲眞正的藝術作品的生命感、充實感、緊張感，以及情熱、性向、欲望、意志等的心靈狀態，是在一種完全的想像的形式之中顯現了的結果。

其次，就克羅齊的美學來說，從這種直覺的創造活動，到所謂直覺就是表現，便是意味著，直覺是在表現中使自己本身予以客觀化，直覺的認識就是表現的認識。這種以直覺就是表現的界說，包含了下列幾點意義，值得我們推敲:

一、藝術的直覺該是直覺的一種，乃是指一種直覺的直覺。而藝術的表現卻不是表現的表現，藝術的表現可以說是一種印象的或感情的表現。藝術的直覺是外延的、量的差異，但卻不是內包的、質的差異。在所謂普通人的表現跟藝術家的表現之間，就藝術的表現本身而言，並沒有質的差異，因此，任何人一旦生下來以後，便多多少少是個藝術家。

二、因爲所謂直覺就是意味著內在的直覺，所以，表現也是意味著純粹的精神，形象的產生並不意味著就是外在的再現。因此，克羅齊認爲藝術作品旣然是內在的，而外在東西已經不算是藝術作品了。藝術作品之所以成爲外在的，乃是因爲實踐的結果。因此，寧可說藝術作品是在意志所屬下的作品。同時，如果要將藝術的表現成爲外在化的手段的時候，所謂技巧，是跟藝術活動並沒有直接的關聯。

三、克羅齊認爲所謂內容乃是尙未雕琢的印象，而形式該是這種印象的雕琢。所謂表現，並非把內容與形式各別地來加以考慮，在這個意義上，所謂藝術，是只有形式，而沒有內容。克羅齊強調著，所謂藝術，是只有形式，而沒有內容，是千眞萬確底。這種觀點，該是一種極端的形式主義的觀點。

四、克羅齊既然認爲眞正的藝術，事實上，藝術是以自己的主題作懷胎，那麼，其結果如何呢？並未知曉，然而，當創造者在感知一種生產的瞬間即將來臨的刹那，所謂生產，即不是意志的，也不是非意志的。克羅齊認爲藝術是一種自由的靈感，是沒有所謂內容的選擇的，換句話說，是有著內容的選擇底不可能性存在，因此，克羅齊是把藝術活動跟實踐活動加以區別了，可以說，克羅齊是要將爲藝術的立場賦予以正當化的理由。顯然地，他是在爲人生而藝術與爲藝術而藝術之間有所區別了。

以上所陳述的，是以克羅齊所謂直覺就是表現的界說爲出發，而且加以引申發展出來的美學理論。克羅齊所說的美，是跟藝術活動的精神的價值一樣地加以考慮了的。因此，一個想要觀照自然的人，如果沒有藝術家的眼光，而且又沒有創造性的活力，那麼，就沒有美可言了。所以，我們與其說是藝術家模做自然，倒不如說，是自然要模做藝術家了。克羅齊所說的價值，該是意味著自由地使自己展開而成功的活動。而美的價值，該是一種成功的表現，而所謂醜，該是一種不成功的表現。如果依照克羅齊的觀點來看，所謂不成功的表現，根本就不是表現。換句話說，克羅齊認爲美就是表現。

克羅齊把所謂美與藝術在本質上給予統一，同時以表現爲其核心的精神，固然，建立了一種頗富於唯心論色彩的美學理論。然而，他在《美學》第一部〈美學理論〉的結論中，認爲所謂美學跟語言學，在根本上是一致的。因爲就同樣地作爲表現的科學而言，他嘗認爲語言的哲學跟藝術的哲學是同一的。

簡言之，當我們進一步地瞭解了克羅齊的美學思想及其精神風貌的時候，我們也有一些疑問：

一、如果根據克羅齊所強調的；藝術不是物理的事實，那麼，所謂藝術作品，該只是內在的一種精神作用，尚未成爲外在的階段以前已經完成了的，那麼，這種藝術作品，我們要以怎樣的媒介來感知藝術作品的存在呢？

二、如果根據克羅齊所謂的，美是一種成功的表現，而藝術的表現尚屬於內在的一種精神作用的時候，既然是已經完成了的，那麼，如何判斷是一種成功的表現呢？

不錯，在二十世紀初葉的西洋現代美學的思潮之中，克羅齊的美學，該是獨樹一幟的了！儘管他的理論尚有許多疑問，許多值得商討的餘地，然而，不可否認的，他的美學思想，在現代美學中，影響是頗爲深遠的。在中國現代美學的發展過程中，早期介紹西洋美學的開拓者之中，朱光潛先生嘗也被認爲是一位克羅齊主義者，其實他除了翻譯與介紹克羅齊的美學思想以外，他還有批評與反省的見地。如果我們以任蒂爾算是意大利的克羅齊主義者的話，那麼，柯林烏該是屬於英國的克羅齊主義者了。爲什麼我們同時說他是一位克羅齊主義者，又是一位新觀論者呢？我們在下面將從他早期的美學思想說起，同時進一步地談到他晚期的美學思想，算是柯林烏藝術哲學的發展。

柯林烏早期的美學：新觀念論的接受時期

從十九世紀的後半葉以後，美學的發展，在方法上，有哲學的與科學的兩大方向；而在對象上，卻有美的與藝術的兩大領域。因此，依照這種分際，可以分別爲四種部門：一、科學的美學 (Scientific Aesthetic)；受人類學、社會學以及心理學的影響，而有人類學的美學、社會學的美學以及心理學的美學。二、科學的藝術學或藝術科學(Science of Art); 這是以德國當時新興的藝術學 (Kunstwissenschaft) 爲其主要的範圍，以美的與藝術的區別爲開端，從而發展藝術史的方法論。三、哲學的美學 (Philosophical Aesthetics); 這是以科學的美學與哲學的美學底區別上，前者側重科學方法的應用，而後者則側重了哲學方法的應用。四、哲學的藝術學或藝術哲學(Philosophy of art); 這是有別於藝術科學的一種探求，回歸於哲學的立場，因此，我們可以說哲學的美學與藝術哲學，在本質的意義上，是較爲接近的部門，甚至有的認爲是可以相通的。

因此，依照柯林烏哲學思想的發展，我們可以說，所謂柯林烏美學思想的發展，事實上，也可以說就是他的藝術哲學思想的發展。我們說他的哲學思想大約有三個時期的發展；因此，我們可以了解他早期美學的發展，該是在第一時期；而他晚期美學的發展，則是在第二時期與第三時期，或介於這兩個時期之間。前者可以用《藝術哲學綱要》(*Outline of philosophy of Art*, 1925) 爲代表，而後者則可以用《藝術原理》(*The Principles of Art*, 1937) 爲代表。柯林烏的美學思想，還有一部分，是表現在其他有關哲學的著作中，在此我們只以他的代表作爲中心骨幹來加以描述、說明與解釋，必要時則加以批評。

從羅素金主義者到克羅齊主義者

根據杜納貢教授編的早期柯林烏的著作中有關美學的論文集《藝術哲學論集》(*Essays in the Philosophy of Art*, 1964); 他早期美學的作品，有〈羅素金哲學〉(Ruskin's Philosophy)、〈藝術哲學綱要〉、〈柏拉圖的藝術哲學〉(Plato's Philosophy of Art)、〈藝術在教育中的地位〉(The Place of Art in Education)、〈藝術中的形式與內容〉(Form and Content in Art) 等篇，除了《藝術哲學綱要》可以單獨成為一本書的單元以外，其餘的都是獨立的論文❹。

從傳統的英國美學，以及因為家學淵源的關係，柯林烏頗受英國藝術批評家羅素金的影響，在他較早的論著〈羅素金哲學〉一文中，可以說他還是一個羅素金哲學的研究者。

在《知性之鏡》一書中，柯林烏認為藝術是最低的經驗的形式，跟隨著克羅齊的觀點，他也認為藝術卽是純粹想像，並且跟感覺有所不同。他認為想像是活躍的，而且他本身就是成為一種嚮導的原理。而所謂美，該是界定於想像的領域，因此，所謂藝術作品，是卽不眞也不假的，換句話說，藝術的本質便是在於表現。

因此，從所謂羅素金主義者到克羅齊主義者的發展，在柯林烏是自然而然地發展著的，當他開始閱讀克羅齊作品以後，他曾經嘗試加以翻譯，並且在一九二一年，柯林烏致克羅齊的書簡中提到，他是克羅齊的「一位朋友而且為您的哲學的門徒」❺因此，我們可以說，柯林烏早期的美學已經從羅素金轉到克羅齊，而且也是一位克羅齊主義者了。

《藝術哲學綱要》的美學思想

柯林烏早期美學的代表作《藝術哲學綱要》，是一部簡潔而有趣的書，全書共分六章；包括第一章〈藝術的一般性質〉、第二章〈美

❹ 按柯林烏《藝術哲學綱要》一書，曾經於一九二五年，由牛津人學在倫敦出版。杜納貢編輯的《藝術哲學論集》則在一九六四年，在布魯明敦，由印地安那大學出版。前者收集在後者一書之中。

❺ 參閱柯林烏著，杜納貢編輯的《藝術哲學論集》，杜納貢的〈導言〉，頁14。

的諸形式〉、第三章〈自然的美〉、第四章〈藝術作品〉、第五章〈藝術生活〉以及第六章〈藝術與精神生活〉等。在這裏，我們將分析他對藝術及美的界說，並且嘗試從藝術單子論到美感的兩大對象：一是自然的美，一是藝術作品，同時從精神生活方面涉及藝術與諸科學之間的關聯，進而探求其意義。

那麼，究竟什麼是藝術呢？柯林烏認爲藝術這個語言有三種意義：一、是在藝術家的行爲中，創造了所謂藝術作品的事物，並且實踐了美的意圖的活動。二、是相對於「自然的」而言，創造了所謂「人工的」事物，即是壓抑了自己的自然的衝動，而有計畫地在生活的構成中，完成了所謂人在創造事物的實踐的活動。三、所謂藝術的心情，也就是一種美的意圖的心情。因此，柯林烏以爲藝術哲學的中心概念，是以美爲對象的特殊活動的概念，而美感意識，便是所有的藝術的出發點，也是藝術所要達到的終點。而對於藝術的性質來說，柯林烏則分成下列數點加以分析與說明：

一、藝術的一般的性質：爲了要了解藝術的一般的性質，我們也需要了解藝術的特殊的性質，而且不要使一般的性質與特殊的性質相混同了。藝術當作活動的一般的性質來說：藝術是理論的、是實踐的、也是情緒的。所謂藝術是理論的，那就是說，在藝術中，精神就是帶有要觀照的對象。然而，這個對象是獨自特殊的對象，不是神、不是自然的法則、不是歷史的事實、也不是哲學的眞理。因此，藝術觀照的對象，是跟宗教、科學、歷史、哲學的對象有所不同的。所謂藝術是實踐的，那就是說，在藝術中，藝術精神是要使理想實現，同時導向那精神的世界。在所謂藝術的精神的活動，可以說不是功利的、道德的活動。所謂藝術的是情緒的，那就是說，在審美的活動中，感知了一種反逆的感情的存在，甚至可以說，是包含了這種感情，在藝術中，這種感情往往帶有獨特的色彩。

二、藝術的特殊的性質（一）：在藝術中，有主體與客體，有觀照者與被觀照者。在主體的活動與客體的性質之間，即兩者的關係及其性質中，藝術有其特殊性。主體的行爲是想像的，而客體卻是想像之中的客體。兩者之間的關係，乃是個人的或經驗的想像行爲而要當作產生客體的關係。因此，在藝術上，客體是想像上的客體，而且是非實在的。柯林烏舉了個例說明；比方說：被印刷了的莎士比亞(William Shakespeare, 1564-1616) 的原作是實在的客體，在現實的我底面前存在著，然而，我們要觀照莎士比亞的悲劇「韓姆烈德」(Hamlet)，卻不是要從這個印刷了的書本中感知擷取，而是要向莎士比亞學習在「韓姆烈德」自己本身上有所「看見」，而這種「看見」，是要對一個人的個人性格、語言、行動加以觀照的事情。而且，這種性格、語言、行動，在想像上，仍然是一個人的個人的事物。在想像中，我們要思考，把現實與非現實，眞實與虛僞加以區別。因此，想像不是思考，思考也不是想像。因爲兩者之間，彼此否定了其特性，但兩者並非毫無關聯。在思考中，就有眞實與虛僞的區別。簡單地說，想像與思考的關係，即思考固然是以想像爲前提，但想像卻不是以思考爲前提。所謂藝術的特殊的性質，在理論上，柯林烏認爲就是想像。

三、藝術的原初性：如果說藝術是科學、歷史以及常識的基盤，柯林烏認爲藝術該是最初的基本的精神活動，也可以說，就是其他活動的土壤。兒童或未開化的人類之藝術的特質，是以兒童或未開化的人類的實際生活爲一種想像的表現。因此，藝術是包括了最高的以及最低的全領域的精神活動，所謂的藝術家，是否僅僅不過停留在兒童或未開化的人類的階段呢？如果以藝術家比之於科學家，藝術家是比較具有較爲素樸的原初的精神，而不是說藝術家僅僅停留在兒童或未開化的人類底階段的原故。

四、藝術的特殊的性質（二）：從藝術的實踐方面來看，柯林烏認爲藝術的特殊的性質，是在美的追求。美是統一的，醜卻是欠缺統一的；醜破壞了美，混亂了想像，而藝術卻是想像的，是在想像中追求美的表現。因此，所謂想像的，便是使全體加以統合，也就是一種美，而欠缺全體統合的，便是一種醜。美是調和的、是多樣性的統一，是均衡而一致的。

五、藝術單子論：柯林烏認爲當想像與思考銳利地對立著，那麼，在想像的時候，就讓對象孤立化；而在思考的時候，卻把一個對象，放在具有連續關係的其他對象之世界的位置。想像是一貫性的，就其自體而言，是內在的一貫性。就想像是一貫性的自足而言，思考的一貫性是外在的，超越了自己的一貫性。我們對於藝術作品，往往採取兩種見地的觀照方法；一是審美的見地，一是歷史的見地。審美的見地是藝術家或美學家的看法，歷史的見地是歷史家或藝術史家的看法。所謂的藝術單子論，便是認爲在任何審美的行爲上，有著新的成立。而在任何沒有歷史的批評的思考行爲上，新的卻崩壞。實際上，任何藝術作品，可以說，都於這兩種活動的均衡之中存在著。因此，在審美活動中，如何參與歷史的眼光，而在歷史的洞察中，如何持續審美的態度，便成爲一個很重要的關鍵的課題了。

六、藝術的特殊的性質（三）：從藝術的情緒方面而言，柯林烏認爲藝術的特殊的性質，是在美的享受。所謂美便是依著有所感動而形成的，因此，美在心靈上浮現的時候，這種感動是兩極的。可以說，不僅是因爲樂趣，而且是因卽樂又苦。從事這種想像力最高的活動的人們，在其行爲的價値上，並不僅僅是要見出樂趣，而且也可以看出強烈的苦味。

那麼，究竟什麼是美呢？美的諸形式又如何呢？柯林烏認爲除了所謂美的以外，在藝術作品之中，還有崇高、情念、諧謔、悲劇等等，可以表示美的不同的範疇。柯林烏認爲崇高是在一種力強的表現，但卻不是在物理的力，也不是在倫理的強，崇高是在感情的威力，是在精神上的強行的迫力。如果崇高是僅僅把美當作美而顯現，那是因爲美感經驗的突然的侵入，純粹的崇高該是像電擊一般的效果。因此，描繪巨大的事物，好比像大象啦、海嵐啦、巨峯啦等等，並不因爲牠們是巨大的事物，就能獲得所謂崇高的資格。換句話說，題材的巨大跟崇高沒有必然的關聯。因此，在巨大的事物上，並不意味著就等於是崇高；而在巧小的事物上，也並不意味著就不是崇高。例如：朱光潛就曾經以屠格涅夫（I. S. Turgenv, 1818-1883）的散文詩〈小麻雀〉爲例，他認爲小麻雀面對龐然大物的狗，形體雖然是巧小的，但牠的精神的威力卻是無比的，已經是突破了牠那巧小的形體。換句話說，巧小的事物，照樣能表現出一種崇高的威力。簡單地說，美與崇高的問題，是英國美學傳統的課題，是巴克美學的課題，也是康德美學的課題。柯林烏不但想加以引申討論，同時也想賦予新的意義。

柯林烏把美感對象的兩大領域進一步地加以探討著：一是自然之美，一是藝術作品。在自然之美方面，柯林烏分析了自然與自然美的意義，自然美是直接性的美，因此，他認爲所謂自然之歌是素樸無垢之歌，而藝術之歌卻是經驗之歌。而在藝術作品方面，他分析了自然主義的藝術、形式藝術以及想像藝術，爲什麼藝術家是要從無意識到有意識呢？爲什麼藝術家捨棄了自然主義的藝術而大步地赴向了想像藝術呢？在此，柯林烏似乎隱隱地顯示了克羅齊的影響。柯林烏認爲藝術家是要使他自己理想化，而在美的創造之中，卻產生了實際的作品，知識只是其中的一部分。藝術創造是一種想像的行爲，而不是一種思考的行爲，而這種想像的行爲，卻是包含了感情的要素，從這種感情的分析中，有著理想化的直覺的認知。

柯林烏在藝術與精神生活的反省與分析中，幾乎是跟克羅齊頗相彷彿的，他們都認爲藝術史與藝術批評是同一的。柯林烏早期的美學思想，除了這一部代表作《藝術哲學綱要》，已如上所述以外，在他的幾篇論文之中，我們將特別挑出一篇有關藝術敎育論的論文來加以分析、說明與檢討。

柯林烏的藝術敎育論

如果我們說藝術敎育（Art education）是美感敎育（Aesthetic education）的方法與手段，則美感敎育該是藝術敎育的理想與目的。藝術敎育，在廣義的意義上；可以包括美術敎育、音樂敎育、文學敎育、電影敎育、戲劇敎育、舞蹈敎育等等，而他們都是以培養美感意識爲依歸，換句話說，藝術敎育是要訓練一種美感的情操，作爲人生從理想到實踐的一種準備工夫。

柯林烏於〈藝術在敎育中的地位〉一篇論文之中，提出了他的藝術敎育論的觀點。柯林烏開宗明義地在文中便問著：究竟藝術在敎育體系中佔有了怎樣的位置呢？而且又應該佔有怎麼樣的地位呢？柯林烏認爲：如果藝術在敎育中並未佔有一席它應該具有的位置，那麼，所謂的敎育便失去了它的意義。

所謂〈藝術在敎育中的地位〉底「敎育」這個字眼，並不是指謂著在職業專科學校中所訓練出來的一批專技的藝術家，換句話說，所謂的「敎育」，該不是僅僅在造就一批一批的藝術家們，使他們成爲更好的藝術家而已。而是在廣大的人羣之中，造就普通一般的青年男女使他們成爲更具有藝術素養的青年男女。因此，柯林烏所說的教育，乃是意味著一種普及性的教育，它的普及性不是在於應用上的普及，而是在於目的上的普及。那麼，所謂普及性的教育的目的何在呢？那是在於使我們欲達到那種人性的同一性更加充實。

因此，柯林烏進一步地來討論教育的功用；他以爲教育是必須使學生們能更加適應人生，更能有效地去處理人生所必然面臨考驗的各種難題。因此，相對於職業學校的作用，僅僅是在於訓練一批一批專技的人才而言，普及性的一般的教育，乃是在教導一般的人們如何去爲現實的人生作準備。

把「教育」這一個名詞的概念加以澄清之後，柯林烏進一步地討論著「藝術」這一個名詞的眞正的意義。他這樣地問著：在那一種情況之下，藝術方才能成爲普通教育中一種不可或缺的一環呢？柯林烏指出，如果認爲藝術是在教室中懸掛著的前人大師的名畫，或者是在兒童們必須強迫地去參加的室內音樂演奏會，或者是在一羣那兩腿發酸的可憐的孩子們站著參觀的畫廊的話，那麼，在這種意義之下，藝術便不是在一般教育中必要的因素了！相反地，這種藝術，反而是一種阻礙，一種妨害。柯林烏認爲也許學習一些所謂前人大師們的技巧這方面的知識是十分地必要的，但是對於一些非藝術家的普通人而言，並無此需要。換句話說，對於普及性的一般教育而言，並不需要這種的藝術教育。

顯然地，柯林烏認爲藝術是在普及性的一般教育中佔有很重要的奠定基礎的作用，因此，他設想著有一羣反對者會加以抗議，他們將會吶喊著：「藝術必須是不涉及實用性的，是必須遠離了日常事物的功利性的觀念，假若居然要談到藝術的實效性與功利性，則眞正是陷藝術於不義的罪魁了!」因爲有著這一類人的立場與看法，因而有些人就主張所謂藝術素養並非是非要不可的，自然而然地就會排斥柯林烏所主張的藝術的實效性與對實際人生的功用了。這批人是把藝術當作一種裝飾品，而藝術是使本來單調的、乏味的、卑下的人生顯得更爲高雅更爲優美的裝飾品而已。藝術在這一種具有裝飾性的趣味的態度之下，不過是成爲一種消遣品而已。藝術的作用也不過是使人們在緊張而忙碌的生活之中獲得緩和鬆弛而已。這一批人是以爲把藝術放在教育中所佔有的地位，認爲是鼓勵人們去培養一種在閒暇的時候可以透透氣，可以發展的消遣，而他們居然直接地認爲如此將可能表現出來一種令人尊敬的聰慧而又適宜的美感的態度。

柯林烏批評了這種謬誤的理論，他認爲這批人之所依據的是一種謬誤的藝術哲學，也就是說，他們對於藝術的性質有所誤解，他們以爲只要是眞實的東西，則必然是有用的東西，因此，旣然藝術不是眞實的東西，因而，就推論說他不涉及實用性了。在這種謬誤的觀念之下，一棟建築的雄偉壯麗，必然是因它裝扮了很多的擺飾，而不是由於它們自身的基架線條的簡明優雅。因爲這些人有了這樣的看法，也因而產生了另一種的錯覺，以爲這一種設計如果是有用的，有實用性的話，則它必然不是美感的了!

柯林烏作了這樣的一個結論;也就是說，他認爲這派把藝術當作是純然不帶實用性底觀念的人們，他們是把這種當藝術作成爲一切裝飾品的來源。然而，所謂裝飾品實在是最彆扭的藝術家的素材。柯林烏認爲就以一幢建築物而言，其自身基架線條的美，已經具有了某種優雅與堂皇的風采，如果是拼命地去加上了裝飾，反而會像以無花果葉去遮掩一樣的假道學而又不自然了。於是，柯林烏大聲疾呼著;我們要去掃除這一批自以爲是的藝術家們，因爲他們所謂的藝術，是使我們看不見眞正美好而自然單純的個物，只是讓我們去接觸到許多不相干的醜惡而又累贅的裝飾品而已，我們需要撥開雲霧去見靑天!

柯林烏說明了實用的與美感的雖然是兩回事，但是凡不能使人獲得美感的，就不能算是眞正有用的東西。而認爲實用的都是不美的，或者凡美的都是不實用的，這種推論，不但是犯了邏輯上的一種謬誤，同時也是一種迷信，這種迷信只是鼓勵了一批不入流的設計家們，使他們心存安慰，因爲凡有用的必是醜的。

因此，柯林烏以爲「凡有用的必是醜的」和以爲「凡美的必是無用的」這種迷信，可溯源自工業革命，因爲工業革命是以機器代替了手工藝，也就是用快速的機器的生產方式，代替了傳統家庭的手工藝的製造方式。而在產品的製造上，機器的速度固然是驚人的，然而，新的生產方式的設計和品質，都比傳統古老的生產方式所設計的更顯得拙笨與醜陋。因此，柯林烏以爲西方自達文西（Leonardo da Vince, 1452-1519）以來的那種把產品製造者與藝術家合而爲一的情況是被打破了！代之而起的是兩種身份的人分道揚鑣，藝術家是在追求藝術作品的美感，而產品製造者卻是在追求產品製造的效率，兩者因此各自獨立分家，可說互不相關了。柯林烏認爲這是一件可悲的事，然而，要想恢復希臘、中古時代以及文藝復興時期的那種健全的藝術觀，則我們必須先要恢復往古的信念。

柯林烏以爲藝術的功能絕不是在把「不美的」、「醜陋的」東西經由裝飾這一加工的過程，而達到了美的境地。但是，假若一件東西在本質上是醜陋的，而你絕不可能因爲使用了抹粉塗金的方法就可以美化了它。柯林烏以爲所謂美的便是設計上的良好，而醜的卻是因爲它的設計上的差勁！於是，柯林烏慢慢地引申出他的藝術在敎育中應有的地位底邏輯的架構，試陳述如下：

如果說凡是好的設計就是美的，則每一個「設計好的」、「美的」都是一件藝術品。

而在另一方面呢？由於

藝術的功用是在基架性的而非裝飾性，如果藝術是在整個人生中具有了如此必要的地位，那麼，何況是在這種最具實效性的教育體系之中呢？

柯林烏說明了藝術在教育中所應具有的基層性與普及性的功能以後，他也以其方法學來建設他的藝術教育理論。他認爲藝術是一種活動，而且是一種想像的活動。所以說，一個能夠使用他的心靈去想像的人便是一個藝術家；而且，凡是一個能夠運用他心靈去想像得很豐盈的人，便是一個好的藝術家。從這一層意義上看來，一個音樂家不只是要能欣賞、能思索他人的樂曲，他還必須是擁有靈感泉湧般的創造性的想像力。文學家也是如此，一個文學家不僅僅是要會欣賞莎士比亞的作品，他還必須是自己能寫，自己能說，自己可以寫得流暢清晰，自己可以說得明白自然。假若一個文學家光只是欣賞莎士比亞的作品， 他只是重覆了莎士比亞的創造活動， 對於他自己本身而言，絲毫沒有一點激勵的作用，反而限制了他自己開放性的創造心靈的活動。柯林烏強調著，所謂想像力，是人類心靈活動的最原始的也是最基本的樣態，因此，想像力的啟發和訓練，乃是教育中的基本課題，任何一位老師，任何一個學生都是不能逃避的。

所有的兒童們都一直擁有著他們自己的兒語、兒歌、童謠、童話、娃娃圖畫以及創發性的舞蹈動作。這些正適足以表現人類深深地具有了無窮的想像的潛力。因此，優異的教師們該是能去協助這些兒童們大膽地發揮他們的想像力的。柯林烏也認爲所有的教育都是從一些故事性的敍述而引起來，有些是眞實的故事，有些是虛構的、神話性的以及童話性的故事，而我們可以說，那些虛構的故事往往就是想像力發展的起源。

柯林烏在這裏把柏拉圖（Plato, 427/8-347/8 B. C.）的二分法進一步地引伸擴展爲兩大領域：一是詩，一是散文。柯林烏認爲詩是純粹的想像，而散文則是由思想所指導而啟發了的，並且是有意識地表現出來的想像。在產生的先後次序上，自然是先有詩，然後，才有散文。柯林烏依據經驗性的觀察，看出人類在生長的過程中，在嬰兒時期就已蘊含著無窮豐富的想像力，在此，他又從全人類的文化演進史中，來觀察出人類在原始社會中即有運用其豐富的想像的能力。例如：中國、希臘古代的神話，以及原始部落所擁有的圖騰藝術、動物崇拜等等，可以看出其端倪。因此，柯林烏認爲在文化發展的次序而言，是先有詩，然後再有散文，再由此發展成爲理性的或精密的科學分析，或推理的科學，以及深刻的哲學的研究。

如果再進一步加以分析，柯林烏是以詩與散文的區分來類比教育與實際的人生的區分。這就是說，教育是人生的序言，是生活的準備工作。教育如同詩一般地具有純粹想像的深度。因此，在學校的教育中，有許許多多假想的困難在學習的過程中成爲學生們的一項考驗與磨鍊。在學校中所受到的挫折、成功或失敗，嚴格地說，並不成爲眞正的失敗或成功。教育的功用是在於提供這一層假想的訓練，使學生們在學習中並瞭解在未來現實的生活中如何去解決這些問題。教育相對於眞實的人生而言，是一種想像的生活。我們在學校中假想了可能有那些遭遇，而實際上，並沒有眞正地去面對著它。然而，雖然說在學校的教育中，一個人的成敗得失都是假想的，不眞的，但藉著這一種訓練的過程，教育卻協助人們去面對著眞實的人生所可能遭遇到的困難與工作。眞實的人生具有散文的性質，是一種在條理化了的思想作用之下的想像層面的生活。因此，可以說教育的功能便是在協助人們由詩這一純然想像的人生而達到散文這一自然眞實的人生。從這種意義本探討藝術在教育中的地位，柯林烏提出了兩項結論性的建議來加以說明:

一、教育必須是由詩這種想像的人生來產生啟示作用，去誘導一般人的創造力與想像力，使一般青年男女能够具有那種純然獨特的創造心靈的活動。

二、教育的作用是由詩走向了散文，因此，所謂藝術在教育體系中所扮演的角色，乃是逐步地協助兒童們、少年們以及青年們如何地去用淸晰的、簡明的以及扼要的與正確的方式來表達他們的思想，以及瞭解並且能傳達他人的思想與意念。從這一種希望而要來作的一種努力，自然是在教導學生們如何地去適當地來使用工具、發展技巧，並且去獲取前人們的知識與經驗。

柯林烏嘗認爲他的藝術教育論，也就是他的美感教育論的原理。在我們的精神生活之中，是從詩朝向散文，是從想像推移到思考，而且在跟實際生活的散文的性格相對照之下，教育全體就是詩。如果說更高的科學的教育作爲散文詩的性格來相對照的話，初級教育卻是詩的詩，意味著便是所謂的美感教育。

綜觀柯林烏的藝術教育論，可以說，是建立在他的藝術哲學的中心思想。他在藝術的特別的性質中，從理論上看來，他認爲是在想像。因此，在藝術教育論中，他強調了藝術創造活動的學習，他以爲是創造性的想像力最爲重要。誠然，如何地去啟發學生們發揮主動的想像力，如何地去鼓勵藝術家們發展創造的想像力，該是藝術教育的目的。

簡言之，好比康德（Immanuel Kant，1724-1804）在美學方面

的發展一樣地，在早期思索有關美與崇高的問題，已經隱藏著他晚期在《判斷力批判》(*Critique of Judgment*, 1790) 中的問題；同樣地，柯林烏在早期美學問題的思索中，尤其是想像的問題等等，也已經隱藏著他晚期在《藝術原理》中的課題了。在《藝術哲學綱要》中，他簡潔扼要地把握了藝術的特質，而於《藝術在教育中的地位》中，他已經發揮了藝術的精義及其功能。

柯林烏晚期的美學：柯林烏哲學思想的成熟時期

柯林烏晚期的美學代表作《藝術原理》一書，是於一九三八年出版的，剛好是介於柯林烏哲學發展中第二時期與第三時期之間。而他的《哲學方法論集》出版於一九三三年，那時他已醞釀了美學思想更進一步地發展的可能性，且討論了文學的問題。一九二九年，他翻譯了克羅齊的一篇〈美學〉(Aesthetics) 於一九二九年出版的《大英百科全書》(*Encyclopaedia Britannica*)，柯林烏一方面是受了克羅齊美學思想的影響，另一方面卻可以說是在積極地建設他自己的美學思想。

≪藝術原理≫中的美學思想

《藝術原理》一書共分四大部份；第一部份是「導言」，第二部份卽《藝術原理》的第一册〈藝術與非藝術〉，第三部份卽《藝術原理》的第二册〈想像的理論〉，第四部份卽《藝術原理》的第三册〈藝術的理論〉。全書共計有三四七頁，在這裏所要加以討論的，該是以柯林烏在本書中所展開的中心思想爲問題的著眼點，那就是討論他把藝術本身當作想像與表現的中心課題。

柯林烏認爲在《藝術原理》中所要解答的一個主要的問題就是問:「什麼是藝術?」要回答這個問題,總是會使人想起什麼才算是藝術,而什麼就不是藝術。柯林烏把美學家分爲兩種類型:一是藝術家的美學家,一是哲學家的美學家。前者是使藝術家傾向於哲學的反省,而後者是使哲學家帶有藝術的品味。當然,藝術家的美學家常常知道他自己所談的問題是關於什麼,而哲學家的美學家則往往在理論的建構上比較地訓練有素。

如果從「藝術」這個字眼的歷史來加以考察的話,那麼,在西洋歷史上重要的語文中,有其字源學的意義。例如;在拉丁文中的Ars,好比是在希臘文中的 Γέχνη。它們的意義是頗有相通的地方,但是在某些事物上,卻有其完全不同的意義。它意味著是一種技藝(Craft),一種熟練的特殊形式。在中世紀的拉丁文 Ars,正如早期近代英文中的 Art。而英文中的 Art,卻是借自拉丁文的字眼與意義,意味著某些學科的特殊的形式,例如;文法或邏輯,魔術或占星學。藝術在西洋的所謂七種自由學藝(Seven Liberal arts)之中,就好比是在中國的所謂六藝之中。柯林烏所回顧的,當然是指西洋所使用的意義。中國所謂的六義,是指禮、樂、射、御、書、數六個科目。而在西洋的所謂七種自由學藝,大約是成立於羅馬末期,而成爲在西歐中世紀所盛行的七種自由學科(Septem artes liberales),是一種在中等程度的學校所設立的名稱;計有文法(grammatica)、修辭學(rhetorica)、辯證法(dialectica)三科,以及算術(arithmetica)、幾何學(geometria)、音樂(musica)、天文學(astronomia)四科,共計有二羣七科,前三科是形式科,後四科卻是實質科。

柯林烏在《藝術原理》的第一册〈藝術與非藝術〉之中,他分析了「藝術與技術」、「藝術與表象」、「當作魔術的藝術」以及「當作娛樂的藝術」以後，緊跟著，他便提出了兩個中心的問題。

一、把藝術本身卽當作表現；換句話說，是把藝術當作表現的問題。

二、把藝術本身卽當作想像；換句話說，是把藝術當作想像的問題。

茲依照以上兩個問題，分成兩大部份來加以檢討與分析：

一、當作表現的藝術

柯林烏認爲眞正的藝術就是表現，依照他的觀點，他討論著，究竟怎麼樣的人方才能被稱爲藝術家呢？所謂藝術家跟普通人究竟是有什麼區別呢？在一般人的觀念裏頭，所謂的藝術家，總以爲是異於常人的，不是特別地稀奇古怪的，就是格外地神經兮兮的，甚至還可能是超人，甚至於有點兒跟現實脫節了的。我們之所以對這個問題感到興趣，乃是因基於常人容易的誤解，總覺得有必要把這個問題加以澄淸。

（一）當作表現的藝術的意義：柯林烏是爲了區別藝術不同於技藝或工藝，特別地強調了藝術的眞純性，他認爲藝術乃是在於藝術家的眞摯的表現。柯林烏認爲當某人被認爲是在表現情感的時候，一切有關於他的說法都不外乎此，首先他意識到有一種情感，但卻意識不到那種情感究竟是意味著什麼？他所能意識到的只能是在心中所感到的一種騷動，至於他的性質，他就無法淸楚，當他陷於這種狀態中的時候，他只能說：「我感覺到……我不知道什麼是我感覺到的。」於是，他以表現自已內心的活動，把他從那種境地中解脫出來。柯林烏強調著，直到某人已經表現了他的情感，在此之先，他一直不知道那種情感究竟是什麼？

柯林烏所謂的表現，該不只是藝術家個人內心的活動，因此，他認爲眞正的表現是明白而可解的，一個正在表現某種事物的人，在他的表現過程中，他變得逐漸地明白他正在表現的是什麼？並且他也能够使別人在他們自己的心目中逐漸地明白了它。在柯林烏看來，凡是跟隨著藝術家去參與表現的人，都可能跟藝術家打成一片。

（二）表現與描述：所謂表現，是跟描述不同的；比方說：「我憤怒。」這一句話，只是一種描述，而無法達到表現的目的。因爲這只不過是把人類的情緒劃分歸類後的一種型態而已。它只能作爲知識的一種傳達，要使人知道是某人在憤怒，然而，無法因此引起人們在藝術上的共鳴。

因此，所謂表現這個字眼的意義，大約有三種：

⑴第一種是自然科學的意義，例如：面紅耳赤是羞的表現，表現等於是一種流露，是不經過那種所謂心靈的造作的。

⑵第二種是以審美的活動，藉著物質的媒介，使別人能見聞的作品。

⑶第三種是以直覺卽是表現，正如同克羅齊的藝術卽直覺說一樣，直覺就是審美活動的綜合。因此，表現跟藝術幾乎是同義語的。

因爲柯林烏是受了克羅齊美學思想的影響很大的美學家，從表現這個語詞的意義來說，他的見解便是受了克羅齊美學思想的影響，普通以爲心理有一個意思，把它說出來，就叫做表現。但克羅齊則以爲是事物接觸到感官，心裏抓住了它那完整的形象，而這種完整形象的成功，卽是表現。

（三）藝術家與普通人：如果說藝術是一種技術的話，那麼，藝術家自是有別於一般普通人的了。因爲一個身懷絕技的人，其專技當非常人所有，當然與衆不同。但是柯林烏早已否認，藝術不只是技術，如果說藝術不是一種技術，而是一種情感的表現的話，那麼，這種介於藝術家與欣賞者之間的區分便不復存在。

因爲唯有當人們聽到了藝術家在表現他自己，同時又瞭解了什麼是他們正在聽他在說的東西時，藝術家才能算是有了能够欣賞他的人們。例如：一個詩人在表現某種恐懼的心情的時候，唯有那些能够自行體驗到同樣的恐懼的人，聽見它時，才能瞭解他。因此，當某一個詩人談到一首詩，並且瞭解它的時候，那麼，他不僅是瞭解了某詩人的情感的表現，同時，他也藉著那一位詩人所使用的語言，表現出他自己的情感來，因此，就把詩人的語言化成爲他自己的語言。

所以，如果說藝術是一種表現情感的活動，那麼，作者與讀者，同樣地必須都是藝術家。頗普（Alexander Pope，1688-1744）認爲所謂詩人的天職，便是意味著那所有的人都已經感覺得到，但沒有人能够表現得如此之好、如此之恰到好處的。

至於詩人與欣賞者之間的差異，仍然是存在著。雖然兩者所做可以說完全是同樣的一回事。但那是以特殊的語言來表示特殊的情感，但是唯有詩人能自行解決如何去表現它的問題。至於欣賞者，則只有當詩人指示他們如何地去欣賞以後，他們才能表現它。詩人之所以獨特，乃是在於他能表現那種凡人都能感覺也能表現的情感才行。

依照柯林烏所謂的藝術就是表現的觀點看來，欣賞者在從事藝術鑑賞的時候，他的心靈的活動與藝術家的感受是一致的。但是有一個問題：那就是說，一旦藝術家所創作出來的作品，無法使欣賞者達到同樣的感受，無法表現出同樣的情感，那麼，那種罪過該是在誰呢？究竟是藝術家表現失敗了呢？抑是欣賞者能力太差了呢？因此，我們認爲除了要求藝術家認眞地創作以提高作品的水準以外，是否也應該要求欣賞者的鑑賞態度呢？而這種問題已經是涉及了所謂藝術家以及藝術教育的問題了。

二、當作想像的藝術

柯林烏認爲藝術作品的產生有兩個階段；首先，它是一種內在的心靈的產物，存在於藝術家的腦海之中，也就是我們通常所說的一種經驗。然後，是一種能表現於外而且也可以感知的東西。通常提到了所謂藝術作品的時候，總是很自然地想到後者，但是柯林烏以爲這樣的東西之所以成爲藝術作品，乃是因爲跟前者有密切關係的緣故。換句話說，外在的作品只是附屬於內在的經驗而已。他把內在的經驗稱作藝術本身，那麼，究竟什麼是藝術呢？他所探討的對象，該是指藝術本身而言。

柯林烏以爲藝術活動不是在技巧性的製造，也不是在偶然性的成就。藝術家既無法有意地作計畫，期待著某種特定作品的完成，亦非完全訴諸湊巧，它仍然須要某種控制，某種限度的意識。那麼，這種活動過程的本質是什麼呢？他說，那就是創造。他也將創造的意義進一步地加以陳述與說明：

(一) 製造與創造：

柯林烏認爲創造是意味著作者非技術性地，但卻是有意識地、主動地去製造。例如：一個詩人作一首詩，一個作曲家作一首樂曲，一個畫家作一幅繪畫，他們並非爲了某種的目的而製作，也未根據任何預先的計畫。既然他們並非爲了某種的目的而製作，所以，沒有所謂究極的目的。他們也不是有意地把一種新的形式注入預備的質料之上，然而，他們謹愼地、自信地、瞭解自己正在做些什麼，雖然是無法預先地知道他將完成怎樣的作品。

然而，這種創造卻是異於神學上所謂神「由無生有」的創造，因爲在藝術的創造中，仍然存在著一些先決條件，那就是存在於藝術家內心中尚未表達的感情，以及某種要表達他們所需要的方法。

（二）創造與想像:

柯林烏認爲藝術作品不必等待成爲眞正的那種外現的作品的時候，才叫做藝術作品，它能在藝術家的心目中就已被創造完成，因此，想像之物便可叫做藝術作品。在這裏，眞正的外現之所謂「眞正」的兩個字眼，並無特別的意義，它只是相對於內在的、未外現的經驗而已。例如：環繞於一個作曲家心目中的旋律，是想像的旋律，那麼，用口唱出，使之成聲時，便是「眞正」的旋律了。

製造東西有兩個過程：一是先行作計畫，此時的製造也叫做創造。二是將計畫應用於某種質料之上，這便叫做建造或構造（fabricating）了。以工程師爲例：他必須先在腦海中有一個構圖的計畫，那時他才是在創造，但是要把它實際地畫出來，就必須受過某種特別的訓練，非具備精練熟稔的技巧不可，在這個階段的時候，他認爲已經不是在創造，而是正在構造了，等藍圖一旦完成，便可依照圖樣開工建構橋樑。而在音樂的作曲上，由想像的旋律到音符呈現於紙上的組合的關係，正如在工程的建構上，那工程師腦海中的計畫與紙上藍圖的關係一樣。

（三）想像與假想:

想像不該跟假想（make-believe）相混爲一談，假想或可譯爲佯信。假想是把實際上不存在的，想像成存在，或者相反地，把存在的事實視爲不存在，這一種動機該很明顯，爲的是想於幻想中獲得滿足，白日夢者正是如此。假想雖以想像爲前提，但是想像本身卻沒有像一般心理學家所說的，是內在的動機。原因不是說藝術家已經很滿足了，而是在想像中，根本不關心眞或不眞的問題，也不對渴望或討厭加以區分。通常藝術被譏爲當作娛樂之用，而所發生的爭執該是因爲未分淸想像與假想的緣故。因此，甚至於認爲藝術不過是幻想之物的緣故。

（四）當作想像對象的藝術作品：

柯林烏以爲所謂藝術作品不是聲音的集合，也不是色彩、圖樣的呈現於畫布之上，並非如此，才算是藝術作品。音樂，就當作一種藝術作品的時候，音樂不只是在於有許多聲音的組合，而是在於鳴響在作曲者腦海中的調子。演奏者演奏出來的聲音，以及聽眾們所聽到的聲音，都不是音樂，它們只是聽眾們藉以在他們的心目中出現的一種重新的組合， 如此， 以期望能想像出作曲者們的心聲的一種手段而已。又如以看木偶戲爲例：看來好像是由於木偶的表情在變化，事實上，木偶是未曾有任何底表情的。此外，在看戲的時候，在聽音樂的時候，或在欣賞繪畫的時候，我們也常常忽略了一些事實上存在的因素，而發現了一些常人所不能發覺的效果，這些都是想像的作用。但是柯林烏又告訴我們，這些想像之物不是隨意的，不是主觀的無中生有之物，它是一種特殊的體驗，也就是所謂整體性的想像活動的經驗。

（五）整體性的想像經驗：

當我們以爲用想像的作用來捕捉一切的時候，不知不覺地，又將會陷入於一種主觀論者的看法，以爲所謂欣賞只是一種主觀的作用，而不是因客觀物來刺激了我們。那也就是說，在主觀上，把自己產生的效果投射於對象之上，這些都可說是不完全的想法。根據塞尙——柏蓮遜觀賞法（The Cézanne-Berenson approach），觀賞者在欣賞繪畫的時候，不只是在視覺經驗而已。因爲畫家們已改變了十九世紀絕對地忠實於視覺的畫，自塞尙以後，畫家們所畫的是他們自己所感覺的，他們所表達的東西也已不再限於所謂二度空間的效果的排列。因此，觀賞繪畫，除了視覺經驗以外，還要加上觸覺經驗。然而，這種觸覺，該不只是肌膚上的觸摸，而是指想像的距離，空間之狀。換一句話說，就是在一種想像的肌肉運動。在聽音樂的時候，這種經驗更爲明顯，往往必須在聽覺以外，更加上視覺以及肌肉上的想像經驗。柯林烏認爲這種想像出來的經驗，是藝術家們以及觀賞者們所具有的共同的經驗。如果說，畫家眞正地懂得如何作畫，而觀賞者也眞正地懂得如何欣賞繪畫，那麼，他們兩者的想像經驗一定是非常地接近的。所以說，想像的經驗似乎是由於藝術家們放進了某種的性質，我們就以自己的想像去意識它們，而得到所謂整體性的活動的經驗。

因爲柯林烏瞭解在美學上的那種不斷的爭論，多半是起因於各種名詞界說上的含混，因此，他一開始就將各種用語自己先行明確的定義，首先，他把「藝術」一詞中，可能不屬於它本身的成分去除掉。所謂藝術，在它本身的形成之中，誠然是需要技巧，然而，歷來它一直是被利用於他種實用的或實際的活動之上，例如宗教上或娛樂上等等。然而，單獨地以這些條件爲條件，卻不能使某種事物變成藝術作品，因此，就被排除在所謂藝術的範圍之外。柯林烏以爲只有一種是藝術之所以成爲藝術的條件，那就是藝術家的心靈，那種只知其然而不知其所以然的天生的能力，也就是藝術本身。柯林烏認爲並非是技巧使人成爲藝術家，技術員是造成的，而藝術家卻是天生的。而這種使藝術家之所以成爲藝術家的能力，是存在於他自己的心靈之中，也就是所謂想像的能力。

柯林烏所說的想像，是介於感覺與理智之間，感覺只是一閃卽逝，是極短暫的印象，人們是無法加以控制或比較的，當我們自以爲是保留了某種感覺，或擁有某種經驗過了的感覺的時候，那就是因爲利用了想像的緣故。在基本上，想像該也是一種的感覺，所不同的是，它已不是純粹的感覺了，是由於意識作用，將感覺一剎那的印象變成想像的觀念。這種意識是一種思想的開始，藝術是完成在思想之前，純粹感覺之後，也就是在想像活動的本身。柯林烏說當你知道你有某些東西要說，而又不能說出來那究竟是什麼的時候，那時你已經是達到了某種東西，那就是藝術。他認爲藝術本身就充滿了矛盾的因素，矛盾正是它的本質。藝術家想表達出某些東西，卻不知要表達的究竟是什麼？表達正是他藉着以便瞭解他自己的方法。因此，藝術活動是不帶有任何底目的的，它的目的就是在表達他自己。

柯林烏以爲直覺與思想是分不開的，只是前者爲直接的，而後者則爲間接的而已。藝術的生命，實際上是概念的，然而，卻以純粹直覺的形態出現，因此，所謂藝術作品的內容與意義，便是在它的形式與構造。在想像的活動中，形式與內容是並行而不可分的，它的形式也就是一種美，換句話說，就是以直覺的形式出現的思想，以想像爲外貌的概念。

想像並不是在純粹的想像，它雖然是異於現實界，但卻是源自經驗界，只是因爲藝術家不自知罷了。想像的世界沒有眞假可言的，是完全屬於個人的世界，有而且只有當他沈溺於藝術作品的那一刹那，方才是個藝術家。換句話說，一旦想像力停止，藝術生命也就中止。同樣地，在欣賞者或觀賞者方面也是如此，他們只能以想像來瞭解想像的創作品。因此，一件藝術作品容許有許多不同的解釋，因爲不同的人們，他們有著不同的想像的能力。但這卻是意味著創作者與鑑賞者之間有其不可能交通的所在呢？克羅齊便是認爲普通人的直覺跟藝術家的直覺，只有量的差別，而沒有質的差異。因此，柯林烏認爲所謂天才該是直覺或表現的初創者，品味則是直覺或表現的重創者；天才是品味的領導者，而品味則是天才的追隨者。

綜觀以上所述，柯林烏是繼承了克羅齊的美學思想，並且發揮了他自己的美學思想。以當作表現的藝術與當作想像的藝術爲其中心的課題，加以發展，加以分析。而他在《藝術原理》的第三册〈藝術的理論〉之中，卻又發展了藝術與語言之間的另一個課題。

藝術卽語言的論說

如果說語言與想像是共存的，那麼，柯林烏依照語言的淵源，認爲語言就是想像或表現。如果說語言是想像的，也就是說用語言去描述它是什麼；如果說語言是表現的，也就是說用語言去描述它作什麼。因爲想像活動的功能，是要去表現情感；而知性活動的功能，卻是要去表現思想。

李查慈（Ivor Armstrong Richards, 1893-）認爲語言有兩種的功能；一種是語言的科學的功能，一種是語言的情感的功能。對語言的功能來說，李查慈這種二分法，跟早期邏輯實徵論者的看法是頗相彷彿的。邏輯實徵論認爲語言的功能也有兩種的功能；一種是語言的認知的功能，一種是認言的表情的功能。李查慈認爲關於藝術的命題表現有兩種意義；一是記述的意義（descriptive meaning），把事實作客觀的一種表現的傳達，在經驗的檢證上，是有眞假可言的。一是情感的意義（emotional meaning），把主觀的感情的反應加以激喚，在經驗的檢證上，是沒有所謂眞假可言的。李查慈對這種語言功能的二分法；以爲所謂語言記述的功能，是有眞假可言的，是意味著這種命題的眞假。而所謂語言情感的功能，是沒有眞假可言的，是意味著這種命題，卽不眞，也不假。早期邏輯實徵論者，便是認爲在語言認知的功能上，才有意義可言，而語言情感的功能，則沒有意義可言，甚至一團漆黑。當然，這種語言功能的二分法，當時是頗爲激進的看法。

當代的分析哲學及邏輯學，在討論到語言的功能這個問題的時候，已經都有了相當的修正。例如：維根斯坦(Ludwig Josef Johann Wittgenstein, 1889-1951）在他晚期的《哲學探究》（*Philosophical Investigation*）之中，便認爲語言是有無數的功能與用法，而且進一步地加以說明❻。

既然柯林烏認爲語言的功能，是不能忽視語言在情感上的意義，因此，柯林烏便在追問著；究竟藝術必須是一種怎樣的事物呢？如果說藝術是包括了表現與想像兩大特徵的話，柯林烏認爲那藝術必須是語言。

美感經驗，或藝術活動，是在表現一個人的情感的經驗，而這種表現，是當作全體性的想像的活動，而這種全體性的想像活動，如果是被稱作中性的語言或藝術，也就可以當作藝術本身。

因此，柯林烏從當作表現的藝術及當作想像的藝術，來討論何以藝術必須是語言。這正是證明了他接受了克羅齊美學思想的啟發；因爲克羅齊認爲藝術是想像的事實，就同樣地當作一種表現的科學而言，所謂藝術的哲學是跟語言的哲學合而爲一的。而柯林烏嘗認爲好的藝術蘊含著成功，壞的藝術則蘊含著失敗。克羅齊則認爲美是成功的表現，而醜卻是不成功的表現，或者甚至可以說，根本就是沒有表現。說法雖然是不盡相同，但意義卻是頗爲相似的。簡言之，我們可以說晚期柯林烏的美學思想，還是代表了克羅齊主義者的看法，一種新觀念論者的立場，然而，他卻是更加以系統化了的。當然，我們卻也不能因此便能否定了柯林烏在藝術哲學上的成就。

---

❻ 參閱維根斯坦，《哲學探究》(*Philosophical Investigation*)，頁11。

結論：哲學的美學在當代美學中的功能及其重要性

哲學的美學在當代美學中的功能及其重要性

如果我們把美學當作學問的性質來省察的話，在現代美學的發展上，可以說有著兩大領域的傾向，那就是哲學的美學與科學的美學。哲學的美學是自古代希臘哲學就有其淵源，可說已有其傳統，就在科學的美學勃興的時期，哲學的美學依然有它自己的發展。而科學的美學，在十九世紀，因爲自然科學的發展，也影響了人文科學與社會科學的發展。所以，自從實驗心理學興起以後，所謂實驗美學也曾經一度被提倡著，甚至在德意志也有所謂藝術學的興起與提倡。當然，科學的美學也給美學帶來了一種革新的要求。

如果說我們是以接受了各種經驗科學的成功及其方法論來研究美學的話，因此，發展了所謂的心理學的美學、社會學的美學以及人類學的美學等等。但在科學的美學之中，我們還是認爲以心理學的美學底影響較爲深遠，但心理學的美學也好，社會學的美學也好，都還帶有相當濃烈的哲學的意味與色彩。倒是像藝術心理學、藝術社會學等都紛紛擺脫了哲學的性格，而走向純然科學的性格。然而，在美學的研究上，科學的美學或心理學的美學，雖然有很大的影響，但在美學史上，卻無法讓哲學的美學完全退位。

哲學的美學在當代哲學發展的過程中，也顯現了兩大傾向；一是現象學（Phenomenology)、實存哲學（Existence philosophy）的傾向，一是實效論（Pragmatism)、分析哲學（Analytic philosophy)

的傾向。因此，有所謂現象學的美學(Phenomenological aesthetics)、實存主義的美學 (Existentialistic aesthetics)、美學分析 (Aesthetic analysis) 等等的稱謂。哲學的流派雖然不同，但是具有哲學的性格卻不能說不同。

克羅齊的哲學，一向是被認爲他繼承黑格爾 (G. W. F. Hegel, 1770-1831)哲學的傳統，就哲學的美學來說，他是一位新觀念論者，他雖然是把美學當作一種的表現學，但依然是一種哲學的性格。而柯林烏卻是繼承了克羅齊美學思想的傳統，當然他也繼承了克羅齊哲學的精神。所以說，布朗把克羅齊、任蒂爾、柯林烏三位列爲新觀念論者，正表示了他們三位在美學的發展上，都是繼承了觀念論的衣缽，一脈相傳。當然，跟柯林烏同時期的英國美學家柯立德，也是被認爲是一位克羅齊主義者。甚至如桑塔耶拿 (George Santayana, 1862-1952)，在補充克羅齊的見解上，不能不說也受了克羅齊的影響。

在二十世紀的美學史上，克羅齊該是一位大家，因此，繼承了他的柯林烏，要想超越過他，是頗爲費勁的。儘管柯林烏從早期到晚期對美學都有過一番的鑽研與努力，並且也推出了兩部重要的作品以及一些有關的論文，而他所謂藝術卽想像的論說，卻籠罩著克羅齊巨大的投影。雖然說他也曾經從李查慈那兒得到藝術語言的靈感，畢竟尙屬草創，在美學的語言分析上，他也不能跟後來者相抗衡，尤其是近二、三十年來語言哲學、記號學、語意學等等的顯著的發展，實早已超越過了柯林烏那種素樸的見解了。

然而，站在哲學的美學上，柯林烏卻是一位承先啟後的人物，尤其是在英、美美學的硏究上。他承受了新觀念論的傳統，但卻是一種傳統中的新聲。他啟示了現代美學的革新，卻也具有了深厚的古典的教養。當然，在喜歡新銳的硏究上，柯林烏不能算是一位十足新派的人物，可是，在哲學的美學上，他卻有著舉足輕重的影響，他雖非英國經驗論的嫡系，卻也融合了德意志觀念論跟英國古典經驗哲學的影響，同時他也融化了從柏拉圖、亞里斯多德到康德的美學。因此，相對於克羅齊的美學思想而言，我們不能說他不過是蕭規曹隨而已。

簡言之，科學的美學是提供了新的方法論，而哲學的美學卻是拓擴了研究的領域，並且也接受了前者的洗禮，同時更鞏固了美學在哲學上的意義。所以，從柯林烏藝術哲學的發展中，我們隱隱地瞭解到哲學在美學研究上的思辨與演繹的發展，仍然是佔有一席之地，不可輕估。而我們也可以對柯林烏加以瞭解，雖然說他是有其限制的，但是畢竟發揮了他自己的美學思想，而閃耀在二十世紀前半葉的美學思潮中。

結　　語

柯林烏在哲學的發展上，是有三個時期的階段；即第一個時期，是他接受了觀念論的時期，他早期的美學思想已經在此時期發展出來。第二個時期，是他從經驗科學醞釀成熟，建立觀念論者的基礎的時期，而第三個時期，卻是否定了觀念論的時期，而他晚期的美學思想，正是他介於這兩個時期之間發展出來的。

柯林烏在他早期的美學思想中，認爲藝術一般的性質，有理論的、實踐的以及情緒的性質。而在藝術特殊的性質中；從理論上看來，藝術即是在想像。從實踐上看來，藝術是在美的追求。而從情緒上看來，藝術卻是在美的享受。他認爲美感的兩大對象就是自然之美與藝術作品。他在藝術教育論中，卻主張了普及性的藝術教育，以詩來比擬想像的人生，而以散文來比擬現實的人生，同時也以它們類推到教育與人生，可以說意味深長。

在柯林烏晚期的美學思想中，他把藝術本身當作是表現，也當作是想像。一、當作表現的藝術，柯林烏認爲藝術是藝術眞情的表現，所謂表現，是在直覺的審美活動之中。二、當作想像的藝術，他認爲藝術作品是想像的，是在藝術家的心靈中，已被創造完成。而想像與假想是不同的，所謂當作想像對象的藝術作品，便是要把握到整體性的想像的經驗。最後柯林烏認爲藝術必須是語言，而這種語言的情感的功能，是想像的，也是表現的。

總之，作爲一位美學家，柯林烏可以說是一位新觀念論者，在哲學的美學上，他是一位承先啟後的人物，雖然說創新不足，但在發揮克羅齊的美學精神中，他確也逐漸地去建設了他自己的理論系統。

參考書目

英文部份

I. Collingwood's philosophical works:

1. *Speculum Mentis or the Map of Knowledge* (Oxford, 1924)
2. *Outline of a Philosophy of Art* (Oxford, 1925)
3. *An Essay on Philosophical Method* (Oxford, 1933)
4. *The Principles of Art* (Oxford, 1938)
5. *Antobiography* (London, 1939)
6. *An Essay on Metaphysics* (Oxford, 1940)
7. *The New Leviathan* (Oxford, 1942)
8. *The Idea of Nature* (Oxford, 1945)
9. *The Idea of History* (Oxford, 1946)
10. *Essays in the Philosophy of Art*, ed. Alan Donagan, Bloomington, Indiana University Press, 1964 (三浦 修譯: 《藝術哲學概論》，紀伊國屋書店，1968)

II. Collingwood's Aesthetics about books:

1. Merle B. Brown: *Neo-Idealistic Aesthetics*: *Croce Gentile-Collingwood*, Wayne State University Press, Detroit, 1966.
2. Alan Donagan: *The Later Philosophy of R. G. Collingwood*, Oxford, at the Clarendon Press, 1962.

III. Anthologies of Aesthetics:

1. Hofstadter, Albert, and Richards Kulrns (ed.), *Philosophies of Art and Beauty*, New York, Modern Library, 1964
2. Tillman, Frank. A, and Steven M. Cahn (ed), *Philosophy of*

Art and Aesthetics, New York, Harpes and Row, 1969.

IV. History of Aesthetics:

1. Beardsley, Monroe C., *Aesthetics from Classical Greece to the Present*, New York, Macmillan, 1966.
2. Gibert, K. E., and H. Kuhn, *A History of Aesthetics*, New York, Macmillan, 1939.
3. Croce, Benedetto, *Aesthetic as Science of Expression and General Linguistic, 2nd ed.*, trans Douglas Ainslie, London, Macmillan, 1922, rev. ed., New York, Noonday Press, 1960. 1968. (按本書第一部,《美學理論》(*Theory of Aesthetic*)有兩種中譯本，一爲傅東華譯，《美學原論》，商務版。一爲朱光潛譯，《美學原理》，正中版。本書第二部《美學史》(*History of Aesthetic*) 則未有中譯本。)
4. 竹內敏雄監修: 《美學事典》，弘文堂，1966.
5. Paul Edwards, Editor in Chief., The Encyclopedia of Philosophy, Volume two, The Macmillan Company & The Free Press, New-York, 1967.

心理學的美學

引論——美學的領域

究竟美學（Aesthetics，Ästhetik）是在研究些什麼呢？它到底是一門怎樣的學問呢？一開始，我們就問這樣根本的問題，我們怎樣才能滿足這種疑問呢？當美容師標榜著所謂美容美學，當挿花者也宣示著所謂挿花美學，我們怎樣區別美學的性質呢？如果一門學問不能給我們顯示出它可能的領域，則我們無法依照那可能的領域去加以探討。

當然，在美學的領域中，有些基本問題，是我們會提出來討論的。例如：什麼是美（Beauty）？什麼是藝術（Art）？什麼是美感經驗（Aesthetic experience）？什麼是創造過程（Creative process）？等等的問題，是很快地會有所爭論的。然而，這種基本問題，乍看之下，平常是被認爲簡單的問題，甚至是不成問題的問題，用「什麼是……」，「何謂……」，或「What is……」這種形式套出來疑問時，問題就顯得不簡單，不成問題的問題卻是頗有問題呢？

如果我們以日常生活的經驗，例如看電影、看電視等作爲我們考察的對象，我們可以說活在二十世紀這種影像的時代，我們很難擺脫它們對於我們日常生活的影響！

就看電影來說：在中學時代，我曾經是一位標準的影迷呢？中外電影無所不看，電影明星的私生活也津津樂聞，甚至還夢想有那麼一天當所謂電影導演呢？然而，我如果自己捫心自問；我看得懂嗎？我不能回答說：我全懂；但我能回答說：我很感興味。猶記得以黃梅調名噪一時的「梁山伯與祝英臺」那部片子在臺北上演時，幾乎是欲罷而不能，有某些標準的影迷，場場觀看，天天捧場，一旦有人批評那反串小生的主角有些什麼缺點而略有微詞時，可能會遭遇到影迷的白眼呢?!如果說看電影是一種藝術活動，是一種美感經驗；而藝術必需強調它的創造性，那麼，姑且不論那部片子的藝術價值如何？這種場場觀看，天天捧場的影迷，是眞正能夠鑑賞的嗎？抑是他們的態度已經是美感經驗以外的（extra aesthetic experience）活動呢？這樣說來，所謂看電影卻不是一件簡單的事哩！有幾部名片，我不只看一次的，而每一次觀看，卻都能引起我的感動，例如「王子復仇記」，以莎士比亞的作品「韓姆烈德」（Hamlet）拍成電影，還保留了很濃烈的舞臺趣味。當然，我這樣陳述，並不意味著哪一部片子一定較有價值？我只是意味著那一類觀眾，較爲接近所謂美感經驗罷了！

就看電視來說；在公共場所，如火車站的候車室，旅客在看電視。在家裏，如客廳的角落，男女老幼都在看電視。自從電視普及以後，電影不得不受到相當的威脅，過去因電影的興盛，曾經使歌仔戲、布袋戲一度日趨沒落，曾幾何時，卻跟著電視而重振旗鼓，使電影反而走上坎坷的途徑。我們看電影；看文藝劇情片是一種心情，而看科學紀錄片卻是另一種心情。同樣地，我們看電影旣然不完全是爲了美感經驗，看電視亦然。何況電視節目的花樣更多更雜呢！例如：臺灣電視公司與中國電視公司競爭著報導全國少年棒球比賽；工商界利用它加強廣告作用，教育界利用它提倡全民運動，棒球界卻利用它掀起棒球熱潮等等。我做爲一個觀衆，冷靜地注視著。看棒球比賽的心情因動機、身份等不同而不同，好比巨人隊與金龍隊在臺中市棒球場爭奪冠亞軍的決賽時，臺南市的觀衆與臺中市的觀衆，他們輸贏的心理是不同的。而臺南巨人隊的領隊、教練與臺中金龍隊的領隊、教練，彼此的勝負的心理也是不同的。把勝負當作兵家常事，以體育精神爲重，則誰勝誰負，只要都盡了他們的努力，都是值得鼓勵、值得讚許的。然而，把勝負當作賭注，以最後的輸贏爲目的，則不能全神貫注於棒球比賽本身的過程，而以比賽的結果爲鵠的，則值得考慮、值得重視的。 前者比較接近美感的態度， 後者比較接近非美感的態度。 用康德（Immanuel Kant, 1724-1804）美學的術語來說，則前者是無關心性 （Interesselos, Disinterestedness)，而後者該是關心性 (Interesse, Interestedness) 哩！所謂無關心性，是沒有究極的目的爲其關心的對象，而所謂關心性，則有究極的目的爲其關心的對象。美國美學教授史托尼慈 （Jcrome Stolnitz）認爲美感的注意（Aesthetic attention）卽是無關心性的注意（Disinterested Attention）呢❶！

從看電影、看電視談到美學；我們可以問那些是美感的態度呢？那些是非美感的態度呢？像朱光潛先生以瀑布做比喩，說明一個中國人、一個印度人、以及一個西方人對瀑布的觀照，因不同的態度顯示了不同的傾向❷。像日本美學教授大西克禮則以賽馬做比喩，來區別無關心性與關心性❸。 又美國的喬烈德（James L. Jarrett）則以草

---

❶ 參閣霍斯波 （John Hospere） 編選的 《美學導讀》（*Introductory Readings in Aesthetics*）一書，霍斯波教授所選寫的「導論」(Introduction)，該書頁 4 。

❷ 參閱朱光濳著，《文藝心理學》與《談美》，開明書店出版。

❸ 參閱大西克禮著，《現象學派的美學》（現象學派の美學），岩波書店出版。

原爲比喻，從藝術家、工程師以及西部好漢所看到的草原，因不同的態度而有不同的觀照或觀察❹。以上所舉的有名的比喻，跟筆者以棒球賽爲比喻都頗相彷彿，都想企圖區別出美感的態度與非美感的態度底不同所在。當我們要問什麼是美感的態度以前，不妨先問什麼不是美感的態度，然後，再分析出什麼才是美感的態度。

例如少年棒球比賽中，成人在爭領導權，爭出國名額，而觀衆在做啦啦隊時不斷地噓聲四起，所謂開汽水等花樣，都已經是超過了棒球運動以外的，因爲他們都有究極的目的爲其關心的對象，因爲他們彼此都有實用的或切身的目的。所謂成人在爭領導權，一則有他們實用的態度，二則有他們切身的態度，於是乎，問題重重。前者是以棒球運動爲幌子， 擴展他們在某方面的聲望； 後者是以棒球運動爲榮辱，爭取他們在某方面的利害關係。兩者互爲表裏，且相依爲命。

美國美學教授霍斯坡 (John Hospers) 嘗謂美感有三種態度，這是他評介史托尼慈教授的論文時提到的❺。

一、當作非實用的美感 (The aesthetic as the non-practical)

二、當作非認知的美感 (The aesthetic as the non-cognitive)

三、當作非切身的美感 (The aesthetic as the non-personal)

以上三點，在本文中將繼續討論，在此我特別強調康德的無關心性乃是眞正的美感的態度。康德以無關心性區別了關心性，同時亦濾清了倫理的態度、學術的態度以及功利的態度。卽使是商人，面對著一件藝術作品，他是以一種無關心性的態度來觀賞時，他亦可以進入藝術的堂奧。卽使是號稱詩人，面對著一件藝術作品，他是以一種關

---

❹ 參閱喬烈德 (James L. Jarrett) 著，《美的探求》(*The Quest for Beauty*)第七章〈美感的態度〉，頁 103。

❺ 同❶，該書頁 3。

心性的態度來觀賞時，他也跟藝術無緣，甚至說不定還是俗不可耐呢？

那麼，到底美學是該研究些什麼？美學就希臘文的字源 αδ-θησις 來說，是感覺、知覺的意思，所以，當包姆加登（Alexander Gottlih Baumgarten, 1714-62）在其《美學》（*Aesthetica*, I, 1750, II, 1758）中使用「美學」(Aesthetica）這個字眼時，則界說爲「美學是感性的認識之學」(Aesthetica est scientia cognitionis sensitivae)❻。顯然地，美學是相對於邏輯學而言的，因爲邏輯學是理性的認識之學。當然，美學研究的對象，不僅僅是停留在感性的認識而已，經過美學史上不同時期的探討，可以說已開拓了相當廣濶而精深的領域。

心理學跟美學的研究有何關聯

當我們談到一門學問的時候，首先便是提出這門學問具有何等程度的科學的性格，其次就是討論這門學問跟那些學問有些什麼關聯呢？如果一門學問缺乏科學的性格，那麼，它的精確性便會打個問號，甚至會遭遇到成爲一門學問是否可能的問題。

當然，有些科學的部門，我們是不會加以懷疑的，甚至會令學習者肅然起敬，如果遭遇到難題時，學習者往往會自己認爲研究不够深入不够精密的緣故。然而，卻偏偏有些學問的領域，三教九流都能沾到它們的邊際，而且都能自命不凡地自圓其說，如果我們面臨著這種學問的挑戰時，我們該怎麼辦呢？我們如何來描述、說明與解釋一門學問的中心課題，而不致於遭受誤解或曲解呢？但是，如果說一門學

❻ 參閱竹內敏雄編修《美學事典》中「美學藝術論史之部」，頁32，〈包姆加登及其後者的美學〉。

問已具有相當悠久的歷史，同時已建立具有相當嚴格的題材時，那是不容隨便曲解的。

從日常生活談到美學，我便深深地自我警惕著，因爲美學的領域極容易涉及日常生活，極容易涉及感性的經驗，而且極容易淪爲一種擬似的科學（Pscudo-science）的問題。美學究竟是一門怎樣的學問呢？它研究的領域到底包括了那些呢？如何避免莫須有的曲解呢？當我們研究哲學的時候，爲什麼會讓人家聯想到算命也是哲學呢？當我們研究美學的時候，爲什麼也會讓人家聯想到美容也有美學呢？不錯，研究哲學，我們不妨從常識（Common sense）的觀點出發，但哲學研究的探求，往往會跳出常識的窄門，更上一層樓，通過科學的觀點，而到達哲學思索的省察與批評。而美學的研究何嘗不同呢？

所謂常識，應具備起碼的經驗基礎，如果缺乏某種經驗基礎，而陷於離譜太遠時，則常識的可靠性立刻會動搖，常識如果經不起日常生活的驗證，那麼，那種觀點該是沒法子引領著我們走入學問的門階吧！

因此，我們以所謂科學來建立學問的出發點，那麼，所謂科學是意味著什麼呢？是否以科學精神爲根，以科學方法爲主幹，我們來從事科學的研究呢？怎麼樣才算符合科學的精義呢？美學算不算是一門科學呢？美學如果不算是一門科學，那麼，它還算是一門學問嗎？到底是一門怎樣的學問呢？美學史的發展告訴我們，美學是哲學的一支呢！

當希臘第一位哲學家泰利士（Thales，624-546 B. C.）說水是萬物的本體時；爲什麼他不僅是常識的觀點出發的呢？爲什麼他也不僅是科學的觀點出發的呢？爲什麼他的命題被認爲是從哲學的觀點出發的呢？

從常識到科學，從科學到哲學，這是我們建構學問的不同的層次，當我們從素樸的經驗到幽深的玄思，美學該是屬於那一個層次呢？抑是每一個層次都有它的問題呢？爲了要進一步探討我們的主題「心理學跟美學的研究有何關聯？」且讓我們回顧一下美學史上所謂心理學的美學（Psychological aesthetics)，究竟有那些貢獻呢？爲什麼叫做心理學的美學呢？在美學史上的位置又如何呢？它對於後來美學的發展有那些影響呢？

科學的美學與哲學的美學底區別

在這兒，我們要區別科學的美學（Scientific aesthetics）與哲學的美學（Philosophical aesthetics）以前，我們得先問：什麼是科學的美學？什麼是哲學的美學？爲什麼有這兩種美學底區別的必要呢？

從美學史的發展，哲學的美學是從形上學的美學（Metaphysical aesthetics）展開的，形上學的美學往往以美的存在論爲中心，例如柏拉圖（Plato, 427-347 B. C.）論美的理念說，亞里斯多德（Aristotle, 384-322 B. C.）論美的大小與秩序，普羅蒂諾斯（Plotinus, 204-269）論美的流出說等等，我們以柏拉圖跟亞里斯多德來加以比較，如果說柏拉圖的美學是來自形上學思辯的基礎，則亞里斯多德卻是來自經驗的基礎，前者是哲學的美學底先驅者，後者卻是科學的美學底開拓者。而普羅蒂諾斯是新柏拉圖主義者，他的美學又回歸於形上學的美學哩！

哲學的美學除了形上學的美學以外，凡是把美學建立在知識論或價値論的基礎上的，都可說是屬於哲學的美學。因此，近世美學，不論是理性主義的美學思潮，或不論是經驗主義的美學思潮，還是以哲學的美學爲主；當然，在經驗主義的傾向上，美學的感覺論，頗有心理主義的色彩，此跟知識論上的經驗論，傾向於心理主義的出發點頗相彷彿。從近世美學到現代美學，雖然有科學的美學底興起，然而哲學的美學還是跟著哲學的思潮而發展著。例如：批判主義的美學、浪漫主義的美學、德意志觀念論的美學、實在論的形式主義的美學、新康德學派的美學、生命哲學的美學、當作表現學的美學、存在論的美學、實存主義的美學以及分析美學等等，美學在哲學的領域裏頭，仍然扮演了頗爲重要的角色。那麼，哲學的美學還是依照哲學方法構造起來的，不論是思辯的、評價的或分析的，美學的反省與批評，依然重視其普遍性及自律性。換句話說，哲學的美學還是以哲學的性格爲其特色。

至於科學的美學，在美學史上，可說包括了三個階段的不同的傾向；它們是心理學的美學 (Psychological aesthetics)、人類學的美學 (Anthropological aesthetics)、社會學的美學(Sociological aesthetics)。其中以心理學的美學影響最大，從實驗美學 (Experimental aesthetics)，感情移入的美學 (Aesthetics of Empathy) 那種早期心理學的美學底開拓，心理學的美學還受了心理學史上不同的思潮底影響，而顯現了它不同的風貌。當然，十九世紀在歐洲的美學發展過程中，所謂藝術學 (Kunstwissenschaft) 在德意志興起，幾乎是跟美學分庭抗禮兩相對立的新興科學。如果說美學是研究美的哲學，那麼，藝術學該是研究藝術的科學了。藝術學跟人類學的美學、社會學的美學彼此較爲相關緊密，藝術學曾經促進了藝術史、藝術史的方法論，藝術史學以及藝術史底哲學的發展。

綜觀以上所述；從哲學的觀點來研究美的學問，是哲學的美學。從科學的觀點來研究美的學問，該是科學的美學了。那麼，如果從哲學的觀點來研究藝術的學問是藝術哲學 (Philosophy of art) 的話，則從科學的觀點來研究藝術的學問便是藝術科學 (Science of art)

了！藝術學便是藝術科學。所以說，心理學的美學是科學的美學底一支，幾乎是科學的美學底最重要的一環。

心理學的美學與藝術心理學的關聯

我們把心理學的美學當作科學的美學底重要的一支，尤其是在現代美學早期的開拓上，實驗美學與感情移入的美學是最初的兩個重要的時期。

事實上，心理學原來是附屬於哲學的領域，在哲學的心理學上，心理學與心靈的哲學（Philosophy of mind）頗爲接近。哲學的心理學在心理學的發展史上，亦有一段它本身的時期，然而，自科學的心理學興起之後，心理學便脫離哲學的母胎，而另起爐灶了。當然，心理學朝向行爲科學以後，心理學的發展更爲迅速，自十九世紀至二十世紀，心理學的發展更是有目共睹的事實。從方法本身的改進，到處理問題的擴大，因此，當我們使用所謂心理學這個字眼的時候，其所代表的心理學的意義，便不盡相同。換句話說，在心理學發展史上，實驗美學便是實驗心理學發展過程中的一部分，也就是說，在實驗美學的時期，所謂心理學，當然是意味著實驗心理學了。

因此，當我們提到心理學的美學時；一是指它在發展過程中的實驗美學與感情移入的美學那兩大階段，一是指美學本身接受心理學的方法與成果，應用到美學的研究上。所以說，心理學的美學；在狹義的意味上是指前者，而在廣義的意味上該是指後者了。就在這廣義的意義上，藝術心理學（Psychology of art）跟心理學的美學有彼此相溝通的地方，可以說，它們彼此有其共同界域（Borderline case）。嚴格地說，心理學的美學是科學的美學底一支，而藝術心理學該是藝術科學的一支。藝術心理學尚可包括音樂心理學、文藝心理學、悲劇心理學等部門。而心理學的美學則難包括這些，它畢竟還是站在美學的立場，亦即是哲學的立場；而藝術心理學則完全採取了科學的立場了。

倘若我們把科學的哲學 (Scientific philosophy) 當作接受科學的成果所建立的哲學，則一旦科學有所發展有所修正時，這種科學的哲學便一股腦兒地遭遇到崩潰的挑戰。例如孔德(Comte, 1798-1857)、史賓塞 (Herbert Spencer, 1820-1903) 等實證哲學，便是這種典型的例子。

倘若我們把科學哲學 (Philosophy of science) 當作接受科學的精神與方法所建立的哲學，則即使科學觀念有所變化，這種科學哲學尚能容納新的科學方法的修正，並且強調方法學本身的革新。

簡單地說，心理學的美學彷彿是科學的哲學，它們接受科學的成果，科學本身的成就影響了它們本身的建構，所以，它們所信奉的科學本身是不能動搖的。一有變動，它們也得大幅度地修正。藝術心理學彷彿是科學哲學，它們都接受科學方法的參與，並且強調方法學的革新及其重要性。

美學史的回顧：心理學的美學底發展

法國當代美學家游士曼 (Denis Huisman) 在其《美學》(*L'esthētiqve*) ❼ 一書中嘗認為西洋美學史的發展可以分為三大時代；一是獨斷時代，指從蘇格拉底 (Socrates, 469-399 B. C.) 到包姆加登，甚至到孟旦 (M. E. Montaigne, 1533-1592)。二是批判時代，指從康德到新康德學派。三是實證時代，指從費希納 (Gustav Theodor

---

❼ 參閱游士曼 (Denis Huisman) 著，《美學》(*L'Esthétique*)，日譯本久保伊平治譯，該書頁 9，白水社出版。

Fechner, 1801-87) 以後的現代的發展。獨斷時代是美學的幼年期，批判時代是美學的少年期，而實證時代該是美學的成年期了！心理學的美學便是美學朝向成年期的一個指南針哩！

我認爲在美學史上，美學要確立爲嚴格的學問，不論是哲學的立場，也不論是科學的立場，有三次重要界定的取向，是值得我們檢討與重視的。

一、包姆加登是第一個使用「美學」(Aesthetica) 這個拉丁文的字眼來代表這一門學問的，當時他爲了澄清作用，曾經把美學與邏輯學加以界定；他認爲邏輯學是理性的認識之學，而美學是感性的認識之學。作爲認識之學而言，美學雖以感性爲其研究的對象，它畢竟是邏輯學的一部分，換句話說，就理論的建構而言，美學是依邏輯底推論而展開了的。美學不是軟綿綿的學問，而是硬綁綁的學問。

二、費希納從其《精神物理學》而採取了心理學的立場來探討美學，在實驗中採用歸納的、記述的研究方法，來從事美學的研究，而著有《實驗美學論》(*Zur experimentalen Aesthetik,* 1871)。繼而在《美學入門》(*Vorschule der Ästhetik,* 2 Teile, 1876) 一書中，他把過去從上而來的美學 (Ästhetik von oben)，認爲是思辨的、哲學的美學；相對於此而言，他提倡由下而來的美學 (Ästhetik von unten)，認爲是經驗的、科學的美學。因此，現代美學的研究，可分爲哲學的美學與科學的美學兩大方向。如果說柏拉圖的美學是從上而來的美學，那麼，亞里斯多德的美學便是從下而來的美學：前者是哲學的美學底先驅，後者該是科學的美學底鼻祖了。

三、自十九世紀末葉，因對過去的美學不滿，而有了主張藝術研究新分科的構想，亦即是藝術學的獨立。美學是美的哲學，相對於此而言，藝術學卻是藝術的科學。一八四〇年黑格爾學派爲了相對應於黑格爾的「精神哲學」的概念，而用所謂「精神科學」(Geisteswißenschaft)，當時的文學史家就創用了「文藝學」(Literaturwissenschaft)，而藝術學這個名稱便在類似的情況下被使用者。以精神科學一般底自我反省作基礎的，有溫德 (Wilhelm Wundt, 1832-1920)、狄爾泰 (Dilthey, 1833-1911) 等開始使用著。藝術學的中心底根本課題，是從事實學邁向本質學，爲了探求藝術的本質，除了使用科學方法爲其認識的手段以外，還可超過這個限制，而併用哲學方法的探討。

在美學史的回顧當中，心理學的美學，我們曉得它是現代美學的開始，同時也是使美學朝向了科學的途徑。畢斯萊 (Monroe C. Beardsley, 1915) 教授在其《美學：批評哲學的問題》一書中認爲心理學的美學所要處理的問題，是藝術作品的原因與效果；而哲學的美學所要處理的問題，是關於批評述句的意義與眞理❽。簡單地說，心理學的美學在美學的探求上，是否特別強調自我與藝術作品的關係呢?

心理學對於美學研究的影響

從西洋美學史的發展過程看來，對於美學研究的影響，最重要的是哲學，其次是心理學。當然，從科學方面看來，人類學、社會學也不可忽視；而從哲學方面看來，記號學、邏輯學也不可忽視，而語言學與美學合而爲一，乃是把他們都當作表現的科學而言。這是美學跟

---

❽ 參閱畢斯萊(Monroe C. Beardsley)著，《美學：批評哲學上的問題》(*Aesthetics*: *Problems in the Philosophy* of Criticism) 一書的導論 (Introduction)，頁 7。

諸科學之間的關聯，以及採用科學方法來探求的方向。

哲學是一門古老的學問，幾乎是跟科學一向地向前邁進，雖然彼此有過某些對決，然而，彼此互相衝激的結果，也都彼此繼續拓展著。科學提供了經驗的素材，提供了方法的應用，而哲學以科學爲前提，以方法爲媒介，加以反省與批評。

因此，跟隨著而來的，我們談到心理學與美學的關聯，彷彿是科學與哲學的關聯。心理學提供了經驗的素材，也提供了方法的應用，美學則加以反省與批評。從心理學到美學，事實上，也是從事實學朝向本質學的探求。

心理學是一門行爲科學，亦是一門經驗科學；對於美學研究的影響，自然是把心理學的研究方法帶到美學來。也就是從美學的哲學化，走向美學的科學化，甚至是心理學化。當然，我們如果要求美學本身的獨立性時，我們卽不能停留於美學的哲學化，也不能停留於美學的科學化，更不能停留於美學的心理學化。但是，我們如何才能使美學本身獲得獨立性呢？換言之，卽不是哲學的餘興節目，也不是心理學的僕從，也就是它本身能兼包並蓄，同時能建立自己本身學問的可能性及自主性。

但是，我們要建設學問的可能性及自主性之前，我們亦需要回顧哲學及心理學，本章主要的是回顧所謂心理學對於美學研究的影響。茲分古代、近世以及現代加以分析與討論。

古代心理學的萌芽與美學的淵源

就西洋哲學發展的脈絡看來，哲學的心理學是附屬於哲學而發展著，哲學的美學亦然。而科學的心理學底獨立，卻是在十九世紀；而美學的獨立，也可以說跟心理學的獨立差不多同時展開的。

古代希臘哲學，包括自然哲學時期，人事哲學時期，希臘化羅馬哲學時期。中世紀耶教哲學，亦可包括敎父時代耶教哲學時期及經院煩瑣哲學時期。當然，心理學與美學的發展，也附屬於這幾個時期。我們試舉幾個例子以見古代心理學給予美學的影響。

一、畢達格拉斯（Pythagoras, ca. 582-500）認為心的機能底位置，悟性是在頭，情意是在心臟，生長是在臍，生殖是在性器。他及其學派是要追求宇宙底形式的秩序。完全性，因靈魂的獨自的原理取得合致，而使宇宙的形式的完全性獲得調和，在此可以見到一切的對立之數的均齊。 秩序， 統一， 在此成立了美與藝術的客觀理論的原理，在音樂上，其形式是因神的調和，而其心理的效果，是因為靈魂通過音樂而模倣宇宙的調和，秩序，因而獲得淨化。畢達格拉斯及其學派以數的觀念，神秘主義的傾向，加上他們的心理觀，建立了音樂美學最早的雛型。

二、柏拉圖（Plato, 427/8-347/8. B. C）的靈魂論是他的理念論（Theory of Idea）的一部分。靈魂要跟身體結合，靈魂是出於自由的理念世界， 被帶入不自由的身體的牢獄之中， 那就忘卻了理念的世界。 因此， 任何認識， 乃是要想出理念世界， 卽是所謂想起(Anamnesis)，而靈魂卻持有其故鄉的理念世界的思慕（Eros)。哲學家乃愛好知識者，這種靈魂，使死後的身體存續而不滅。柏拉圖除了把美建立在他的形上學以外，尙可從倫理的心理的側面來加以探求。眞正純粹的快樂的美，乃是對於理念世界的觀照，此時的精神是依絕對的存在及其適合、調和，最高的快樂是在脫我的境界。他把美的快樂的體驗轉到創造的契機，柏拉圖認為這是神的狂氣以及靈感當作藝術的根本的動機。所謂神的狂氣乃是神聖的瘋狂，是詩人或藝術家全神貫注於創造活動的狀態。在此可見柏拉圖的心理觀影響了他在美學方面的思想活動。

三、亞里斯多德（Aristotle, 384-322 B. C.）被認爲他的「靈魂論」（De Anima）是最早的心理學的著作，正如他在其他的學科的著作一樣。他認爲任何人的所謂精神，有三個共通的要素；即動的、感覺的以及非物質的要素。他認爲精神是生活體的機能，而生活體的身體與精神，彷彿是質料（Matter）與形相（Form）的關係。質料乃是形相的可能性（Potentiality）；例如：雕刻的素材是大理石，大理石當作質料，則維納斯雕像是其形相的賦予，因此大理石所雕出的維納斯像是現實體（Actuality or realization）。生活體是以身體爲質料與以精神爲形相的現實體。精神是以生活體內在底自己實現爲目標，這可稱爲恩得萊希（Entelechy），亞里斯多德的心理學在心理學史上被認爲是一種目的論的想法。而在美學上，亞里斯多德也是以一切存在都是形相與質料的目的論出發，與其說他的問題是在抽象的美的觀念，倒不如說是在具體的諸藝術上，他除了著重個別的藝術作品底形式與制作上的技術以外，也強調了作品中的心理的以及美的效果。他認爲美是在大小與秩序，藝術作品之所以美，必需合於這個準則。他那有名的悲劇的定義，導出了所謂發散說（Catharsis），又譯淨化說。對於發散的解釋，有醫學的（生理的）、倫理的以及宗教的不同的解釋。當然，我們無法看出亞里斯多德如何地應用他的心理學於美學的研究上，然而，同樣是站在目的論的立場是可以讓我們首肯的。

以上所述；只是舉出了希臘三位哲學家的美學理論跟他們的心理學的關聯，我們可以說那時的哲學的心理學，是不經意地被使用著，並非有意地被安排著，然而，可以看到其相互關係的端倪。

近世與現代心理學跟美學的關聯

近世初期的美學，約在十八世紀後半葉造成了一個黃金時代。哲學上的理性主義與經驗主義，啟蒙思潮的展開，英吉利、法蘭西及德意志形成了三者鼎立的局面。尤其是英吉利的經驗論的傾向，在美學上亦朝向心理主義的感覺論。日本美學家深田康算嘗認爲美學有三大傾向；一是哲學的傾向，二是心理學的傾向，三是藝術學的傾向。近世初期的美學已從哲學的傾向走向心理學的傾向。可惜這時期的心理學尙未完全由哲學的心理學走向科學的心理學，沒有給美學帶來更強有力的影響。除了經驗論者培根（F. Bacon, 1561-1626)、洛克(John Locke, 1632-1704）以及休姆（David Hume, 1711-1776）以心理學的分析表現於哲學以外，也注意到感覺、想像力及感情等要素在美感意識上的意義，探討趣味的規準。此外，英吉利當時美學方面人材輩出，例如: 謝夫茲貝利伯爵（Lord Anthony Ashley Cooper, 3rd Earl of Shaftesbury)、胡奇遜（Francis Hutcheson)、阿廸森(Joseph Addison)、黎德（Thomas Reid)、霍加斯（William Hogarth)、雷諾德（Sir Joshua Reynolds)、巴克（Edmund Burke)、何姆(Lord Kames, Henry Home)等等，他們多半喜論及美(beautiful)與崇高（sublime)、美的分類、趣味的問題，天才的創造力以及感覺等等，可以說心理學給美學的影響，在此時期，只是像曇花一現，哲學的傾向還是其主流，心理學的傾向沒有發展出更顯著的成果。

我們可以說科學的心理學給心理學本身帶來了獨立性，且跟哲學分了家，尤其是實驗心理學的興起，帶來了強有力的支持。當心理學帶來了獨立性時，美學也逐漸地走向了獨立性，雖然它本身還是哲學的一部分，還是更爲哲學底學問。

莫爾根 (Douglas N. Morgan) 教授在他那一篇有名的論文〈今日心理學與藝術: 一個摘要與批判〉(Psychology and Art Today: A Summary and Critigue) 中❾ 說影響美學最重要的心理學是精神分析學 (Psychoanalytic), 完形心理學 (Gestalt psychology) 與實驗心理學 (Experimental psychology), 所謂核心觀念 (core idea) 的問題是在此。莫爾根教授在這一篇論文便是從這三方面去分析心理學在美學研究上的應用與成果。不錯, 在現代心理學的發展上, 是這三個心理學的思潮頗影響了美學、藝術批評、文學批評以及文學、藝術的創造活動。且讓我也嘗試從這三方面來考察美學的發展, 以及它們不同的傾向。

一、實驗心理學的影響: 實驗心理學的發展, 最堪注意的有兩位代表人物, 一是提倡精神物理學的費希納, 一是提倡實驗心理學的溫德 (Wilhelm Wundt, 1832-1920)。費希納的精神物理學, 事實上, 亦是實驗心理學。他倡導實驗美學; 劃分了從上而來的美學與從下而來的美學。前者是哲學的美學, 而後者是科學的美學。他強調實驗美學是從下而來的美學, 以經驗的、歸納的方法取代了思辨的、演繹的方法。他對於六種基本的美學原理加以探討, 其中我認爲這些原理乃是歸納所得, 缺乏更新穎的發現。他受了柴輿 (Adolf Zeising) 所提出的「黃金分割」(des goldner Schnitt) 的刺激, 想依此法則加以實驗。他所謂的實驗方法有三: 一是選擇 (die Wahl), 二是修正 (die Herstellung), 三是應用 (die Verwendung)。費希納以這三種實驗方法的使用的結果, 認爲有六種原理可以依實驗而建立起來。

---

❾ 參閱皮巴士 (Eliseo Vivas) 與古立格 (Murray Krieger) 合編的《美學問題》(*The Problems of Aesthetics*)一書中頁 30 中所選的莫爾根的論文: 〈今日心理學與藝術: 一個摘要與批判〉。

（一）美的識閥的原理（Prinzip der ästhetischen Schwelle）。

（二）美的扶助或高揚的原理（Prinzip der ästhetischen Hülfe oder Steigerung）。

（三）多樣統一的結合原理（Prinzip der einheitlichen Verknüpfung des Mannigfaltigen）。

（四）無矛盾性、一致性、眞理性的原理（Prinzip der Widerspruchslosigkeit, Einstimmigkeit oder Wahrheit）。

（五）明瞭性的原理（Prinzip der klarheit）。

（六）美的聯想的原理（ästhetisches Assoziationsprinzip）。

當然，費希納的貢獻，並不在於使這些原理成爲永恒不變的眞理或原則。而是在他嘗試提供新的方法來處理這些問題，澄淸了實驗美學的精神。當代法國美學家游士曼評論費希納時說：「那麼，什麼是藝術呢？美是對什麼想加以知曉的階段的話，費希納把理論喻爲想捕捉雲那樣的相逆的事。而這裏所謂實驗的，卻連露那樣的也不是。善，是統帥一家眞面目的主人；而美，則像他的花一般的妻子。快、感覺以及遊戲就像如此這般的幻兒，有用則聽主人的召使而勞役，眞是這個家的家庭教師，他給善以眼睛，給有用以手，而在美之前亮出鏡子來。」[10]

溫德是繼承費希納而倡導實驗美學。他的所謂實驗心理學，是認爲過去的心理學問題乃是形上學的問題，所以，他提倡的心理學，是要從現實的經驗，經驗的實驗底開始。溫德認爲將來的心理學的領域有三：一是實驗底生理學的心理學，二是依歷史底民族心理學，三是經驗的歸納的形上學。溫德以印象的方法（Eindrucksmethode）與表

[10] 參閱游士曼的《美學》日譯本頁 62。白水社出版。

現的方法（Ausdrucksmethode）來研究實驗美學，以美的基本感情(Ästhetische Elementargefühle) 限於眼與耳的研究。可以分為三個種類：一是基本的色彩感情（Elementarfarbengefühle），二是基本的形式感情（Elementarformgefühle），三是基本的音感情（Elementartongefühle）。

在實驗心理學的影響，除了實驗美學的建設以外，心理學的美學尚有一支所謂感情移入的美學，也同樣受到影響。因感情移入的問題擬在下一章討論，故此從略。

二、精神分析學的影響：當心理學正從哲學的心理學邁向科學的心理學，科學方法應用到心理學的探求時，尤其是實證的方法與統計的方法等的應用，作為自然科學的一部門，心理學正失去了具體的人的探究時，精神分析學卻面對著具體的人來加以研究。佛洛伊德(Sigmund Freud, 1856-1939）正是精神分析學派的開創者，他從「談話治療法」到「發散（Catharsis）治療法」，在精神分析學上他的汎性欲說（pansexualism）固然有其見地，卻也是遭遇到議論紛紛的根源。他提出了防衛（defence）、抵抗（resistance）、壓抑（repression）、解除反應（abreaction）等新的概念，他對潛意識（unconsciousness）（或譯無意識）世界的探討，尤其是在「夢的解釋」（Die Traumdeutung）上，他除了說明夢的心理的機能以外，他認為潛意識上昇為意識時，可以加以檢閱（censorship）。他從精神分析學的觀點來研究藝術家及其作品，例如達文西（Leonard da Vinci, 1452-1519）、米開蘭基羅（B. Michelangelo, 1475-1564）、歌德（Johann Wolfgang von Goethe, 1749-1832）以及杜斯妥也夫斯基（F. M. Dostoevskii, 1821-1881）等等，從性格典型、伊底帕絲情意結(Oedipus complex)、自我戀（narcissism）以及超自我（superego）、自我（ego）

以及原我(id)等的三分法，佛洛伊德在他的藝術論倡導昇華說。不可否認的，夢作爲心理的一種活動，當我們在睡眠時，夢的世界可能潛藏著許多心象的經驗，我們必須區別夢的表面及其潛在意味的更深的符號象徵，而人是會做夢的夢幻者，佛洛伊德告訴我們夢跟性欲有關。不錯，藝術的經驗跟夢的經驗頗相彷彿，是感性的、情念的、想像的，但藝術作品卻不是夢，它是最持久的形體具現，它有其高度的結構，且向某些相干的羣眾如讀者、觀眾傾訴。佛洛伊德認爲夢有夜夢(night dream)、白日夢(day dream)、是屬於所謂幻想(phantasies)；而藝術作品，那許許多多的如意算盤（wishful thinking)，是由於不能滿足的慾望所產生的。佛洛伊德告訴我們有兩種慾望；一是野心的慾望（ambitious wishes)，一是色情的慾望（erotic wishes)。藝術家渴望達到下列的一些目的，例如：榮譽、權力、財富、聲名以及婦女的愛等等，藝術家往往造成了他自己的夢中的城堡，如所謂的象牙之塔。精神分析學由於佛洛伊德跟他的隨從者意見不合，先後分道揚鑣，另闢蹊徑者，尙有阿德勒（Alfred Adler, 1870-1937）的「個人心理學」（Individual psychology)，楊格（Carl G. Jung, 1875-）的「分析的心理學」(Analytical psychology)，後者提出了超個人的或集團的潛(無)意識(transpersonal or collective unconsciousness)。簡言之，精神分析學打開了無意識或潛意識的世界，給藝術的創造活動帶來了新的世界，例如超現實主義（Surrealism）的擡頭。同時夢的探求到慾望的昇華，也給藝術的理論與批評，帶來了一個可能的新方向，一直影響著現代的美學與藝術批評的探求者。

三、完形心理學的影響：完形心理學的所謂完形（Gestalt)，原係德文，英語譯爲“shape”、“form”或“configuration”都不能適切地譯出德文的原意。日文譯爲「形態」，但多半不採用形態心理學，乾脆用譯音的辦法⓫。中文似乎也有譯爲格士塔心理學的。完形心理學可以說是由德國的三位心理學者組成的，即包括魏德邁（Wertheimer，1880-1943）、柯夫卡（K. Koffka，1886-1941）在一九一二年所倡導，而一九三〇年則由德國影響到美國，而廣泛地被介紹著。據日本今田惠教授說魏德邁在一九一〇年從維也納經萊因的火車的旅途中，他想到了視覺運動的研究方法，在福蘭克下車，在玩具店買了用具以後，而在旅社開始畫了不同的圖形，研究著運動的視覺，據說這是形態學說（完形心理學）的出發點⓬。對於因實驗心理學說脫離了現實生活的經驗而失望的人們，對於完形心理學底現象性的實驗，機能性的立場，可能被認爲是新的心理學而吸收著。張春興與楊國樞兩位先生合著的《心理學》中，他們這樣地描述著：「完形心理學者認爲經驗或行爲的本身是不可分解的，每一經驗或行爲活動，皆自成爲一個特殊的形態，且有其一定的特徵或屬性。一個經驗或行爲一旦被強行分解成若干元素或部分之後，該一經驗或行爲的原有形態及屬性即行喪失。換言之，全體（whole）之形態及屬性，並不等於各部分（part）之和。因此，實無法從各個感覺元素的形態及屬性來推知整個經驗或者行爲的形態及屬性。」⓭完形心理學被美學家及藝術批評家廣泛地應用著，完形乃指美感知覺的研究最爲顯著。例如佩柏爾(Stephen Papper，1891-)、魯茵（Hans Rium）、安海姆（Rudolf Arnheim，1904-）等的美學最爲接近完形心理學的看法，這一方面的影響目前還在繼續著。

總而言之，心理學的美學受以上所述的三種心理學的影響，因此

⓫ 參閱今田惠著《心理學史》頁 367，按日譯音，可以附日文及漢文，此跟中文使用不同。

⓬ 同書頁 369。岩波書店出版。

⓭ 參閱張春興，楊國樞合著《心理學》頁 30。三民書局出版。

藝術心理學脫離美學而獨立的傾向愈來愈顯著，換句話說，他們不但影響了美學的研究方法，而且拓展了美學的研究領域，直到今天他們的影響已開花結果，而且有增無減。其中實驗美學也慢慢成了歷史性的名詞，代之而起的便是藝術心理學的發展。

美感經驗的分析與批評

一朵瑰麗的雲飄逝在蒼穹，一朵帶露的花凋萎在仲夏，只要它們是曾經燦爛過，我們總能體會到一種美，這種尚未經過人工雕琢的意象，如果我們把它們稱爲自然美，那麼，這些意象透過語文，或透過聲音，或透過線條，使這些意象參與了人工的活動時，它們便附與外在的具體的顯現，我們就把它們稱爲藝術美。換言之，一片自然的風景，一個漂亮的女郎，當然，它（她）們也會展現美的情境，這是自然美的表現。而一首抒情的短詩，一座斷臂的維納斯，它們也會呈現美的意象，這是藝術美的表現。通常我們所說的美，是籠統地包含了自然美與藝術美，前者所謂美是沒有人工（或人爲）的因素，而後者的所謂美便參與了人工的因素。自然美常常是以自然的產物爲對象，而藝術美卻是以人爲的產物，即藝術作品爲對象。

從美的鑑賞者這一方來省察，鑑賞者面對著自然美是一件事，而面對著藝術美卻是另一件事。那就是說，我們面對著一位血色鮮麗的妙齡女郎，跟面對著一座白色斷臂的維納斯彫像，不可同日而語，前者可能讓我們撩起現實的綺麗的想像，而後者則可能讓我們喚起理想的心象的透視。那麼，美感的對象，如果是自然的產物，則我們所經驗的該是自然美的情境。而美感的對象，如果是非自然的產物，則我們所體驗的該是藝術的意境。

既然我們曉得美感的對象 (aesthetic object) 有二: 一是自然美, 另一是藝術美。而我們談到所謂美 (beauty), 所謂美感經驗 (aesthetic experience) 往往便是以後者爲主要的對象。當然, 颱風前夕的黃昏, 一輪落日, 一片雲海, 也會激起我們的感興, 一旦把這感興表現成爲詩作或繪畫時, 我們卻是通過那種表現的意象喚起我們的感動。因此, 我們該是以藝術作品爲美感經驗的對象加以省察的。

喬烈德認爲美是不可分析的, 一加以分析, 便會失去美之所以爲美, 他認爲美是一種情感, 也是一種價值。因此對美的觀點, 便是依照所採取的觀點之不同而異。美的主觀論者認爲美是在鑑賞者的自我之中, 沒有自我的參與, 美感的對象是無法喚起所謂情感或價值。美的客觀論者認爲美是在藝術作品的客體之中, 唯有藝術作品本身才是美感的對象。而美的相對論者, 卻認爲美是存在於自我與客體所依存的社會文化的背景, 換句話說, 社會文化的條件會影響美的表現, 因此, 也可以說是美的文化相對論者。

美究竟是一種現象呢? 抑是一種存在呢? 而美感的對象是僅僅以藝術作品爲目標呢? 抑是尙可包括自然的產品呢? 而我們是僅止於藝術作品前景的觀照呢? 抑是滲透於藝術作品後景的直覺呢? 美感經驗的諸問題, 可以說是美學史上一點一滴地累積下來的, 當然, 因爲所採取的不同的方向, 問題的關鍵便也不同。我們大約可能以三種不同方向的逼進: 一是哲學的逼進 (philosophical approach), 二是生理學的逼進 (physiological approach), 三是心理學的逼進 (Psychological approach)。

哲學的逼進; 除了以形上學的立足點來談美的本體論以外, 美感經驗的問題, 康德提出了無關心性 (Disinterestedness), 雖然是從哲學的觀點出發, 畢竟也涉及了心理學的觀點。克羅齊 (B. Croce,

1866-1952）的直覺說（Theory of Intuition），也是一種哲學的立場來支持他的觀點，尤其是他強調了表現，是在成爲具體的藝術作品以前，卽直覺到形象的表現時就已完成了的。此外，像托爾斯泰(L. N. Tolstoi, 1828-1910)、柯林烏(Robin G. Collingwood, 1889-1943) 等的想像說（Theory of Imagination）以及桑塔耶拿的（George Santayana, 1863-1952）的快感的客觀化說（Theory of pleasure objectification）都是從哲學的立場出發，但也涉及了心理的態度。

生理學的逼進；跟哲學的逼進最顯著地不同的，便是科學的逼進(Scientific approach)。科學的逼進便從經驗的層次考察，可再分爲生理學的逼進與心理學的逼進。生理學的逼進，著重生理的態度；而心理學的逼進，強調心理的態度。例如：亞里斯多德（Aristotles, 384-322, B. C.）的發散（Catharsis），又譯淨化。普法爾（E. D. Puffer）的美感的安置（Aesthetic repose），谷魯司（Karl Groos, 1861-1946）的內模倣（Inner imitation），李察慈與奧格登（I. A. Richards 1893- & C.K. Ogden, 1889-）的共感（Synaesthesis）等等，都是站在生理學的觀點來考察的，生理的態度是跟心理的態度不同的，它們較著重器官的感受，也就是生理的經驗。

心理學的逼進；嚴格地說，心理學的美學是否可能成立，這一個問題本身便是一個關鍵。它們的觀點跟前兩種的觀點有何差異呢？就美感經驗的問題來說，我們將會遭遇到一種事實，與其說它們是哲學的問題，倒不如說是心理學的問題。從實驗美學開始，算是心理學的美學宣告獨立，其次便是感情移入的美學，幾乎是佔了早期心理學的美學最重要的一頁。所以我們除了以感情移入（Einfühlung, empathy）這個學說以外，尙可例舉吳林嘉（Wilhelm Worringer）抽象(Abstraktion, Abstraction)說，布洛（Edward Bullough, 1880-）

的心理的距離 (Psychical distance) 說，閔德斯堡 (Hugo Münsterberg, 1863-1916) 的孤立 (Isolation) 說等等。

至於像有意義的形式 (Significant form)、遊戲 (Play)、分離 (Detachment)、幻想 (Illusion) 等等的學說，究竟要歸類於那一種逼進呢？因為它們常常兼有雙重身分或無法硬性規定，我們只好依實際的瞭解再行分類與歸屬了。

本章只想針對心理學的逼進在美感經驗上的意義加以檢討，因此，我想只討論兩種學說；一是感情移入說，另一是心理底距離說。

感情移入的問題

首先我要說感情移入((Feeling into) 不是美學上唯一的學說，正如直覺也不是唯一的美學學說一樣。通常我們把感情移入說歸功於德意志的美學家李普斯 (Theodor Lipps, 1851-1914)，同時也歸功英國的浮龍李 (Vernon Lee, 1856-1935)， 甚至有比擬為牛頓 (Isaac Newton, 1642-1727) 與萊布尼慈 (G. W. Leibniz, 1646-1716) 約同時發現微積分一樣。在李普斯以前，感情移入已被注意到，而且點點滴滴地也有其線索，但眞正把它建立在美學上，卻非李普斯與浮龍李莫屬了。

感情移入亦是心理學的基本問題之一， 德意志的美學家畢雪爾 (F. Th. Vischer) 加深它的觀念， 李普斯把它系統化， 佛克德 (Johannes Volkelt, 1848-1930) 則再加以發揚。 李普斯是以心理學為邏輯學、倫理學以及美學的基礎，他把美學當作應用心理學的一分科，美學不但是研究美的科學，而且是要研究醜的科學。李普斯認為自己價值的感情 (Seltstwertgefühl) 並不就是美的價值，美的價值是自我當作相異的對象的價值而被感受著，因此，美的價值畢竟是「客觀化了的自己價值的感情」(Objektivertes Selbstwertgefühl) 不可，想把這種客觀化的可能性來加以說明的，便是李普斯學說感情移入的原理。

李普斯認爲最高的美是相當於人的形態；人之所以爲人，不單單是爲了形式的美而已，他的形式乃爲人的形式，因爲負荷了人的生命而有美。他認爲自由的內在的共同體驗是感情移入的共感，也就是所謂積極的或共感的感情移入(Positive od. sympathische Einfühlung)；相反地，他人的內在的態度或觀照者的內面的生之否定或生之壓抑感，便是所謂消極的感情移入。不快的感情是源於消極的感情移入，這種感情移入的對象是醜，而積極的感情的移入對象是美。當然，感情移入可以成爲美感經驗，但並非所有的感情移入都是美感經驗，同時並非所有的美感經驗都是感情移入。李普斯認爲美的感情移入是當作實際生活的感情移入，是以純粹底美的觀照爲前提。這種美的觀照，他認爲有五種特徵:

一、美的觀念性: 觀照者是以對象的現實性爲問題，以超脫了現實或非現實的差別，是放在美的觀念性底世界來擇取對象。

二、美的隔離性: 美的對象之內容不只是從現實的線索而隔離了的，是從我們的思想或想像或歷史的回顧而隔離了的。

三、美的客觀性: 美的內容是以相當於客觀的感覺的對象之中存在著。

四、美的實在性: 美的態度是從內面的發展把感情移入純粹化，感情內容只是停留在表象，放在一種現實的感情而被實在化。

五、美的深度性: 觀照者是依照感情移入，在美的對象之奧底，把握著人的價值。

李普斯的感情移入說，一方面是把自己的價值感情在對象之中客觀化，另一方面是把對象觀照在自己之心中主觀化，前者是使客觀的美的價值內容成立，而後者是意味著自己現實的感情之中的體驗。李普斯在感情移入的過程中，深深地把握了美感意識中主客融合的關係。李普斯的學說有他的深刻的意義，可以比美意大利的克羅齊。

心理底距離的問題

把實驗美學加以發揚光大，在心理學的美學上獨樹一幟，而且從心理學到美學，從美學到哲學，倡導了心理底距離說的英吉利美學家布洛（Edward Bullough, 1880-）是心理學的美學底建設者之一。他曾經把美學與藝術批評加以比較與檢討，他認爲一般所藝術愛好者並非反對美學，而是反對藝術批評。如果美學是理論的，認知的活動，那麼，批評該是實踐的，創造的活動。他的比擬非常妙，他說美學是一種生理學，而批評該是一種醫學，前者是後者的依據與基礎，而後者卻是前者的履行與實驗。換言之，如果批評是一種對象語言(Object language)，則美學該是一種後設語言（Meta-language）哩！美學便是一種批評的哲學，批評的批評底研究。

布洛的心理底距離說，是美的靜觀的探討，在藝術客體的樣式化與靜觀者的非個人化之間，距離是一種仲介者，是一種美學的基本原理。他那有名的比喻，所謂海上船隻遇難時的不同的寫照，把切身的與非切身的觀念加以澄淸，把實用的與非實用的態度加以區別，顯示了適當的距離是美感經驗的基礎，距離不能過與不及，否則便是距離的矛盾。距離並非布洛時才有的觀念，可以說早已存在於透視法及古代美學的思潮之中，布洛是加以畫龍點睛的，他點出了心理底距離。

所謂美感經驗的意義，是把它當作一種過程，而不是在究極的目的。因此，心理底距離作爲美感經驗的學說，最主要的便是在主客的關係上，靜觀者的自我主體與藝術作品的形式客體，如何方能落在一個適當的焦點上呢？這完全是由心理底距離來加以調整的。所謂藝術，是反寫實主義的，是反現實的拷貝的；眞正的藝術乃是在理想的顯現。

簡單地說，從美感意識的全面來省察，李普斯的感情移入注意到主客融合，而布洛的心理底距離也意識到主客融合，那就是說，他們都從美感經驗的問題進入美感意識的問題，也就是從心理學的美學底回歸哩！

美感經驗與美感意識的比較

從心理學的美學看來，美感經驗的問題是中心的課題；從哲學的美學看來，美感意識的問題才是其中心的課題。心理學的美學對創造的過程，藝術作品的原因與結果等加以探討，而哲學的美學卻是在藝術批評的述句上探求其意義與眞理。那麼，美感經驗與美感意識的關係，該是在兩者不同的取向上。

美感經驗是從感覺經驗出發，通過自我與對象的關係，美感經驗的目標是始終一貫的，只是在其歷程本身，而不是在最後的目的。美感經驗要把實用、功利、學術、道德等分開，保留經驗本身的純粹，所謂孤立說，便是把它徹底化，孤零零的意象本身便是自我充足的，美感經驗是不帶關心性的、非實用、非切身、非認知的活動，是以純粹的經驗來面對著藝術作品。

美感意識則不同，美感意識得考慮到眞理、善、實用以及偉大性等問題。美感意識是以美感經驗爲基礎，同時帶進哲學的領域。從美與眞、美與善，美與實用等的關係中，來進一步瞭解美。美的追求，有所謂道德美，認爲美的最高理想，乃是人格存在的最高的調和，因此，善是美的極致。美固然是要擺脫實用性，但是美需由高度的技巧來加以完成，也就是一種技術美的實現。從藝術作品所表現的所謂藝術美來看，藝術所要表現的不是事實的眞，而是表現的眞，表現的眞也可以說是藝術的眞，在眞的層次上，藝術的眞並非邏輯的眞或經驗的眞。因此，我們說美卽是眞，眞卽是美，乃是意味著藝術的眞。

從心理學的美學看來，美感經驗的探求，是以美感的態度爲中心，美感的態度是非實用的，非切身的，非認知的態度。從哲學的美學看來，美感意識的關鍵，是在美感的價值上，而美感的價值是由主觀與客觀的緊張關係中成立的，也就是自我與美感的對象之間的緊張關係，相卽不離，渾然一體，使主客融合。因此，美感經驗的學說，站在心理學的美學之觀點，如感情移入、心理底距離、孤立等說法，也都是達到了主客融合的境地。

在西洋美學史上，美學之所以成爲哲學的一部門，都是認爲美學是價值哲學的一部份，跟倫理學相提並論。然而，自心理學的美學興起，以實驗美學爲分水嶺，美學走向科學的途徑，美學本身要求獨立性，要求方法的革新，而且所謂美的心理學、藝術心理學、悲劇心理學、音樂心理學等逐漸地擡頭，顯示了美學中分科的傾向。如果我們以德國學者的分類方式來考察；文藝學（Literaturwissenschaft）中有文藝心理學，音樂學（Musikwissenschaft）中有音樂心理學，美術學（Kunstwissenschaft）中有美術心理學等等，則文學的美學、音樂美學似乎跟前者有所區別。換句話說，心理學的美學，固然採取了心理學的方法，但它還是哲學的立場，而藝術心理學卻不然，它採取了心理學的方法，但已站在心理學的立場，因此，心理學的美學是尙未分科的，是美學思潮的一支，或一個傾向。而藝術心理學，則要求從美學分家，另立門戶，也許藝術心理學是心理學的一部門才是更名正言順哩!

心理學的美學底意義與功能

在美學的研究上，跟美學相類似的學科，有藝術鑑賞（Art appreciation)、藝術批評（Art criticism)、藝術史（History of art）以及藝術學（Kunstwissenschaft, Science of art）等，顯然地以藝術爲中心課題，美學跟這些部門，幾乎有許多領域是重叠的共同界域。

所謂藝術鑑賞，事實上，是美感經驗的實踐，藝術鑑賞能否獨立爲一門科學不無疑問，但它確確實實是應用美學的一部份。

藝術批評，在廣義上，跟文學批評相提並論，而以文藝批評爲其活躍的領域。藝術批評在理論的層次上，是認知的活動，跟美學理論的認知活動相平行；而藝術批評在實踐的層次上，卻是通過了認知活動以後的評價活動。後者是對象批評，是以藝術作品爲其價值判斷的對象；前者是後設批評，是批評的批評，是以建立批評的標準爲目的。藝術批評是美學的實踐，站在藝術的前衞精神，貫注活生生的創造精神。而美學卻是藝術批評的理論的依據，提供了理論的依據，提供了理論的反省。

藝術史，可以說是藝術學中一個主要的部門，藝術史如果是一種文化史的話，則藝術精神的發展史是它探求的目標，因此，如果把個別的藝術家及藝術作品貫串起來，而能探尋藝術精神的脈絡，可以說藝術史的探究，也是需要美學的知識與精神。

美學是研究美的哲學， 而藝術學是研究藝術的科學， 在美學史上，藝術學是相對於美學而言的，當兩者劃分研究的領域時，藝術學企求它本身的獨立。藝術學可以說是廣義的用法，美術學卻是狹義的用法； 藝術學可包括美術學、藝術史、藝術史的方法論、藝術史學等。藝術學的興起，頗受以研究藝術起源爲中心課題的人類學的美學底影響，並且跟社會學的美學頗有關聯。藝術學強調了藝術的本質底研究，使它也從事實學邁向本質學。

從以上的敍述，我們可以瞭解藝術鑑賞是美學的一部份；創造，鑑賞與批評，恰巧成爲促進美學研究的三個藝術活動的階段。藝術批評是跟美學相溝通，對象批評如同應用美學，而後設批評猶如純粹美學。藝術批評是介於科學與藝術之間的柔軟的產物，時而朝向科學，時而傾向藝術， 批評本身是一種澄清作用， 伴著時代的危機意識，藝術批評對於藝術的墮落與頹廢將起而反抗 ， 並促進藝術的新陳代謝，保持藝術創造的新鮮性與活潑性。畢斯萊就認爲美學是一種批評哲學。藝術史是把藝術鑑賞，藝術批評及美學應用到藝術的歷史上，同時在藝術史中探索藝術精神的隱藏的意義，借著藝術史上不同的文化背景，我們可以瞭解藝術的發展與演變，追求人類在藝術世界中所開拓的寶藏，藝術史的基本原理及方法論的探討，卻促進了藝術史學及藝術史的哲學底研究。藝術學的意義，在此我們採用廣義的說法，包括了藝術史及藝術史方法論，而且相對於美學，有其自主性與獨立性。

當我們討論了美學相關的學科之後，到此我們可能發問：究竟心理學的美學底意義如何？到底心理學的美學底功能如何呢？心理學的美學給美學的研究帶來了怎樣的可能性呢？

心理學的美學底意義

我認爲心理學的美學有兩種基本的意義；一是歷史的意義，一是哲學的意義。所謂歷史的意義，就是說，心理學的美學，是包括了美學史上所發展的實驗心理學中所謂的實驗美學，感情移入的美學，以及藝術心理學所提供的部分成果。所謂哲學的意義，就是說，心理學的美學固然要求美學的科學化，以經驗的，歸納的方法取代思辨的、演繹的方法，但畢竟還是佔在哲學底本位。因此，心理學的美學沒有徹底化，雖然它有了科學的性格，但沒有放棄哲學的性格。

心理學的美學受了科學的影響，而且成爲科學的美學之一部份，但是否會成爲擬似的科學（Pseudo science）呢？ 心理學能不能提供新的方法來研究美學呢？如何才不會抹殺美學本身的意義呢？

當我們討論到價值問題時，這種心理學的美學能不能從事實學走到本質學呢？ 美學是否有新舊的不同呢？是否有傳統與現代的差異呢？美學能不能依著心理學的方法來加以建構呢？

心理學的美學底功能

我們曉得心理學的美學，除了以經驗的、歸納的方法取代思辨的、演繹的方法以外，它還從實驗心理學以後的心理學，借用了心理學所提供的方法。例如：實驗方法、統計方法、測驗方法等等，但這些心理學的方法能不能適當地派上用場，並解決問題呢？

實驗方法應用到美學的研究時，是否能正確地獲得事實的陳述呢？能不能把實驗的結果當作假設來建立美學的學說呢？統計方法除了聲音、色彩等等反應的研究以外，能不能變成相干的素材呢？抑是統計的結果，還是跟美學的研究不相干呢？至於測驗方法，乃是補充前兩者，或以既有的假設來設計，依此設計來做抽樣的測驗。當然，這些方法使美學科學化了，但是否會變成只見樹木不見林呢？或者跟美學的研究毫不相干，另外成爲心理學本身的課題而已呢？

我認爲心理學的美學本身保持了科學的性格與哲學的性格，便會產生不相容，甚至互相排斥。心理學的美學，在科學的性格上，由於不够澈底化，一旦有了新興的科學崛起，它本身的發展，便要接受挑戰。而在哲學的性格，它又不信任內省，又無法擺脫思辨與演繹，豈不是違反了心理學的美學成立的諾言呢？

總而言之，心理學的美學不能只是歷史性的名詞，它一方面向哲學的美學挑戰，另一方面得建立自己本身的理論基礎，可是心理學的美學底歷史的意義卻勝過科學的意義。心理學的美學該是現代美學的曙光，同時也是現代美學的日正當中的核心。除非美學不想成爲獨立的學問，心理學的美學，便是要放棄哲學傳統，重新建立科學的傳統。到底它已獲得若干的成就呢！

結論——美學的將來

從美學史的回顧中，美學的過去，在哲學的美學中，形上學的美學有其傳統的淵源，而在科學的美學中，心理學的美學是現代美學的轉捩點。不可否認的，美學史的發展，便是哲學的美學與科學的美學底互相激盪，互相消長，互相演變的結果。

法國的美學家游士曼認爲過去的美學是在教室裏的美學，而將來的美學卻是在實驗室的美學哩！從他的觀點看來，教室裏的美學該是思辨的、演繹的，充滿哲學的瞑想；而實驗室裏的美學，該是經驗的、歸納的，洋溢著科學的精神。

那麼，美學的將來呢？我認爲是哲學的美學跟科學的美學，從對決到互相兼消的過程中，將以一番新的面貌呈現出來。哲學的美學從記號學、語言哲學、分析哲學以及邏輯學中建立方法學的基礎，並且考慮現象學與存在論的美學底契機。而科學的美學則從心理學、人類學、社會學以及語言學開拓其領域，並採取科學的態度與方法。前者是美學的哲學化，後者卻是美學的科學化。

將來的美學，我們不能隨意預言，但是，美學的將來卻是要看我們今日如何來播種哩！當美國的美學家從分析美學當中建立他們的陣地時，日本的美學家也從實存主義的美學中開拓他們的領域時，法國的美學家正倡導著所謂比較美學。美學的將來可能有下列三大傾向底基礎：

一、美學的科學基礎：一方面接受科學成果的影響，另一方面承納科學方法的刺激，尤其是從心理學建立其理論的線索。

二、美學的哲學基礎：美學從哲學的思辨、評價到分析的不同逼進，語言分析固然是美學理論的加強，本質直觀也是美學純粹的把握。

三、美學的比較性的基礎：不僅是比較美學，甚至像東方美學、或中國美學，都可能跟西洋美學思想的激盪相跳動，從比較美學的開拓，我們可望於美學的將來，不但是實驗室的美學，而且是藝術工作室的美學。

簡言之，從心理學的美學看來，美學的將來，不但是要科學的實驗，而且是哲學的探討。從十九世紀至二十世紀，美學也從歐洲而逐漸轉到美國。心理學的美學將負起美學現代化的工作，西洋美學在此將扮演更具份量的思想過程，使美學建立在眞正的經驗科學之上。

參考書目

英文部份

I. Anthologies

1 Aschenbrenner, Karl, and Arnold, Isenberg (ed.) *Aesthetic Theories: Studies in the Philosophy of Art*, Englewood Cliffs, N. J., Prentice-Hall, 1965.

2 Barrett, Cyril, S. J. (ed.), *Collected Papers on Aesthetics*, Oxford, Blackwell, 1965, and New-York, Barnes & Noble, 1966.

3 Beardsley, Monroe C, and Herbert M. Sclueller (ed.), *Aesthetic Inquiry: Essays on Art Criticism and the Philosophy of Art*, Belmont, Calif, Dickinson, 1967.

4 Carritt, E. F. (ed.), *Philosophies of Beauty from Socrates to Robert Bridges*, New York, Oxford University Press, 1931.

5 Coleman, Francis J. (ed.), *Contemporary Studies in Aesthetics*, New-York, McGraw-Hill, 1968.

6 Elton, William(ed.), *Aesthetics and Language*, Oxford, Blackwell, 1954.

7 Hofstadter, Albert, and Richard Kuhns (ed.), *Plilosophies of Art and Beauty*, New York, Modern Library, 1964.

孔子的美學思想

引　論

在世界哲學史上，希臘、印度與中國，可說是三大源流。而在中國哲學史上，儒家、道家與佛家，也可說是三大源流。當然，諸子百家也有他們應有的地位，而儒家道家與佛家三家跟其他各家比較起來，畢竟是較受到重視。

孔子是代表先秦儒家的創造者，他不但是儒家的建設者，而且是中國哲學思想劃時代的啟蒙者。雖然說他是「述而不作」，但他卻是中國第一位偉大的教育家，這是世所公認的。由他的弟子們所記載的孔子言行錄《論語》，便是代表他主要的哲學思想的結晶，因此，我們便以《論語》爲中心來研究孔子的美學思想。

如果我們問中國有沒有美學思想？就好比我們問中國有沒有哲學思想一樣。中國哲學是在沒有系統中隱然有其系統，而中國美學亦然。換句話說，中國美學之所以未有其形式的系統，乃是我們未加以整理其隱藏的系統的緣故。孔子的美學思想，雖不若希臘柏拉圖、亞里斯多德那樣的系統，但在孔子的言行錄中，其美學思想已現端倪。此外，荀子的〈禮樂論〉、《禮記》中的〈樂記篇〉，都是先秦儒家美學思想的代表。

孔子哲學思想的精神，影響我們中國人的生活與思想，至深且鉅。雖有五四時期的反孔運動，但並未動搖孔子學說的影響力。在接受西洋哲學的研究方法以後，中國哲學史的整理與探討，也已有些發展。然而，一般學者均較熱中於中國哲學中形上學、知識論、倫理學、人性論、政治思想、教育思想以及社會思想等的問題。而美學思想的探求，雖有少數學者加以發揚，卻多半是客串性的討論，未作更進一步的專門性的研究。鑑於美學在中國的學術傳統中已具有深厚的淵源，如能加以發展，不但可以促進中國哲學中美學領域的開拓，也可充實中國文學、藝術理論的探討與反省。

在西洋美學史中，第一位使用美學（Aesthetica）這個字眼的包姆加登（Alexander Gottlieb Baumgarten，1714-1762）嘗謂邏輯是理性的認識之學，而美學是感性的認識之學；美學研究的對象，雖然是以感性爲代表的情念世界，卻在理論的建構上，通過邏輯推理的層次而建立起來的。

一、美學史的研究方法：是以美學發展的線索爲關鍵，以美學問題的精義爲核心，從歷史的位置來追踪。因此，文獻的考證便需加以尊重。

二、美學問題的研究方法：是以美學問題的意義來加以整理與探求。因此，孔子的美論、藝術論以及美感教育論便是問題的所在，而需從問題本身來闡發其微言大義了。如果說美學史的研究方法是注重訓詁考據，則美學問題的研究方法該是發揚義理了。

三、比較美學的研究方法：在西方早已成立比較美學、比較藝術學這種學術性的專門研究的領域，尤其是德國與法國的美學家較多。比較美學的研究方法之應用，乃是意味著不要讓中國美學的研究孤立於世界性的美學研究；例如：論及美與善的問題，可以將孔子與柏拉圖的美學思想加以比較研究。論及藝術與道德的問題，可以將孔子與托爾斯泰的藝術論加以比較研究。

研究孔子的美學思想，如果以中國美學發展史的眼光來看，我們可以從三種不同類型的美學思想來加以反省。

⑴、中國哲學家的美學思想：例如孔子便是一個最好的例子。孔子雖未以美學家自居，但他在論及詩、禮、樂時，顯示了他具有這方面的銳利的眼光與確切的知識。

⑵、中國文學家的美學情操：從歷代中國文學的作品以及批評的文獻中，我們可以探討他們的美學情操。

⑶、中國藝術家的藝術精神：從歷代中國藝術的作品以及批評的文獻中，我們可以探討他們的藝術精神。

從中國哲學到中國美學的研究

如果說美學是哲學的一部門，而哲學是思想的一部分，那麼我們回顧中國美學的研究，不得不回顧中國哲學的研究，更不能不考慮到中國思想的研究了。換句話說，中國思想的研究，除了中國哲學思想的研究以外，還可包括更廣泛的思想的研究，但是中國哲學思想的研究，畢竟是主要的課題。

哲學的研究；從動態的考察來看，是哲學史的貫串與探討。從靜態的考察來看，是哲學問題的思辨與分析。哲學問題包括知識論的問題、形上學的問題以及價值論的問題。通常美學是屬於特殊價值論的一部分。

因爲中國哲學有其特質，無法完全用西洋哲學的術語及類型來牽強附會，所以，中國哲學的研究，幾乎包括了中國思想研究的重要課題。中國思想的主要問題；包括世界觀、知識論、人性論、學問觀、歷史觀、倫理思想、美學思想以及社會政治思想等。

從回顧研究中國思想的發展來省察，大約可分為三個階段；這種階段的分法，並非是絕對性的，而是一種持續、一種反省、一種批評。我們可以分為三個時期：第一階段是中國思想研究的草創期，第二階段是中國思想研究的成長期，第三階段是中國思想研究的反省期。如果我們說美學是哲學的一部門，美學思想是哲學思想的一部分。然而，中國美學問題的研究，如果從研究的發展來看，卻沒有這三個階段那樣地明顯。

第一階段：中國思想研究的草創期

中國思想的研究，或說中國哲學的研究，居然是由日本所首先開其端緒的，一八八三年（明治十六年），因為日本開始研究西洋哲學，同時也跟著研究東方哲學，因此，中國思想史的研究也在此時開始。日本研究哲學，不論東方或西方，都大量地翻譯、介紹與整理，因其本土並無原創性的大思想家或大哲學家，反而較容易吸收外來的思想。所謂東方哲學，日本都以印度、中國及日本的哲學思想為主。

以東京大學為主的，一九〇〇年（明治三十三年）遠藤隆吉的《支那哲學史》是日本第一部劃時期的中國思想史的作品。在他以前，則還有松本文三郎的《支那哲學史》。德國新康德學派西南德意志學派的溫因德班（Wilhelm Windelband, 1848-1915）於一八九一年出版了《哲學史》（*A History of Philosophy*）。以編著西洋哲學史的方法來撰寫中國哲學史，雖有其限制與缺點，但不失為是一種新穎的方法。遠藤隆吉則把中國哲學史分為「古代哲學」、「中古哲學」、「近世哲學」三編加以敍述。

宇野哲人的《支那哲學史講話》（一九一四年、大正三年）則可以說是在日本確立了中國哲學史的研究。井上哲次郎的《日本的朱子學》、蟹江義丸的《孔子研究》則是確立了中國哲學體系性的研究。

以京都大學爲主的，則尙有內藤虎次郎、狩野直喜等教授。自一九〇六年（明治三十九年）到一九二四年（大正十三年）狩野直喜在京都大學，有支那哲學史的講座及講義，該講義於一九五三年以《中國哲學史》的名稱出版。他的中國哲學史是以本文研究與教義研究並重的哲學史，即考據訓詁與微言大義並重，強調著哲學史資料的嚴正性。他把中國哲學史當作以中國的古典研究之歷史爲中心的研究。然而，古典的研究史並不等於是中國的哲學史。不過，由狩野直喜的本文研究與教義研究並重的結果，也使他更邁進了一步。

在中國，自一九一二年辛亥革命，新思潮的介紹，新思想的啟蒙，影響著全中國。章炳麟於《國故論衡》等以佛學的知識作爲過去個別思想體系的認識與評價。梁啟超則打開中國新的歷史研究法。一九一六年（民國五年）謝无量的《中國哲學史》出版，算是在中國最早以中國哲學史的名稱出版的哲學史，是一種舊式的具有保守色彩的中國哲學史。一九一九年（民國八年）胡適的《中國哲學史大綱上册》（今改名爲《中國古代哲學史》）該是劃時期的新式的中國哲學史。胡適的《中國哲學史大綱上册》有兩大特色：一、資料把握的強調：強調歷史考證的嚴密性。二、思想內容的理解：應用有關西洋哲學的知識，尤其是杜威哲學及其方法的運用。

胡適在《中國古代哲學史》臺北版「自記」上說：「我這本書的特別立場是要抓住每一位哲人或每一個學派的『名學方法』（邏輯方法卽是知識思考的方法），認爲這是哲學史的中心問題。」又說：「……這樣推翻『六家』『九流』的舊說，而直接回到可靠的史料，依據史料重新尋出古代思想的淵源流變；這是我四十年前的一個目標。」當然，胡適的這一部中國哲學史，就方法來講是嶄新的，就實質來講還是有其限制的，只能算是草創期的嘗試作品，離理想的中國哲學史尚有一段的距離。

第二階段：中國思想研究的成長期

中國思想研究的成長期，在中國哲學史的整理與融會上，有了更進一步的發展。在日本，一九三六年（民國二十五年、昭和十一年），武內義雄的《支那思想史》，今改名為《中國思想史》出版，他是以過去儒學為中心而完成的批評的思想史。

在中國，一九三四年（民國二十三年），馮友蘭的《中國哲學史》出版，這是把西洋的敍述式的哲學史與中國的選錄式的哲學史加以折衷了的哲學史，以思想家的個人的資料，依照時代的順序來加以排列整理，不僅僅是單純地模倣了西洋式的哲學史而已。馮友蘭在其《中國哲學史》的「緒論」中說：「故哲學乃理智之產物；哲學家欲成立道理，必以論證證明其所成立」。又說：「中國哲學家，多講所謂內聖外王之道。『內聖』即『立德』，『外王』即『立功』。其最高理想，即實有聖人之德，實舉帝王之業，成所謂聖王。」馮友蘭以西方哲學重視論證的方法來整理中國哲學史，固然有其優越的地方，然而，其成果還是逃不出材料的累積，無法將哲學問題扣緊，且加以深入的分析。

在這中國思想研究的成長期中；中國政治思想史，中國倫理思想史，以及中國宗教思想史等等，陸續地開始有人在整理在研究。而社會科學的研究法也開始導入，因此，中國思想史的研究，呈現了分歧的現象。

第三階段：中國思想研究的反省期

第一階段所謂中國思想研究的草創期，是在西洋哲學的輸入與模倣中，側重了西洋哲學方法的應用，尤其是整理西洋哲學史的方法的模倣。第二階段所謂中國思想研究的成長期，除了西洋哲學的譯介與批評以外，加強了系譜的（專家的系譜）研究、解釋學的研究、漢學的研究、補助學的研究、疑古與批評的研究以及社會思想史的研究。第三階段所謂中國思想研究的反省期，是以第二次世界大戰終戰以後，即中國對日抗戰勝利以後，中國思想研究進入了另一個階段，也就是中國思想研究走向從反省到批評的時期。民國三十八年，中國大陸淪入鐵幕，中共竊據大陸，使今日中國大陸研究中國思想史向著唯物史觀一面倒。因此，在此所謂的中國思想研究的反省期，我們不得不側重在臺灣、香港、日本以及歐美的中國思想研究的發展及其成果。

由於大陸淪陷，對於時代的體驗，以及西方世界的衝擊，中國思想研究的轉向，在那種蒼涼悲壯的氣氛中，從反省到批評，在臺灣與香港尤其顯著。例如：陳大齊、方東美、唐君毅、錢穆、牟宗三、徐復觀、謝幼偉、勞思光、劉述先、成中英、傅偉勳等等，從反省到批評，從批評到重建，期待著中國哲學新途徑的開拓。

在中國思想研究的反省期中，有多種不同的研究方向是值得加以檢討的：

一、新解釋學的研究：所謂新解釋學，是側重在翻譯、註釋與評介分析。將中國古典語文翻譯、註釋，以中國現代語文加以表現與整理。又將中國古典語文翻譯爲其他外國現代語文也可以包括在內。例如：日本吉川幸次郎監修的中國古典選，便是屬於這種性質的研究。這種新解釋學的研究，是對中國思想做一種奠基的工作，期待著新的思想的形成。

二、實證的研究：所謂實證的研究有二，一是疑古、辨僞的重視；以文化現象的發生爲界限。二是甲骨文、金文學的重視；甲骨文、金文學的研究，直接明示著，從殷、周王朝下的文化現象，到末期的戰國時代止。又加上民族學、考古學、神話學、文獻學等的補助，中國文化的發生開始被系統地展開著。例如：一九一三年，中國學者羅振玉、王國維流亡到日本京都，播下了甲骨文、金文的種子，使日本京都大學出現了不少這方面的學者。

三、比較思想的研究：比較思想的研究包括兩大課題；一是比較思想的方法，從思想方法上來加以反省。二是比較哲學的建立，從不同的哲學類型或系統來加以反省。思想方法可以包括幾種不同的問題：（一）、哲學方法與科學方法的異同。（二）、演繹法、歸納法與辯證法的比較。（三）、中國古代邏輯思想的研究，尤其是名學的研究，包括不同的名學思想，如儒、墨、道、法以及名家的比較。（四）、中國名學、印度因明學以及西方古典邏輯的比較研究。

日本中村元教授於一九四七年(民國三十六年)出版了《東方人的思惟方法》（東洋人の思惟方法）四大册，包括中國人的思惟方法、日本人的思惟方法、印度人的思惟方法以及西藏人的思惟方法。他的目標有四：（一）、爲了世界文化的融合統一，把各民族思惟方法的特徵根本地加以反省。（二）、把中國、日本、印度與西藏，以及西方豐富的知識加以比較導引出來。（三）、從各民族文化形成的基本思惟法則的語言表現，在其思惟方法上加以把握其特徵。（四）、中國民族思惟方法的特徵的瞭解。中村元教授認爲中國人的思惟方法包括下列幾種特徵；⑴、具象知覺的重視，⑵、抽象思惟的未發達，⑶、個別性的強調，⑷、尙古的保守性，⑸、具象的形態，⑹複雜多樣性的愛好，⑺、形式的齊合性，⑻、現實主義的傾向，⑼、個人中心主義，⑽、身份秩序的重視，⑾、自然本性的尊重，⑿、折衷融合的傾向。簡言之：中村元教授是以中國思想家體系性的思想，以及西方形式邏輯的思惟方法爲基準，加以批判性地、消極性地評價了中國人的思惟方法。

在中國，從胡適在一九二八年出版的《先秦名學史》(*The Development of the Logical Method in Ancient China*, 1928) 至今，先秦名學的研究，繼續不斷地有許多學者在研究著，例如陳大齊、鍾友聯等等。

至於比較哲學，美國夏威夷大學東西文化中心、夏威夷大學哲學系近幾年來頗重視這方面的研究。比較哲學的建立，還待更進一步的開拓。

四、史的唯物論的研究：這是一面倒的以馬、列主義唯物論的觀點研究中國哲學史，把哲學史當作所謂唯物論與唯心論的鬪爭，把思想史隸屬於社會史，甚至將舊思想的價值加以轉換。例如：郭沫若、侯外廬、馮友蘭等等，這種研究方法極需加以批判，不能變成一面倒的盲信，蓋哲學的研究，如果淪爲教條主義，甚至異國思想的附庸，則將失去中國哲學的特質及其創造性。

五、韋伯社會學的研究：韋伯 (Max Weber) 著有《儒教與道教》(*Gesammelte Aufsätze zur Religion* vol. 1) ("Wirtschaft und Gesellschaft")，從韋伯社會科學的方法論出發：㈠、中國思想研究的方法論的重視，㈡、中國思想研究的根本問題，即中國思想研究的近代化或現代化的問題。

以上五種研究的方向，是中國思想研究的不同觀點的態度與方法，但都較重視歷史的知識，社會科學的方法，我覺得哲學本身的充實，是今後中國思想研究的關鍵。

在中國思想研究的發展過程中，中國美學思想的研究，已現端倪。茲例舉代表性的加以敍述：從王國維受康德、叔本華、尼采等的影響，把他們的美學思想應用到《人間詞話》、《紅樓夢評論》以及戲劇的研究上。朱光潛受近代美學的影響，尤其是克羅齊的影響，而發展了《文藝心理學》、《詩論》，應用到一般文藝理論與批評上。但從中國美學思想來加以探討的，卻是日本的金原省吾、大西克禮，日據時期臺灣的音樂家江文也等等。但這些都是從中國思想研究的草創期到成長期時代的開拓者。在這反省期中，眞正具有代表性的美學思想的研究，除了西方美學的譯介以外，中國美學思想的研究，在中國，有徐復觀；在美國，有張鍾元、劉若愚；在日本，有今道友信。美國的美學家托瑪斯·孟羅（Thomas Munro）也可以包括進來。

徐復觀的《中國藝術精神》出版於一九六六年（民國五十五年），徐復觀是以其中國古典的基礎，加上日本介紹西洋美學的知識，自己進一步有系統地比較貫串起來，有其歷史的系統性，可以說是中國美學史初步的奠基工作，已略具規模。

張鍾元的《創造性與道家》（*Creativity and Taoism*, by Chang Chung-yuan, 1963）於一九六三年（民國五十二年）出版，對於中國哲學、藝術及詩，在創造性上加以綜合地研究，側重在道家與禪宗。張鍾元目前是美國夏威夷大學哲學系教授。

日本東京大學美學藝術學研究室教授今道友信（T. Imamichi）在其《美的位相與藝術》（美の位相と藝術）一書中，在〈關於藝術上超越的問題〉一文中，探討孔子美學的意義。該書是一九六八年（民國五十七年、昭和四十三年）出版的。今道友信教授於一九六六年，在德國的《美學與一般藝術學雜誌》（*Zeitschrift für Aesthetik und allgemeine Kunstwissenschaft*）中發表了〈中國古典中的美學〉（Aesthetik in der Chinesischen Klassik），頗重視中國古代美學思想的研究與反省。

至於像孟羅的《東方美學》(*Oriental Aesthetics,* 1965)、劉若愚(James J. Y. Liu)的《中國詩學》(*The Art of Chinese Poetry,* 1962) 等等，都是跟中國美學思想關係密切的論著，值得研討。

綜上所述，是從中國思想研究的檢討到中國美學思想研究的回顧，我們要重建中國美學思想，必需通過中國哲學、文學以及藝術的研究，開創新方法新風氣，才能展現新的研究途徑。

作爲藝術愛好者的孔子

中國古代歷史的發展，到了所謂春秋時代，也就是說當東周王朝的政權維持到紀元前八世紀，周室逐漸地衰微，秩序逐漸地混亂，綱紀逐漸地頹廢，而長期的動亂已開始了

春秋時代（紀元前七二二年至紀元前四五三年），齊桓公（紀元前六八五年至紀元前六四三年）稱霸，以尊王攘夷之名，行稱號令諸侯之實。在春秋時代，這種稱霸，成爲諸侯之長，乃是那個時代的一種特徵。經過孔子修訂的《春秋》，便是簡記了春秋時代的大事記。而孔子正是生逢春秋時代的末期，而且在那個時代活躍著。

魯便是在山東半島西南部的一國，爲周室創建的功臣周公長子伯禽的封地。傳說他在成王（紀元前一〇二四年至一〇〇五年）時卽成有力的諸侯，其威富便顯示在車、旗、寶玉、大弓以及所賜的奴隸，卽殷的遺民，他率領了這一族到了山東曲阜爲首邑而成立了城邑國家。有肥沃的土地，耕作的人民。在官府則有王室所分賜的聖識者、官僚，且充滿了古典、史策、禮器等等。

孔子，名丘，字仲尼。父名叔梁紇，母姓顏，名徵在。他是生在曲阜附近鄹邑的賤士之家，幼失父，在貧困中成長。孔子的生年，有兩種說法：一說是生於周靈王二十年，卽魯襄公二十一年，也就是民

國紀元前二四六三年。一說是生於周靈王二十一年（西元前五五一年），即魯襄公二十二年，也就是民國紀元前二四六二年。而孔子則逝世於周敬王四十一年（西元前四七九年），即魯哀公十六年，也就是民國紀元前二三九〇年。依第一說，孔子爲七十四歲，依第二說，孔子爲七十三歲。現在通行的採用第二說。

孔子的傳記，該是以司馬遷太史公的《史記》卷四十七〈孔子世家〉第十七爲較早的文獻。從〈孔子世家〉，我們已可以體會到孔子對詩、禮、樂的重視，可以說是一個藝術的愛好者。

孔子自述一生求學求道的經過說：

吾十有五而志於學；三十而立；四十而不惑；五十而知天命；六十而耳順；七十而從心所欲，不踰距。（《論語．爲政》）

孔子所謂的十五而有志於學，雖無一定之師，但他卻學得多樣的生活技術。傳說中孔子曾任小官吏，如會計及畜牧的工作。孔子大約在三十歲左右在曲阜開了學園，而成爲學匠自立了。孔子在曲阜四方的城邑，在那西南街的一隅開了學園。以下士、庶民階層的子弟們聚集在此，因而聲名遠播，中流的子弟，遠方的遊學生也來參加。他們形成了亦師亦友的學園。

在朋友方面；他們共同生活，互相切磋琢磨，形成了人倫社會，沒有貴賤尊卑，而血緣地緣的重視，在當時的社會中，卻也成立了僅有的開放性的社會。

在師生方面；孔子是這羣朋友集團的中心，而且成立了師的位置。《論語》便是以這亦師亦友爲核心的生活體驗的記錄。

子曰：「學而時習之，不亦說乎？有朋自遠方來，不亦樂乎？人不知而不慍，不亦君子乎？」（《論語．學而》）

這便是表現了孔子那個學園中師生共同生活的充實，充滿了和悅歡樂的氣氛。

閔子侍側，誾誾如也；子路，行行如也；冉有、子貢，侃侃如也。子樂。「若由也，不得其死然。」（《論語·先進》）

環繞在孔子身邊的弟子們，有中正適度的氣象，有英勇剛強的氣象，有和氣快樂的氣象。孔子對子路的評語，後來不幸而言中，這也證明了孔子瞭解弟子的深度，他是有教無類，卻也是因才施教。

子以四教：文、行、忠、信（《論語·述而》）

這正是說明了孔子以四項來教人：文是指詩書禮樂、行是指修治品行、忠是指存心忠厚、信是指與人信實。

子曰：「從我於陳蔡者，皆不及門也。」德行：顏淵、閔子騫、冉伯牛、仲弓。言語：宰我、子貢。政事：冉有、季路。文學：子游、子夏。（《論語·先進》）

在孔子的弟子們之中；德行優秀的有：顏淵、閔子騫、冉伯牛、仲弓。言語優秀的有：宰我、子貢。政事優秀的有：冉有、季路。文學優秀的有：子游、子夏。德行爲學習正派端莊的行爲，是屬於倫理學的範圍。言語爲學習優雅正確的表現，是屬於語言學的範圍。政事爲學習執行政務的能力，是屬於政治學的範圍。文學爲學習學識經驗的充實，不僅是指狹義的文學，但是也包括了屬於狹義的文學的範圍罷。

孔子的教育目標，雖有四項的要求，有四科不同領域的範圍，但孔子是以人爲教育的對象，不但是注重認知的態度，而且是要達到美感情操身心健康的和諧。不僅是注重言教，而且是側重身教。

孔子的教育是一種啟蒙的教育；「詩」、「書」的研讀是一種教養，一種對古典理解的要求。「禮」、「樂」的學習，是準備爲士人以上的修養，注重生活的儀容，進退的禮節，以及音樂的演奏。這是一種通才教育的方法，培養一種全人的理想。孔子時代的學術，大約以六藝為主；六藝就是指禮、樂、射、御、書、數。在六藝之中，禮和樂特別重要。禮是包括了各種政治、軍事方面的制度，也包括了日常生活的禮儀。樂不僅是一種生活的藝術，而且也是一種政治的工具。孔子可以說是那一個時代的禮樂專家。在孔子學園的青年們，以孔子為中心，不論是在周遊列國時，也不論是在學園教學時，都充滿了詩與音樂的氣氛，因而更增加了孔子的魅力，形成了一股原始儒家的精神的泉源。

> 陳亢問於伯魚曰：「子亦有異聞乎？」對曰：「未也。」嘗獨立，鯉趨而過庭。曰：「學詩乎？」對曰：「未也。」「不學詩，無以言！」鯉退而學詩。他日。又獨立。鯉趨而過庭，曰：「學禮乎？」對曰：「未也。」「不學禮，無以立！」鯉退而學禮。聞斯二者。」陳亢退而喜曰：「問一得三：聞詩，聞禮，又聞君子之遠其子也。」（《論語・季氏》）

孔子認為不學詩，則無以言；不學禮，則無以立；這是學詩學禮的功能與目的，同時孔子對自己的兒子也沒有禮厚。

在孔子的音樂生活中，最能描述他那雍容和悅，與人共同欣賞音樂，享受音樂的例子：

> 子與人歌而善，必使反之，而後和之。（《論語・述而》）

孔子跟人一起唱歌，聽到人家唱得好，一定要請人家再唱一次，然後，再跟人家一起唱。這是孔子對唱歌的態度，也是他對音樂追求的熱忱。

因此，在孔子的生涯中，作為一個藝術的愛好者；他愛詩、愛禮、愛樂，他的人生理想，也是他的心靈發展的秩序，便是要我們認識與實踐這種心路歷程：

子曰:「興於詩、立於禮、成於樂。」(《論語·泰伯》)

孔子認爲感興在詩,立身在禮,成性在樂。詩、禮、樂是一種人格修養的歷程,也是立身成德的途徑。

簡言之:孔子的一生是充滿了美感的生命情調,誦詩、習禮、絃歌不絕,卽使是他遭遇了困境,面臨了生命的危機,他依然不改本色。他創建了中國儒家的思想,他的現實目的原是政治的參與,而其人性觀與藝術觀也是爲了政治的改善,是積極的入世的態度,同時也是達觀的泰然的精神,成爲中國文化創造者的一種永恆的典範。

孔子的美論

在孔子的時代,雖有德行、言語、政事、文學四科的分別;也有禮、樂、射、御、書、數六藝的不同的存在;然而,中國古代哲學思想的整理,尙未通過西方哲學的衝擊,有現今這種利用西方哲學的類型與術語來加以整理的結果。

因此,以研究美爲主,對美感經驗、美感態度、美態價值加以反省的美學(Aesthetics);跟以研究藝術爲主,對藝術的本質、類型、形式、內容等加以檢討的藝術學(Kunstwissenschaft, Science of Art);在孔子的美學思想中,嚴格地說,都尙未正式成立,尙未成立那種學問性的性格,以及形式系統的思想。

當我們探討孔子的美學思想的時候,孔子的美學便是要涉及孔子對美的界說,同時要考慮到有無其形上學的預設(Presupposition),以及倫理學的預設。因此,我們將從這兩方面來加以反省與分析。

形上學的解釋

所謂中國古代的世界觀（Weltanschauung)，在孔子以前就有了天的概念。漢劉向的《說苑》，有一則對話是這樣的:「齊桓公問管仲曰:『王者以何爲貴?』管仲答曰:『貴天』。」管仲的意思是:「我所謂的天，並非是青青的天，而是站在人之上的天。」

中國古代對於天的概念是有其多義性的，其中包括兩大要素；一是當作自然物的天，一是當作理念（王者的規範）的天。日本渡邊秀方在其《中國哲學史概論》中，把天當作哲學概念看，分爲三；一是形質的天（或形體的天），二是理性的天，三是運命的天。馮友蘭在《中國哲學史》中，則把天分爲五種:一是物質的天，二是主宰的天，三是運命的天，四是自然的天，五是義理的天。

韋政通在《中國哲學思想批判》一書中，在〈從宗教看中國哲學的起源〉一文裏面，他把天的複雜涵義列示如下:一、爲至上神，二、天人相離，三、有人格，四、爲聖人所住之地，五、祖德配天，六、代表至善，七、代表正義。

殷代（紀元前一七〇〇年至紀元前一〇五〇年）卜辭所示的意義，從殷代的資料中，卜辭並未明示天的信仰，但有「帝」、「上帝」的字眼。此跟「詩」、「書」類似。「V」是字的原形，有花之蒂，生命之根源的意義。

在《詩經》、《書經》上所謂的天，以「詩」爲主，以「書」爲副，這時代對天的思想如下:一是當作支配層的天，二是當作民眾層的天。

在《春秋左傳》上的所謂的天；一是當作恣意的神之天，二是當作道義神的天。天並非只是純然的法則性；而是有人格神之感，並去掉倫理性，而具有命運的性格，這是天的二重的形式並存。

以上所述，是孔子以前，中國古代對天的概念底演變。孔子所謂的天，可以說開始對天有了內省的思索；孔子以爲人第一是在義務，故敬鬼神而遠之。其次，在春秋時期，祭祀與戰爭是最重要的事；蓋對死者祭祀的愼重，乃是在提高生者倫理的意義。

茲例舉在《論語》中有關天的語錄十則如下：

一、子見南子，子路不說。夫子矢之曰：「予所否者，天厭之，天厭之！」（《論語・雍也》）

二、顏淵死，子曰：「噫！天喪予！天喪予！」（《論語・先進》）

三、王孫賈問曰：「『與其媚於奧，寧媚於竈。』何謂也？」子曰：「不然。獲罪於天，無所禱也。」（《論語・八佾》）

四、子疾病，子路使門人爲臣。病間，曰：「久矣哉，由之行詐也！無臣而爲有臣，吾誰欺？欺天乎？且予與其死於臣之手也，無寧死於二三子之手乎？且予縱不得大葬，予死於道路乎？」（《論語・子罕》）

五、子曰：「莫我知也夫！」子貢曰：「何爲其莫知子也？」子曰：「不怨天，不尤人，下學而上達，知我者，其天乎！」（《論語・憲問》）

六、司馬牛憂曰：「人皆有兄弟，我獨亡！」子夏曰：「商聞之矣：『死生有命，富貴在天。』君子敬而無失，與人恭而有禮，四海之內，皆兄弟也。君子何患無兄弟也？」（《論語・顏淵》）

七、子畏於匡。曰：「文王旣沒，文不在茲乎？天之將喪斯文也，後死者，不得與於斯文。天之未喪斯文也，匡人其如予

何?」(《論語·子罕》)

八、子曰:「天生德於予,桓魋其如予何?」(《論語·述而》)

九、子曰:「予欲無言!」子貢曰:「子如不言,則小子何述焉?」子曰:「天何言哉?四時行焉,百物生焉,天何言哉?」(《論語·陽貨》)

十、季路問事鬼神?子曰:「未能事人,焉能事鬼?」曰:「敢問死?」曰:「未知生,焉知死?」(《論語·先進》)

茲依上列十則語錄,我們可以瞭解孔子底天的概念,大約如下:

一、「天生德於予」;正表示天是具有道德使命的泉源,也是具有文化存續的使命。所謂「天之未喪斯文也」,如果天不想喪失這種文化的話,則當如何?這是一種文化使命的自覺罷。

二、「死生有命,富貴在天」;所謂「富貴在天」的天,有異質感,淸劉寶楠《論語正義》,分爲「德命」與「祿命」的解釋,此種區分雖方便,但孔子自己本身是否有這種自覺的區分呢?

三、天有大的法則;「天何言哉?四時行焉,百物生焉,天何言哉?」任四季運轉,萬物生滋,天說了些什麼呢?

四、天是具有道德的命令者,亦有非情的命運。所謂「獲罪於天,無所禱也。」便是一個例子。

孔子自述「五十而知天命」;可見孔子到了五十歲,方能悟到瞭解天命的道理。這種天命,是一種道德的自覺,同時也是一種文化使命的自覺。所謂形上學的預設,便是以天的眞諦,作爲孔子對世界觀的基礎;而他的美學思想卻是基於這種形上學的預設出發的。

馮友蘭在其早期的《人生哲學》第八章〈儒家〉中說:「……凡此皆見藝術之起源,在於摹倣天然。人非天然之戰勝者,不過其摹倣者而已。」又說:「……儒家主以禮樂治天下;至於政刑,不過所以推行禮樂而已。禮樂亦是摹倣天然。」馮友蘭這種主張,所謂藝術的起源是摹倣天然的說法,顯然也是基於一種形上學的預設而來的。

倫理學的解釋

孔子以私人的地位開設了學園,教育下士、庶民的子弟,因此,在中國教育史上,具有劃時期的時代意義。孔子的學說,可以說是在提倡「仁」的學說。那麼,仁的確切的意義是什麼呢?」

樊遲問仁。子曰:「愛人。」……」(《論語·顏淵》)

仁的字形,就表示了二人以上的人相互之間流露出親愛之情的意義。"Nien"是仁的古代音,有粘著的親密感的意義。孔子對於仁,是一種直覺性的把握,不同的學生問仁,他因時因地因人而不同,因此而有不同的回答,但卻都離不開「仁」的中心意義。

顏淵問仁。子曰:「克己復禮爲仁。一日克己復禮,天下歸仁焉。爲仁由己,而由人乎哉?」顏淵曰:「請問其目?」子曰:「非禮勿視,非禮勿聽,非禮勿言,非禮勿動。」顏淵曰:「回雖不敏,請事斯語矣!」(《論語·顏淵》)

子貢曰:「如有博施於民,而能濟眾,何如?可謂仁乎?」子曰:「何事於仁,必也聖乎!堯舜其猶病諸!夫仁者,己欲立而立人,己欲達而達人。能近取譬,可謂仁之方也已。」(《論語·雍也》)

孔子以「克已復禮爲仁」,又以「仁者」,即「已欲立而立人,已欲達而達人。」仁是孔子的中心思想,其意義亦包含甚爲豐富。所謂倫理學的預設,乃是以仁爲孔子美學思想的基礎,美學思想的出發點是基於倫理學的預設而來。

子曰:「人而不仁，如禮何？人而不仁，如樂何？」(《論語・八佾》)

仁是禮樂的精神的精神支柱，禮樂的二重構造，其目的是在和，禮的和諧，樂的和諧，而達到仁的精神世界。

子曰:「志於道，據於德，依於仁，游於藝。」(《論語・述而》)

所謂有志向道，據守德義，不離開仁，游習六藝；六藝還是以仁爲其精神支柱。

從以上所述，孔子的中心學說「仁」；不僅是他的倫理思想的基礎，而且也是他的美學思想的基礎。禮、樂只是表現的形式，仁才是其根本的內容。因此，我們可以說天是形上學的預設，仁是倫理學的預設，孔子美學思想的探求，必須先認識這種預設。

孔子論美與善

孔子論美與善有多次，但涉及藝術者不多，反而多次都是涉及了道德與政治。孔子雖未自覺地給美與善予以確切的定義(Definition)，但如果從《論語》中的脈絡(Context)看來，他已充分地把握了其精確的要義了。

孔子論美與善，涉及藝術者，僅有一則如下:

子謂韶:「盡美矣，又盡善矣。」謂武:「盡美矣，未盡善也。」(《論語・八佾》)

孔子批評虞舜時的韶樂，他認爲盡美而又盡善；而他批評武王時的武樂，卻認爲盡美，卻未盡善。

孔子所謂美，有完善的意思；而所謂善，也有完美的意思。但他在論韶樂與武樂時，說韶樂是盡美又盡善，而武樂卻是盡美而未盡善。

因此，他在美與善之間，似乎是以善高於美。換句話說，武樂未盡善，表示武樂尚不及韶樂的盡美又盡善。可見音樂，不能只是盡美，還要盡善才算是上乘的作品。

美是一種藝術的標準，在美的標準中，韶樂固是一種藝術，武樂卻也是一種藝術。但善是一種超越藝術的標準，在善的標準中，韶樂才算是一種藝術，而武樂卻不盡然。武樂是一種音樂，但韶樂卻是一種至善的音樂。武樂是一種藝術，但韶樂卻是一種至善的藝術。

柏拉圖（Plato, 427/8–347/8 B. C.）對於美與善的探討，都源自他的理念論，絕對的美是在理念世界中，至高的善也是在理念世界中。最高的美是超越了現象世界的究極的實在，是在理念世界中的一種存在的存在。柏拉圖衡量藝術的標準，似乎也是考慮到這美與善的雙重的存在。而孔子便很準確地把握了這美與善的雙重的意義。

孔子的藝術論

在孔門的四科之中；德行、言語、政事、文學；跟藝術有關者，是言語與文學，相當於文藝的範圍。在孔子時代的學術，所謂六藝，就是禮、樂、射、御、書、數；禮與樂，是跟藝術有關者。另一所謂六藝，後來稱爲六經，也是孔門的六種教材；就是《詩》、《書》、《禮》、《樂》、《易》、《春秋》。其中詩、禮、樂是跟藝術有關者。又在《論語》中所謂的「文」、「文章」，通常是指詩、書、六藝；或指詩、書、禮、樂，或指禮、樂、典章等等。

因此，從孔子時代的學科及六藝等來考察，孔子時代發展得最興盛的藝術，該是詩與音樂；孔子討論過的藝術；是詩、繪畫、音樂。言語與文學，當然，也是孔子討論的範圍。

那麼，孔子的藝術論，該是包括了詩論、繪畫論、音樂論。禮是藝術與社會秩序的問題，言語與文學是文學教育的問題，可以在美感教育論中加以討論。

孔子的詩論

詩是文學研究中的一部門，同時也是文藝創作中最精華的一部份。詩是語言的藝術，在藝術的領域中，也有其特殊的地位。詩歌、音樂、舞蹈是藝術起源中三位一體的存在。在孔子時代，詩與樂是密切地關聯著，《詩經》是孔子論詩的對象，《樂經》似乎是附麗在《詩經》上。我們現在假設：孔子論詩的對象有二：一是以詩三百爲對象，二是泛指一切具有詩的精神的作品。

一、以詩三百爲對象　司馬遷的《史記·孔子世家》中說：「孔子刪詩書。」也許孔子曾經加以編刪，所以，我們可以說他編詩書。

子曰：「詩三百，一言以蔽之，曰思無邪。」（《論語·爲政》）

子曰：「誦詩三百，授之以政，不達。使於四方，不能專對；雖多，亦奚以爲？」（《論語·子路》）

詩三百的功能；一面可以使人性情歸於純正，另一面也可以使人應用到政治、外交上，充實一個人本身的才學，並且獲得適用。

子曰：「關雎，樂而不淫，哀而不傷。」（《論語·八佾》）

這是以〈關雎〉爲討論的對象，〈關雎〉這首詩，孔子嘆爲「樂而不淫，哀而不傷。」在詩與道德的關係中；「樂而不淫」，孔子是可以忍受的；但像「鄭聲淫」，孔子就不能忍受了，他就要加以批評了。簡言之，《詩經》留傳至今，還保留了許多戀歌，一種情詩的世界，孔子既然沒有完全刪去，可見尚有保存的價值。

二、以泛指一切具有詩的精神的作品爲對象　孔子論詩是以詩三百爲對象，這是不可否認的事實。但孔子卻進一步扣緊了詩的精神，詩的功能以及詩的價值，以一切具有詩的精神的作品爲對象來論詩。

子曰：「興於詩，立於禮，成於樂。」（《論語・泰伯》）

……「不學詩，無以言！」……（論語・季氏》）

……「不學禮，無以立！」……（《論語・季氏》）

這是把詩、禮、樂三者，或詩與禮等加以關聯來論詩，同時襯托出詩的功能。

我認爲最能表示孔子論詩的功能，同時給詩賦予確切的界說者，該是下列一則：

子曰：「小子！何莫學夫詩？詩：可以興，可以觀，可以羣，可以怨。邇之事父，遠之事君。多識於鳥、獸、草、木之名。」（《論語・陽貨》）

從詩的定義來說，孔子已經指出：「詩：可以興、可以觀、可以羣、可以怨。」同時也指出了詩的功能。就以「多識於鳥、獸、草、木之名」的「名」來說；一方面有正名的意義，另一方面也有命名的意義。蓋詩是給萬物命名而使萬物鮮活起來的。

孔子的繪畫論

在中國的古代的藝術，尤其是在孔子時代的繪畫，還沒有引起孔子特別的關注與討論，倒是孔子論詩與樂特別多，有而且只有一則語錄論及繪畫。

子夏問曰：「巧笑倩兮，美目盼兮，素以爲絢兮」，何謂也？」

子曰：「繪事後素。」曰：「禮後乎？」子曰：「起予者商也，始可與言詩已矣。」（《論語・八佾》）

這一則，除了論繪事以外，還涉及詩與禮的問題。孔子說：「繪事後素。」意思是說畫畫先把白底抹好，然後再加上五彩的顏色。孔子所謂繪事，是包含了禮；所謂詩，也是爲了禮。繪事與詩要達到禮的境界。

孔子的音樂論

孔子論樂，往往是詩、樂並言，或禮、樂並重。而音樂與倫理，音樂與政治的關係，也是孔子一再留心的課題。還有音樂與舞蹈的關係也未忽視。

一、樂的問題　孔子時代重要的樂器有琴、瑟、磬。

子曰：「吾自衛反魯，然後樂正，雅頌各得其所。」（《論語・子罕》）

子語魯大師樂，曰：「樂其可知也。始作，翕如也。從之，純如也，皦如也，繹如也。以成」（《論語・八佾》）

孔子一面編詩，訂正音樂，使雅、頌的詩樂，恢復他們原來應有的地位。另一面他也相當瞭解音樂的整個過程；音樂演奏的全部過程，是可以瞭解的：一開始，是如此地興奮而振作，接著是如此地純一而和諧，又是如此地清楚而明麗，又是如此地連緜而流動，而音樂便這樣地完成了。

孔子時代的音樂，有兩種是孔子特別注意到的；那就是虞舜時的韶樂與武王時的武樂。韶樂是盡美又盡善，而武樂卻是盡美未盡善。依照孔子的理想，似乎韶樂是他最稱讚的音樂。

子在齊聞韶，三月不知肉味。曰：「不圖爲樂之至於斯也！」（《論語・述而》）

孔子在齊國聽到了韶樂，學習了三個月，竟連吃肉都不知道肉的滋味，他說：「沒有想到音樂的格調竟達到如此高的境界！」這是孔子對韶樂的激賞，「三月不知肉味」該是一種類比推論。

二、詩與樂的問題所謂六經，《詩》、《書》、《禮》、《樂》、《易》、《春秋》。現今流傳五經，唯有《樂經》不見經傳。事實上，詩與樂是並存的；詩是指歌詞的話，那麼，樂該是指歌譜了。孔子所謂的「吾自衞反魯，然後樂正，雅頌各得其所。」事實上該是詩樂同時訂正的工作。

子曰；「關雎，樂而不淫，哀而不傷。」（《論語・八佾》）

子曰：「師摯之始，關雎之亂，洋洋乎，盈耳哉！」（《論語・泰伯》）

〈關雎〉即是詩，也是樂。詩由文字留傳下來，樂卻未由樂譜留傳下來，〈關雎〉按理也是音樂，不然，怎麼會「洋洋乎，盈耳哉」呢？

三、禮與樂的問題 在《論語》，不但是禮、樂並重，而且是相提並論。甚至是詩、禮、樂同時討論。

子曰：「人而不仁，如禮何？人而不仁，如樂何？」（《論語・八佾》）

子曰：「禮云禮云，玉帛云乎哉？樂云樂云，鐘鼓云乎哉？」（《論語・陽貨》）

子曰：「興於詩，立與禮，成於樂。」（《論語・泰伯》）

禮、樂是在促進人格修養，其根源是在仁；「人而不仁」，徒然有禮、樂，有什麼用呢？禮、樂貴在其實質的內容，而不在外在的形式。同時詩、禮、樂是一連串修養的過程，一種由內向外的完成。

四、禮、樂與政治的關聯的問題 禮、樂一方面是屬於個人的人格修養，另一方面卻也是屬於政治、軍事等的制度。孔子重視禮、樂與政治的關聯，在於正名，蓋孔子要維護周室的正統，以及封建制度的名實相符。

孔子謂季氏:「八佾舞於庭。是可忍也，孰不可忍也?」(《論語·八佾》)

八佾，是天子的舞樂，以八人爲一列，共八列，六十四人。六佾，是諸侯的舞樂，四十八人。四佾，是大夫的舞樂，三十二人。二佾，是士的舞樂，十六人。季孫爲大夫，而宗廟之庭作八佾之舞，是以大夫而潛用了天子之禮。因此，孔子批評季氏;「季氏用周天子八八六十四人的舞樂，像如此僭禮的事如可以容忍，還有甚麼事不可以容忍呢?」

孔子曰:「天下有道，則禮樂征伐自天子出。天下無道，則禮樂征伐自諸侯出。自諸侯出，蓋十世希不失矣。自大夫出，五世希不失矣。陪臣執國命，三世希不失矣。天下有道，則不在大夫。天下有道，則庶人不議。」(《論語·季氏》)

孔子批評季氏以大夫而僭用天子之禮的不當。而正常的禮樂便是怎樣的名份用怎樣的禮樂，如此一來，天下便有道了。因此，孔子強調「天下有道，則禮樂征伐自天子出。天下無道，則禮樂征伐自諸侯出。」那麼，怎樣才算符合名份的正名呢?

子路曰:「衞君待子而爲政，子將奚先?」子曰:「必也正名乎!」子路曰:「有是哉?子之迂也。奚其正?」子曰:「野哉，由也!君子於其所不知，蓋闕如也。名不正，則言不順;言不順，則事不成;事不成，則禮樂不興;禮樂不興，則刑罰不中;刑罰不中，則民無所措手足。故君子名之必可言也，言之必可行也。君子於其言，無所苟而已矣!」(《論語·子路》)

這是孔子正名思想的根源，正名的意義；一方面具有邏輯上的、認識上的以及語意上的意義；另一方面也有政治上的、倫理上的、美學上的意義。而禮樂在政治上的功能在其別異與和同。

四、禮樂制度的選擇　孔子是一位禮樂專家，一則具有理論的探求，二則也具有實踐的要求。他要把理想中的禮樂制度實踐在現實的政治之上，而他對禮樂制度的選擇，是重正名，重質樸，重合理的改革。

子曰：「先進於禮樂，野人也。後進於禮樂，君子也。如用之，則吾從先進。」（《論語・先進》）

孔子說：「先進的一輩，所制作的禮樂，重樸質，好比鄉下人。後進的一輩，所制作的禮樂，重文飾，好比城市人。如果在邦國，朝廷、宗廟用禮樂，我還是遵從先進的一輩。」在禮樂制度的選擇上，孔子寧可選擇先進的一輩所制作的禮樂，因爲那是重樸質的緣故。但孔子在各種禮樂的制度上，卻也有多重的選擇。

顏淵問爲邦，子曰：「行夏之時，乘殷之輅，服周之冕，樂則韶舞。放鄭聲，遠佞人。鄭聲淫。佞人殆。」（《論語・衛靈公》）

顏淵問治國的方法。孔子說：「行夏代的曆法，乘周代的木車，戴周代的帽子，音樂採用舜時的樂舞。禁絕鄭國的音樂，遠離口給的人。因鄭國的音樂淫亂，口給的人危險。」這是說明了孔子對夏商周不同的禮樂制度的選擇，他的選擇，是基於正名，基於樸質，基於合理而適宜。孔子並非一昧地墨守成規，而是因時制宜。

孔了的禮樂相提並論，也證明了兩者之間關係密切，無法隨便分開。因此，孔子的音樂論，不僅是單純的樂論，而是爲了達到政治上的正名，教化上的合乎倫理，是一種音樂的理想主義，一種政教合一的正名主義。孔子論禮樂，是由當時現實的政治以及禮樂制度的崩潰所引起的，因此，他才提出他的理想，他的禮樂觀念，他的目的，當然，就不僅是在維護過去的禮樂制度，而是在進一步提出理想的禮樂制度，而孔子周遊列國，乃是在一種現實的政治參與中，他想去實現他的理想他的抱負。雖然，在現實的政治舞臺上，他並不十分得意，但他這種理論的提出，卻也開創了儒家原始思想的生機。

孔子論道德與藝術的關係

問什麼是道德？那是倫理學或道德哲學的課題。問什麼是藝術？那是美學或藝術哲學的課題。而探討道德與藝術的關係，不是在道德中跟藝術的關係，而是在藝術中跟道德的關係。在藝術的表現上，表現本身就是一種藝術家的責任，即是一種的道德。而在藝術作品的鑑賞或批評上，如果說鑑賞是一種淨化作用，或批評是一種澄清作用，那也就是一種道德的問題。換句話說，不論是在創作、鑑賞或批評的活動，都會涉及道德的關係的課題。

子曰：「人而不仁，如禮何？人而不仁，如樂何？」（《論語・八佾》）

即使有了禮，有了樂，如果是人而不仁，那麼，又當如何呢？因此，禮、樂中必須有人的仁心，一種人性的純眞，一種道德的根本。

子曰：「志於道，據於德，依於仁，游於藝。」（《論語・述而》）

孔子把道德仁藝相提並論，所謂立志向道，據持德義，依屬在仁，游習六藝。六藝固然不只包括禮、樂，而且也不等於西方的藝術的含義，但畢竟還是包括了藝術的意義。孔子似乎頗重視道德仁藝的一貫性及相關性。

但佔在鑑賞與批評的態度上，孔子論及道德與藝術的關係，似乎還是可以用孔子評論韶樂與武樂的話來討論：

子謂韶：「盡美矣，又盡善也。」謂武：「盡美也，未盡善也。」（《論語・八佾》）

美是一種藝術的標準，善卻是一種道德的標準。只合乎藝術的標準，就像周的武樂，盡美，卻未盡善。合乎藝術的標準而又合乎道德的標準，就像虞舜的韶樂，盡美而又盡善。孔子理想中的藝術，是合乎藝術的標準而又合乎道德的標準。藝術不只是消遣的娛樂，而是嚴肅的娛樂。藝術是寓於道德中的一種創造、鑑賞或批評的活動。

托爾斯泰（Leo Tolstoy, 1828-1910）在其《什麼是藝術？》（*What is Art?*）一書中，他把藝術當作是感情的交通，他認為好的藝術有二；一是表現對上帝的愛與同胞的愛，即是他所謂的宗教藝術。一是表現對人們最單純的感情，即是他所謂的大眾藝術。托爾斯泰基於基督教的倫理觀與宗教觀，認為宗教藝術才是偉大的藝術。宗教藝術傳達了對上帝之愛與同胞之愛的感情。大眾藝術即對所有的人們傳達了最最單純的感情。托爾斯泰在該書中，一直是在強調著道德在藝術的創造、鑑賞與批評的意義。

綜上所述，孔子的藝術觀，以及托爾斯泰的藝術觀，似乎都是朝向為人生而藝術，即寓藝術於道德之中。

孔子論鑑賞與批評的理論

鑑賞是採取了美感的態度，批評卻是採取了認知的態度。藝術的鑑賞是直覺的，而藝術的批評是經過了直覺活動以後的反省，那是分析的邏輯的活動。

子曰：「知之者不如好之者，好之者不如樂之者。」（《論語・雍也》）

孔子所謂的「知之者」該是意味著批評者，而「好之者」則是意味著鑑賞者，但「樂之者」卻更是意味著鑑賞者。「知之者」是在認知的層次，「好之者」是介於認知的與美感的層次之間，而「樂之者」該是在美感的層次了。「知之者」是瞭解者，「好之者」是愛好者，而「樂之者」該是陶醉者了。

子曰：「知者樂水，仁者樂山。……」（《論語・雍也》）

這是「知者」與「仁者」陶醉在兩種自然的境界裏，山水是一種自然的世界，但山是山，水是水，「仁者」與「知者」卻採用了不同的取向，不同的境界。

鑑賞是好之、樂之的態度，而批評該是知之的態度。那麼，孔子是寧可陶醉在藝術的世界裏、自然的世界裏，比認知的層次更重視鑑賞的層次了。

子曰：「由，誨女知之乎！知之為知之，不知為不知，是知也。」（《論語・為政》）

孔子認知的態度是非常認眞的；「知」與「不知」辨別得非常鮮明，他不喜歡「不知」來冒充「知」，所以才說：「知之為知之，不知為不知，是知也。」這種知也，是卽瞭解「知之」的層次，也瞭解「不知」的層次。批評便是需要「知之為知之，不知為不知」的態度。

樊遲請學稼。子曰：「吾不如老農。」請學為圃。曰：「吾不如老圃……」（《論語・子路》）

樊遲請學耕種五穀。孔子說：「我不如老農夫。」又請學播種蔬菜。孔子說:「我不如種菜的人。」這是說明了孔子「不知爲不知」的態度。孔子是不會以強不知以爲知,以這種認知的態度,才能負起眞正的批評的責任。作爲一位詩評家,一位音樂批評家,孔子是有他的認知的自覺的。

孔子論詩的鑑賞

孔子論詩,言簡意賅,他告訴鯉該如何學詩,在什麼情境之上始足够跟他們談詩。從詩的界說、詩與繪畫、詩與音樂、詩與道德、詩與政事等去說明學詩的重要。學詩的第一步,該是鑑賞詩;其次,才是批評詩。

> 陳亢問伯魚曰:「子亦有異聞乎?」對曰:「未也」。嘗獨立,鯉趨而過庭。曰:「學詩乎?」對曰:「未也。」「不學詩,無以言!」鯉退而學詩。他日,又獨立,鯉趨而過庭。曰:「學禮乎?」對曰:「未也。」「不學禮,無以立!」鯉退而學禮。聞斯二者。陳亢退而喜曰:「問一得三;聞詩,聞禮,又聞君子之遠其子也。」(《論語・季氏》)

在春秋時期,所謂不朽;即是立功、立德、立言(《左傳》襄24)。因此,立言是不朽的三途徑之一。而孔子說:「不學詩,無以言!」這是表示了言的重要性。孔子所謂的言;有言語、說話、語言的意思。並且常常是意味著言行一致、言與德行、言與政事、言與文學、言與詩等的關係。至少孔子已經意識到詩與語言的關聯問題了。而孔子重視言,也是重視詩在政治與外交上的功能。

> 子貢曰:「詩云:『如切如磋,如琢如磨。』其斯之謂與?」子曰:「賜也,始可與言詩已矣!告諸往而知來者。」(《論語・學而》)

子夏問曰:「巧笑倩兮，美目盼兮，素以爲絢兮」，何謂也?子曰:「繪事後素。」曰:「禮後乎?」子曰:「起予者商也，始可與言詩已矣。」(《論語·八佾》)

如何始可與言詩呢? 第一則說「告諸往而知來者」，第二則是「起予者商也」。詩是言有盡而意無窮，告訴你一些，而能讓你悟出其他的道理來。詩是能啟發人們心靈的智慧，通過詩的語言而加以表現了的。

「興於詩，立於禮，成於樂」(《論語·泰伯》)

子曰:「小子! 何莫學夫詩? 詩: 可以興，可以觀，可以羣，可以怨。邇之事父，遠之事君。多識於鳥、獸、草、木之名。」(《論語·陽貨》)

詩的鑑賞是始於興，一種感興，一種啟發; 而詩的功能: 是「可以興，可以觀，可以羣，可以怨。」詩的鑑賞，是包括了「邇之事父，遠之事君，多識於鳥、獸、草、木之名」的。詩的鑑賞是直覺的、美感的，是一種感受的體驗，其範圍包括了德行、政事以及對自然現象的經驗。換句話說，是包括了人文的與自然的兩種領域的萬象。

孔子論詩的批評

如果說一件藝術作品是一種對象，那麼，直接批評這藝術作品，便是一種對象批評。對象批評 (Object Criticism) 是第一層次的批評。因此，對第一層次的批評加以反省，同時把不同的對象批評加以批評者，便是批評的批評，是一種後設批評 (Meta Criticism)，後設批評是第二層次的批評。直接的對象批評，是批評的實踐; 間接的後設批評，是批評的理論: 而實際的批評，該是包括了這雙層的構造。

對象批評需以後設批評爲其理論的基礎，而後設批評則需以對象批評爲刺激而灌輸其活力，同時建立批評的理論基礎。

孔子是以詩三百爲其對象批評的出發。對詩三百的總批評是一種，對部份的詩篇的批評該是另一種。但都是屬於對象批評。

子曰：「詩三百，一言以蔽之，曰思無邪。」（《論語・學而》）

子曰：「誦詩三百，授之以政，不達；使之四方，不能專對；雖多，亦奚以爲？」（《論語・子路》）

以上兩則，是對詩三百篇的總批評；第一則是一針見血的總評，第二則還是對學詩者加以批評，也可說點出了「不學詩，無以言」的緣故。在這對象批評中，還顯示了詩的功能。

子曰：「關雎，樂而不淫，哀而不傷」（《論語・八佾》）

子謂伯魚曰：「女爲周南召南矣乎？人而不爲周南召南，其猶正牆面而立也與！」（《論語・陽貨》）

以上兩則，是對部份的詩篇的批評。〈關雎〉是一首抒情詩，一種情詩的世界；孔子以「樂而不淫，哀而不傷」的評語加以讚嘆。第二則卻是勸人學詩的例子。

對象批評往往是以具體的作品爲對象，因此，作品本身是批評者探討的目標。而後設批評卻是以對象批評爲對象，從而提出批評的批評。孔子論詩的批評，已經注意到在具體的詩三百以外，探討什麼是詩了？換句話說，是在尋找詩的確切的界說了。

子曰：「小子！何莫學夫詩？詩：可以興，可以觀，可以羣，可以怨。邇之事父，遠之事君。多識於鳥、獸、草、木之名。」（《論語・陽貨》）

除了詩的界說以外，孔子已從詩的功能直探詩的本質了。孔子在對象批評中，體驗到，詩是「思無邪」；而在後設批評中，卻是意識到，詩是「可以興，可以觀，可以羣，可以怨。」

孔子論音樂的鑑賞

孔子論音樂演奏的過程，等於是音樂鑑賞的過程一樣。他深深瞭解樂理的意義。

子語魯大師樂，曰：「樂其可知也。始作，翕如也。從之，純如也，皦如也，繹如也。以成。」（《論語・八佾》）

把一個樂曲演奏的始末加以客觀的描述，孔子算是一位音樂鑑賞家，也是一位音樂批評家。

子與人歌而善，必使反之，而後和之。（《論語・述而》）

孔子同在一起的人，一起歌唱，聽到人家唱得好，那麼，就「必使反之，而後和之。」這是孔子學習歌唱，鑑賞歌唱的態度。

至於孔子不歌唱的日子，便是因有喪事的緣故。

子食於有喪者之側，未嘗飽也。子於是日哭，則不歌。（《論語・述而》）

這種停止歌唱的日子，是表示對喪者的禮，一種打從內心出發的由衷的敬意。

子在齊聞韶，三月不知肉味。曰：「不圖爲樂之至於斯也！」（《論語・述而》）

韶樂是盡美又盡善，孔子沒想到這種音樂竟達到如此崇高的境界。孔子欣賞韶樂，因此，三月不知肉味，這種類比，雖然有些誇張，倒也表現了一種音樂鑑賞的情調。也是一種「樂之者」的境界。

孔子論音樂的批評

音樂批評跟詩的批評密切關聯著，孔子評詩，事實上，也是在批評音樂。蓋詩、樂並言，〈關雎〉是一首詩篇，但也是音樂。

子曰：「關雎，樂而不淫，哀而不傷。」（《論語・八佾》）

子曰：「師摯之始，關雎之亂，洋洋乎，盈耳哉！」（《論語・泰伯》）

如果說一則是偏重詩的話，另一則卻是偏重樂了。「樂而不淫，哀而不傷。」顯然是指詩的內容而言：「洋洋乎，盈耳哉！」顯然是指音樂的悅耳而言。同時討論到〈關雎〉，偏重的側面不同，正是詩樂不同側面的原故。

音樂批評也可以分爲對象批評與後設批評雙重的構造。後設批評是理論的根據，對象批評是實踐的發揮。

一、後設批評的基礎　茲舉數則如下：

子曰：「人而不仁，如禮何？人而不仁，如樂何？」（《論語・八佾》）

子曰：「先進於禮樂，野人也。後進於禮樂，君子也。如用之，則吾從先進。」（《論語・先進》）

子路曰：「衛君待子而爲政，子將奚先？」子曰：「必也正名乎！」子路曰：「有是哉？子之迂也。奚其正？」子曰：「野哉，由也！君子於其所不知，蓋闕如也。名不正，則言不順；言不順，則事不成；事不成，則禮樂不興；禮樂不興，則刑罰不中；刑罰不中，則民無所措手足。故君子名之必可言也，言之必可行也。君子於其言，無所苟而已矣！」（《論語・子路》）

子曰：「禮云禮云，玉帛云乎哉？樂云樂云，鐘鼓云乎哉？」（《論語·陽貨》）

樂在政治上，是根基於正名主義；在德行上，是淵源於仁的精神；而在先進與後進上，推崇先進的重樸質；在形式與內容上，則重視內容的充實。孔子的後設批評，在音樂方面，可以說強調了他在政事與德行的基本立場。

二、對象批評的應用　孔子把他在音樂批評上的後設理論應用到對象批評，便產生了下例的批評。

⑴、基於正名主義的批評：因爲孔子的正名，是要做到，「君君、臣臣、父父、子子。」（《論語·顏淵》）因此，他看不慣季氏的僭禮。

孔子謂季氏：「八佾舞於庭。是可忍也，孰不可忍也？」（《論語·八佾》）

孔子已經忍無可忍，所以才那樣地批評季氏僭用了八佾的不當，這是淵源於正名的思想。孔子的理想如下：

孔子曰：「天下有道，則禮樂征伐自天子出。天下無道，則禮樂征伐自諸侯出。……」（《論語·季氏》）

因爲基於正名主義的立場，孔子對音樂的批評，便非常重視名實相符。

⑵、基於仁德精神的批評：因爲孔子是一位倫理學家，又兼爲禮樂專家。他的仁的思想，是他一貫之道，同時也應用到音樂批評上。

顏淵問爲邦，子曰：「行夏之時，乘殷之輅，服周之冕，樂則韶舞。放鄭聲，遠佞人。鄭聲淫，佞人殆。」（《論語·衛靈公》）

子曰：「惡紫之奪朱也，惡鄭聲之亂雅樂也，惡利口之覆邦家者。」（《論語·陽貨》）

孔子這樣批評鄭聲，所謂鄭聲淫，鄭聲之亂雅樂，乃是基於他的倫理觀念。如果說鄭聲是一種新樂，相對於雅樂而言，便有不同的質素，讓孔子厭惡的理由。但如果鄭聲是新樂，而且是戀歌小調，相對於雅樂的樂調而言，孔子的隱憂，也許有其不得已的苦衷。

當然，孔子重視在政治上的正名主義，重視在倫理上的仁德精神，使他在音樂上，強調善甚於美，強調音樂與道德合而爲一，走上了爲人生而藝術的途徑。

孔子的音樂批評；在對象批評上，是針對了韶樂、武樂等所謂雅樂，以及鄭聲等所謂新樂。他批評韶樂與武樂，依然是對象批評的好例子：

子謂韶：「盡美矣，又盡善也。」謂武：「盡美也，未盡善也。」（《論語·八佾》）

我們知道，美是一種藝術的標準，而善是一種道德的標準。如果是僅僅重視藝術的標準，則容易走上爲藝術而藝術的取向。如果是重視藝術的標準，而又重視道德的標準，則容易走上爲人生而藝術的取向。在這一點上，柏拉圖、托爾斯泰以及孔子，似乎都採取了爲人生而藝術的方向。藝術批評，在廣義上，包括了詩的批評、音樂批評等等，常常需考慮到藝術與道德的關聯。也就是在藝術中的道德關聯的問題。

美感教育論—詩、禮、樂的關係

如果說美感教育（Aesthetic education）是藝術教育（art education, education through art)的理想與目的，那麼，藝術教育該是美感教育的實踐與發展。藝術教育可以包含文學教育、音樂教育、美術教育、電影教育等等。藝術教育是通過不同的藝術的學習，培養創造、鑑賞與批評的能力。而美感教育便是以藝術教育爲基礎，而培養對人生、對自然、對藝術作品的美感經驗，美與眞同一，美與善合一，從而完成對眞、善、美的追求。

孔子的美感教育，便是在詩、禮、樂的完成。而他的藝術教育，包括詩的教育、音樂教育、言語教育、以及廣義的文學教育。其中，詩教與樂教是他最重視的兩個領域。

……「不學詩，無以言！」……

……「不學禮，無以立！」……（《論語・季氏》）

子曰：「興於詩，立於禮，成於樂。」（《論語・泰伯》）

詩是語言藝術的結晶，學習了詩，才足以立言。禮是社會秩序的制約，學習了禮，才足以獨立。樂是律動藝術的精華，學習了樂，才足以完成成性的功夫。這是人生在心靈修養上的三個歷程，詩、禮、樂的貫串與培養，乃是孔子美感教育的三個關鍵。

孔子詩的教育論

孔子因材施教，有教無類。在教育的科目上；他曾舉出德行、言語、政事與文學四科，其中言語與文學，是跟詩的教育有關聯。孔子所謂四教：文、行、忠、信。文便跟詩的教育有關。孔子所謂的文學，是較爲廣義的，包括了詩、書、禮、樂以及禮樂典章。孔子所謂言語，也是較爲廣義的，包括了言與行、言與道德、言與政事、言與文學等等。

因此，孔子在詩的教育上，除了勸人學詩以外，他特別注意到詩的界說、詩與政事、詩與德行的關聯，學詩的目的何在呢？

因爲「不學詩，無以立！」，而且「詩：可以興，可以觀，可以羣，可以怨。邇之事父，遠之事君。多識於鳥、獸、草、木之名。」學詩的結果，可以獲得這些知識的薰陶，知慧的啟發，在人文與自然的方面，獲得深刻的教養。

子曰：「誦詩三百，授之以政，不達。使於四方，不能專對；雖多，亦奚以爲？」（《論語・子路》）

孔子在詩的教育上，一面是爲了人格的修養，另一面卻也是爲了政治的教養。他的詩教，除了培養溫柔敦厚的人品以外，還要培養有政治、外交等方面的才能。

孔子音樂教育論

因爲孔子在政治上的正名主義，在倫理上的仁的精神，孔子的音樂教育；一則是爲政治的敎化，二則是爲人格的感化。所謂「禮樂不興，則刑罰不中」；那是從正名到政治的敎化。所謂「人而不仁，如樂何？」；那是從仁到音樂的薰陶。

子之武城，聞弦歌之聲，夫子莞爾而笑曰：「割鷄焉用牛刀？」子游對曰：「昔者，偃也聞諸夫子曰：『君子學道則愛人，小人學道則易使也。』」子曰：「二三子！偃之言是也，前言戲之耳！」（《論語・陽貨》）

子游以孔子昔日的敎誨來回答孔子；認爲在位的學了禮樂之道，就能愛民，庶民學了禮樂之道，就容易聽從敎令。禮樂有政治敎化的意義，已經非常地顯著了。

子擊磬於衛。有荷蕢而過孔氏之門者，曰：有「心哉，擊磬乎！」既而曰：「鄙哉，硜硜乎！莫己知也，斯己而已矣！

『深則厲，淺則揭。』」子曰：「果哉！末之難矣！」（《論語・憲問》）

孔子一面是充滿了入世的救世的衷腸，另一面卻也是洋溢著與樂合而爲一的果決的心腸。孔子的樂教；在政治上，要達到教化的目的。而在道德上，卻是要達到人格感化的目的。所謂在潛移默化中，通過音樂的薰陶，移風易俗。

至於孔子要「放鄭聲。遠佞人。鄭聲淫，佞人殆。」又說：「惡紫之奪朱也，惡鄭聲之亂雅樂也，惡利口之覆邦家者。」都說明了孔子對鄭聲之深惡痛絕，因爲鄭聲遠離仁道，而且對政治會產生不良的後果，因此，孔子在音樂教育上，是排斥鄭聲的淫亂，要糾正鄭聲，不得亂了雅樂。

藝術與社會秩序

孔子所謂文，包括了詩、書、禮、樂以及典章等等。而孔子所側重的藝術，是詩與樂。孔子所謂的禮，該是一種文制，一種禮制。換句話說，是一種社會秩序的制度。禮，就個人的修養來說，是要「文之以禮樂，亦可以爲成人矣！」（《論語・憲問》）「行有餘力，則以學文」（《論語・學而》）「君子博學於文，約之以禮，亦可以弗畔矣夫！」（《論語・雍也》）。但禮卻是由個人推而廣之，在政治上、軍事上、社會上，構成了一種制度。

子曰：「興於詩，立於禮，成於樂」（《論語・泰伯》）

禮是貫串了兩種主要的藝術，介立於雙方之間。因此，詩、樂如果是代表了藝術，則禮卻是代表了社會秩序。頹廢的藝術，靡靡之音的流行，則會擾亂了社會的安寧、引起了世風的敗壞。健康的藝術，剛健之聲的播放，則能振奮人心，維持社會的安定與和諧。

有子曰:「禮之用，和爲貴……先王之道，斯爲美，小大由之。有所不行，知和而和，不以禮節之，亦不可行也。」(《論語·學而》)

這是說明了禮的運用，以和爲貴，以從容合節爲適宜。禮可以說是要促進詩、樂的藝術，達到和的境界。

藝術當作政治教化的功能

爲藝術而藝術，追求藝術的純粹性，以美爲藝術唯一的標準，因此，便易走向藝術至上，唯美的傾向。爲人生而藝術，追求藝術的多樣性，美不是藝術唯一的標準，所以，便產生藝術爲人生的充實，道德的和諧，宗教的神聖以及政治的教化等等的需求。柏拉圖要融和美與善，藝術與道德合流；托爾斯泰強調心靈的交通，藝術與宗教的默契，藝術與道德的交融；都跟孔子有其相彷彿的所在。孔子以美與善爲藝術的兩個標準，便已經融合了藝術與道德了。孔子以禮來節制，便已經注意到社會秩序了。而且更進一步地，孔子是要把藝術當作政治教化的一環，以詩、禮、樂來加以貫串。

詩，是要「邇之事父，遠之事君」。樂，是要「君子學道則愛人，小人學道則易使也」。藝術，是依據道德，且具有政治教化的功能。

如果說孔子是一位正名主義者，那麼，藝術在政治上便是要做到名實相符。如果說孔子是一位倫理學家，那麼，藝術在道德上，便是要做到合乎仁的精神。如果說孔子是一位詩評家，一位禮樂專家，在不同的藝術領域中，便是要做到和的境界，形式與內容和一的境界，理性與感性和諧的境界。

簡言之，孔子的意思具有把藝術當作政治教化的功能，因此，乍看之下，容易被誤解爲藝術只是爲政治服務，而孔子卻是要透過政治使人生美化，而且要通過藝術使政治善化、合理化。孔子是把人文主義的精神，通過倫理的階段，也通過藝術的階段，而達到政治的階段。這是孔子的人生的三大階段。丹麥哲學家齊克果 (Sören Kierkegaard, 1813-1855) 的人生三大階段，是美感的、倫理的以及宗教的三個時期三個階段。孔子與齊克果的三個不同的階段，卻也表現了不同的異趣與意味。

結　論

——孔子美學的精神及其影響

孔子一生的奮鬪；在政治方面，是尋求現實政治的參與，因而周遊列國，樸樸風塵。在教育方面，有教無類，因才施教。而且在《詩》、《書》、《禮》、《樂》、《易》、《春秋》六藝上下了不少的工夫，教學相長，修訂六經，建立了儒家原創思想的基礎。

顏淵喟然歎曰：「仰之彌高，鑽之彌堅，瞻之在前，忽焉在後！夫子循循然善誘人：博我以文，約我以禮。欲罷不能，旣竭吾才，如有所立卓爾，雖欲從之，末由也已！」（《論語·子罕》）

太史公曰：「詩有之：『高山仰止，景行行止。』雖不能至，然心鄉往之。余讀孔氏書，想見其爲人。適魯，觀仲尼廟堂車服禮器，諸生以時習禮其家，余祇廻留之不能去云。天下君王至于賢人衆矣，當時則榮，沒則已焉。孔子布衣，傳十餘世，學者宗之。自天子王侯，中國言六藝者折中於夫子，可謂至聖

矣！」（《史記·孔子世家》第十七）

顏淵是孔子最欣賞的弟子，他對孔子的禮讚可以看到孔子的偉大，其「博我以文，約我以禮」，是充滿了美學精神的意義，值得推蔵。

太史公司馬遷在〈孔子世家〉的結語，也是對孔子加以禮讚。孔子在詩、禮、樂的教育上的成就，正是美感教育上的成就，也是充滿了美學精神的意義。

從西方美學與藝術學的發展與對比中，如果說柏拉圖傾向於美學，則亞里斯多德卻是傾向於藝術學。美學以研究美爲主，而藝術學則以研究藝術爲主。孔子在這兩者之間，與其說是美學，倒不如說是藝術學。換句話說，孔子不僅是思辨的研究，而且是實證的探討。

孔子逝世以後，其弟子追求其道，有三個傾向：

一、走上仕途，從事政治改革：例如，子路、宰予、宓子賤、漆彫開。

二、即非仕途，也非學匠，而是土著：例如，仲弓、閔子、公冶長、南容。

三、走上學匠之途，發展孔子學說：㈠是子貢學派，以恕爲中心。㈡是曾子學派，以忠恕爲中心。㈢是子夏學派，包括子夏、子游、子張。子夏是禮的專家。

孔子的學術思想，在儒家的發展上，自是以孟子、荀子爲大家。其中尤以荀子的〈禮樂論〉，以及《禮記》中的〈禮樂論〉，是儒家美學思想的發展，也可以說是孔子美學思想在古代的發展與影響。

孔子這種活潑潑的、具有創造性的美學精神，不但是開創了先秦儒家的思想，而且也影響了中國後來的哲學、文學以及藝術精神，在東方美學的發展過程中，具有創造性的意義，奠定了中國哲學中儒家思想獨特的地位，那是無庸置疑的。

參考書目

中文部份

《論語》

《大學》

《中庸》

《孟子》

《荀子》

《禮記》

《詩經》

胡適:《中國古代哲學史》

范壽康:《中國哲學史綱要》

馮友蘭:《中國哲學史》

勞思光:《中國哲學史》

徐復觀:《中國思想史論集》

徐復觀:《中國人性論史·先秦篇》

唐君毅:《中國哲學原論》(上)(下)

牟宗三:《中國哲學的特質》

韋政通:《開創性的先秦思想家》

徐復觀:《中國藝術精神》

馬浮:《爾雅臺答問附續篇》

馬浮:《復性書院講錄》

陳大齊:《孔子學說》

陳大齊:《孔子學說論集》

陳大齊:《與青年朋友們談孔子思想》

陳大齊:《平凡的道德觀》

陳大齊:《孔學論集》(1)(2)

高明:《孔學管窺》

江維民:《孔子研究》

張深切:《孔子哲學評論》

吳康:《孔孟荀哲學》

梁啟超:《儒家哲學》

楊化之:《孔子研究集》

任卓宣:《孔孟學說底眞相和辨正》

劉眞:《儒家倫理思想述要》

楊君勱:《中華倫理思想史》

賀麟:《儒家思想新論》

王曉波:《先秦儒家社會哲學研究》

蔣伯潛:《諸子與理學》

嵇哲:《先秦諸子學》

《史記・孔子世家》《左傳》(《春秋左氏傳》)

崔東壁:《洙泗考信錄》

童行白:《孔子》

張其昀:《孔子傳》

張其昀:《孔子新傳》

杜呈祥:《孔子》

劉眞編:《師道》

錢穆:《論語要略》

錢穆:《四書釋義》

嚴靈峯:《論語章句新編》

程石泉:《論語讀訓解故》

陳大齊:《論語臆解》

謝冰瑩等編譯:《四書讀本》

班固:《漢書・藝文志》

郭紹虞:《中國文學批評史》

羅根澤:《周秦兩漢文學批評史》

劉大杰:《中國文學發展史》

程兆熊:《中國詩學》

嵇哲:《中國詩詞演進史》

葉慶炳:《中國文學史》

胡適:《白話文學史》

唐君毅:《中國文化之精神價值》

金達凱:《歷代詩論》

何定生:《詩經今論》

糜文開 裴普賢:《詩經欣賞與研究》(一)(二)

日文部份

宇野哲人:《支那哲學概論》(王璧如譯:《中國哲學概論》)

高田眞治:《支那哲學概論》

武內義雄:《支那思想史》

狩野直喜:《中國哲學史》

宇野哲人:《支那哲學史講話》(唐玉貞譯:《中國哲學史》)

渡邊秀方:《支那哲學史概論》(劉侃元譯:《中國哲學史概論》)

加藤常賢:《中國思想史》

重澤俊郎:《中國哲學史研究》

宇野精一等編:《東洋思想》第二卷

赤塚忠等編:《中國文化叢書》第二、三、七卷

江文也:《上代支那正樂考——孔子の音樂論》

吉川幸次郎:《中國詩史》

鈴木虎雄:《支那詩論史》(洪順隆譯:《中國詩論史》)

今道友信:《美の位相と藝術》

麻生義輝:《樂記講義》

澤田總清:《中國韻文史》(王鶴儀譯)

服部宇之吉:《孔子及孔子教》

兒島獻吉郎:《支那諸子百家考》(陳清泉譯)

吉川幸次郎:《中國の智慧》(吳錦囊譯:《中國之智慧》)

中村元:《シナ人の思惟方法》(徐復觀譯:《中國人的思惟方法》)

貝塚茂樹:《孔子》

貝塚茂樹:《諸子百家》(李君晰譯)

英文部份

Fung Yu-Lan: *The Spirit of Chinese Philosophy*

Fung Yu-Lan: *A Short History of Chinese Philosophy*

Chan Ying-Tsit: *A Source Book in Chinese Philosophy*

Fang Thome H.: *Chinese View of Life*

Charles A. Moore(ed): *The Chinese Mind*

Chang Chung-Yuan: *Creativity and Taoism*

Raymond Dawson(ed): *The Legacy of China* (張潤書譯:《中國文化之垂統》)

James J. Y. Liu: *The Art of Chinese Poetry*

Thomas Munro: *Oriental Aesthetics*

R. L. Hobson: *Chinese Art*

Harold Osborne: *Aesthetics and Art Theory*

Benjamin Rowland, Jr: *Art in East and West*

Michael Sullivan: *A Short History of Chinese Art*

Ch'u Chai & Winberg Chai: *The Humanist Uay in Ancient China:*

Essential Works of Confucianism

James R. Ware: *The Sayings of Confucuis*

Burton Watson: *Early Chinese Literature* (羅錦堂譯)

Richard Wilhelm: *Confucius and Confucianism*

Arthur F. Wright: *The Confucian Persuasion*

請建立一個有特色的藝術學院

在臺灣的教育，提倡所謂德智體羣美五育並重的教育。德育側重品德的陶冶，智育側重智慧的啟發，體育側重運動的表現，羣育側重社交的活動，而美育側重美感的體驗。如果五育眞能並重，而且也能達到一定的水準，那是值得我們來鼓舞來發展的教育的取向。

在美育方面，如果是以個人的美感經驗為啟發的教育，該是美感教育。如果是以美感對象的藝術作品為欣賞與創作的教育，那該是藝術教育。我們可以說，通過美感教育，來實現藝術教育；也可以說，實踐藝術教育，來完成美感教育。

如果是以美為研究的領域，採取哲學的方法來研究，便是美的哲學；而採取科學的方法來研究，便是美的科學。如果是以藝術為研究的領域，採取哲學的方法來研究，便是藝術哲學；而採取科學的方法來研究，便是藝術科學。事實上，美學、藝術學的發展，從十九世紀到二十世紀，在德意志、法蘭西、意大利、英吉利、俄羅斯、波蘭、匈牙利以及美利堅，都有相當可觀的成果，甚至在日本和中國大陸也有了相當的研究和發展。這種發展，尤其是在西方和日本的大學和研究院裏，便紛紛成立了美學藝術學研究所、美術史研究所；在日本，目前有些大學，美學系已經脫離哲學系，成為獨立的科系了；這正如心理學系早已脫離哲學系，而成為一個獨立的科系一樣。

在臺灣，就以美術教育爲例：幼稚園有繪畫和美勞，小學有美術和美勞，國中有美術和工藝。並且爲了培養有美術才藝的學生，因此，在小學和國中，有些學校，設有美術實驗班。在高等教育方面：所謂師範大學的美術學系，是以美術教育爲主要的研究取向，也以培養中學的美術師資爲其主要的任務。而所謂師範學院的美術科，也是以美術教育爲主要的研究取向，而以培養小學的美術師資爲其主要的任務。而所謂的藝術專科學校的美術科、雕塑科及美工科，則比較側重一般美術及其實用爲主要的研究取向。其中以國立臺灣大學歷史研究所的中國藝術史組，國立師範大學的美術研究所，私立中國文化大學的藝術研究所等，可以說比較有可能對美學、藝術學、美術史以及美術教育，在理論性和歷史性的探討上，做比較專門的研究了。

德意志哲學家，也是美學家康德 (Immanuel Kant, 1724-1804) 曾經認爲藝術需要天才，而學問則需要才能。爲了培養藝術的天才，設立美術實驗班，並且讓其繼續攻讀大專院校的美術科系，的確有其不可忽略的重要性。然而，研究藝術的學問，包括美學、藝術學、美術史、美術教育，以及音樂學、文藝學、電影美學、舞蹈美學等各分科的學問，都需要有藝術的通才和專才的教育，並且也都需要長期的研究和努力。然而，如果說在臺灣還有人從事藝術的學問性的研究，多半是單打獨鬪，缺乏有組織的學術機構的贊助，更缺乏大學裏比較相關的科系和研究所來直接從事研究了。因此，我們只有美術教育，而缺乏基礎美學、藝術學的研究；正如我們有醫學教育，但是也不可忽略基礎醫學的研究一樣。

因此，當我們面對著中國近代和現代美學、藝術學的研究和發展，尤其是在禁書雖然尚未解除，但是，我相信卻已面對著洶湧而來的來自中國大陸的臺灣翻版書，在美學、藝術學、美術史、美術批評以及美術教育等各方面的著作，從王國維、蔡元培、宗白華、朱光潛、豐子愷、潘天壽、蔡儀、李澤厚等等，以及所謂馬克思主義的美學、新馬克斯主義的美學等等的大量翻印流通的時候；如果我們再不積極培養有關美學、藝術學、藝術教育以及美術史的專門學者，恐怕在不久的將來，臺灣在這些學術的領域裏，自然就會失去學術上的發言權。這正如在臺灣的各大學不重視臺灣史和臺灣文學的研究，而相對於中國大陸，中共卻紛紛設立有關臺灣史和臺灣文學的學術研究機構，不論他們是所謂統戰也罷，臺灣的學術界如果自己不再重視，也自然會失去在這些方面的學術上的發言權，這不能不說是一種非常殘酷的現實，如果說到那時候臺灣的學術界想再來迎頭趕上的話，那種吃力不討好是可以想像的，這難道不值得我們的學術界來提高警覺麼？

因此，欣聞國立臺灣大學，有籌設一個藝術學院的計畫，已經進行到怎樣一個進度？雖然尚未聞到有進一步的報導，不過，筆者願以一個校友的身份，提供個人的看法。

我們知道，一個大學的成立，基本上應先有充實的圖書設備，優良的師資，然後才有配合所需要的大學生和行政人員。在圖書設備方面；臺大有總圖書館、研究圖書館以及文學院聯合圖書館收藏了爲數相當可觀的美學、藝術學、美術教育以及美術史等方面的圖書。如果能把全校這些有關藝術方面的圖書加以集中的話，實在相當可觀。就以總圖書館裏的深田康算文庫爲例：深田康算教授是日本京都大學的美學教授，也是建立日本京都大學美學、美術史研究的第一個重要的教授。他曾經遊學歐洲，他逝世以後遺著有「深田康算全集」四巨册。而他在歐洲遊學時，曾經大量購買有關美學、藝術學、美術教育以及美術史方面的圖書，這些藏書便以深田文庫的名義留在臺大的總圖書館裏。當然，戰後臺大的各圖書館，又陸續購買了相當可觀的藝術方面的著作。可惜在美學、藝術學和藝術批評方面歐美和日本的學術期刊，購買得不多。不過，如果以國內大學來比較的話，恐怕只有國立師範大學在這方面的藏書差堪比擬了。

至於成立一個藝術學院的師資，美術系有美術系需要的師資，音樂系有音樂系需要的師資。不過，由於臺大本來就是一個多元性的綜合大學；文學院有中文系、外文系、哲學系、歷史系、考古人類學系；法學院有社會學系、經濟學系等，可以提供跟研究藝術相關的人文科學和社會科學的基礎。因此，臺大在網羅師資，安排課程方面，我們相信有其先天優異的條件。

因此，我擬給國立臺灣大學提出一個建議，那就是「請建立一個有特色的藝術學院」。我以爲如果臺大所設立的藝術學院跟國內已經有的藝術學院或藝術專科學校大同小異，而沒有什麼自己獨特的風格的話，那就沒有什麼意思了！因此，我大膽的提出，臺大的藝術學院，在大學部中，請設立一個美學系和一個美術史學系；美學系以研究美學和藝術學爲主，而美術史學系以研究美術史爲主，並且理論與實踐兼顧。而在研究所中，把原有的歷史研究所裏的中國藝術史組，擴大改屬於藝術學院，成立爲藝術史研究所，內設中國藝術史組和西洋藝術史組。而另外又設美學、藝術學研究所，成爲美學系的一種更上一層的研究所。

鑑於世界學術愈來愈分工，愈來愈須科際整合，如果臺灣大學能建立一個有特色的藝術學院的話，它有其本身原有的雄厚的基礎，如果能在藝術的理論與實踐並重的研究上，兼容並包，擺脫目前國內藝術教育的局限性，走出向世界性藝術研究、學術交流，我們才有可能建立自己的藝術的學術研究，同時在國際性的學術交流中才有發言的地位和機會。

第二部份

現代詩的美學

現代詩的意義性

中國詩自《詩經》以來，有其深厚的傳統，自漢代以後，常以朝代來代表詩的稱謂；如「漢詩」、「唐詩」、「宋詩」等等。日本文學曾經受了中國文學的影響，也曾經把中國詩籠統地稱爲「漢詩」；雖然說這種稱謂具有代表漢民族的詩的意味，但是並不妥貼。民國以來，因新文學運動興起，提倡新詩，以白話文爲工具，有意取代舊詩，蓋因舊詩以文言文爲工具的緣故。然而，自新詩發展以來，所謂「新體詩」、「白話詩」、「格律詩」、「自由詩」、「散文詩」、「現代詩」等等，眞是名目繁多，但近幾年來，大家似乎以「現代詩」與「古典詩」的稱謂，取代了「新詩」與「舊詩」的稱謂而使用著。不過，因爲「現代詩」的稱謂，畢竟是舶來品的成份居多，尤其是相對於「英國現代詩」、「美國現代詩」、「法國現代詩」、「德國現代詩」等等的稱謂，甚至於「日本現代詩」、「韓國現代詩」等等的稱謂，「中國現代詩」似乎只是世界現代詩的一環而已，於是楊牧便提出了所謂現代的中國詩。當中國現代詩壇以六十年代、七十年代、八十年代爲詩選的名稱而籠統地劃分著時期的時候，有人以「新生代」來跟「前行代」對抗，余光中也提出了所謂「新現代詩」來區別「舊現代詩」。這些名目繁多的稱謂，眞是令人眼花撩亂，徒增鑑別的困難。當然，每一個使用新名詞的稱謂者，總是想賦予詩以新的意義。如果說詩是一個開放性的概念，則可以吸納更新的創造。但是，使用新名詞的結果，有時卻也成爲一個封閉的概念，排斥新的創造的可能。例如：所謂「新生代」，在不久以後，也會成爲「前行代」了！所謂「新現代詩」，在時間的過濾下，也將被更新的取而代之。所以，如果我們放眼更遠的歷史的長流，在整個宇宙的時間的持續中，這些爭論，究竟具有什麼意義，實不無疑問？

孔子說：「不學詩，無以言。」從詩的本質的觀點來看，孔子深深地瞭解詩與語言的關聯。詩是語言的結晶，是透過語言表現的一種精神境界的提昇。如果說我們在今日創作詩，還是需要以語言爲表現工具的話，那麼，孔子這句話，仍然有其現代的意義。詩作爲一種語言藝術的存在而言，已有其歷史的淵源，因此，要討論詩，首先必須討論語言，怎樣的語言，才能表現詩，進而成爲詩的語言呢？顯然地，胡適之先生是選擇了白話，做爲詩創造的工具。然而，白話是一種素樸的口語，是一種未加工的語言。白話可以成爲詩的語言，但是也可以成爲非詩的語言；正如文言可以成爲詩的語言，也可以成爲非詩的語言一樣。語言之所以成爲詩的語言，乃是創造了詩的剎那才告成立的。

然而，從中國的古典詩來看，文言在古典詩的創作上，曾經表現了高度的創造性，表現了中國語言的優美與簡潔。而白話，一方面是口語的提煉，另一方面卻是外來語的參與；在語法的構造上，白話也滲入了新的文法構造，無形中使中國的現代語「白話」，吸納了不少外來的影響。事實上，當代的中國詩人，就語言的使用來說，對於中國語言的將來，實負有其時代的意義及歷史的使命。玆分四點來檢討中國現代詩。

詩的吟唱性與思考性

中國的古典詩，是極富於吟唱性的；不論是四言、五言或七言，也不論是騷體、律詩或絕句；這種古典詩的特色，也造成了中國古典詩的成就。尤其是文言的飛躍性，造成了古典詩的言簡意賅，精密細緻。然而，今日的中國詩人，是以白話爲工具，因此，分析性的意味，助長了詩的思考性。把一首詩，寫在稿紙上，有一種的感覺；但是，發表在鉛字印出的刊物上，卻又有另一種的感覺。這種感覺，是思考性的；包括了詩的形式與內容的渾然一體，也包括了詩的感情、意象、節奏以及意義等等。所以，古典詩較傾向於吟唱性，現代詩則較傾向於思考性。

詩的音樂性與繪畫性

由於中國古典詩富於吟唱性，因此，中國古典詩在音樂性方面，頗有造詣，但以外在的韻律見長。而現代詩所追求的該是所謂內在的節奏，有意把心裏的語調，透過詩的語言表現出來，現代詩在這方面的努力，正是方興未艾。也許這二十多年來，在臺灣的中國現代詩人，最值得檢討的該是在詩的意象方面，最有特色的，恐怕是在新銳意象的追求上，但是語病叢生，患了語言的小兒痲痺症的，恐怕也是在追求新銳意象的問題上。詩的繪畫性，立體的塑造該只是其中之一，創造新銳的意象，造成一些新的繪畫性，幾乎是許多中國現代詩人共同追逐的目標。因此，中國現代詩人對隱喻、矛盾語等特別醉心，所謂超現實的自動書寫法、禪的語言等等，也格外受到青睞。所謂意象，該是爲詩的創造而存在，而不是詩的創造爲意象而存在；因此，意象可以透過語言的音響而表現，也可以通過語言的形象而表現。卽可以有音樂性，也可以有繪畫性。但一首詩的構成，除了意象以外，似乎還需要一些什麼吧！

詩的意義性

中國古典詩，常常強調意在言外，弦外之音，所謂不落言詮，乃是詩的眞諦。許多中國現代詩也曾經如此地加以強調著。事實上，詩的意義性，有顯義，也有隱義；顯義易見，隱義難求；顯義容易被指爲只有散文的意義性，因此，誤以爲有而且只有隱義，才是詩的意義性。例如：詩中有明喩，也有隱喩；明喩暗示性弱，隱喩暗示性強。但是，如果使用明喩準確妥貼，也未嘗不可；然而，如果使用隱喩不當，也未必能成爲眞詩。中國現代詩人追求新銳的意象，有時也常常因爲表現得不準確，所以，詩的意義性消失了！尤其是有些隱義曖昧模糊，甚至語言失調，語意混亂，也是造成現代詩被詬病的原因之一。

詩的精神論：民族性、鄉土性及社會性的檢討

中國現代詩在追求新銳的意象，強調不落言詮，醉心隱喩、矛盾語，甚至所謂超現實，純粹經驗等等的時候，卻缺乏鄉土感情，也缺乏自己的社會關懷，究竟她能創作一些怎樣的作品呢？隱喩、矛盾語等等，在詩的個人性的體驗中，固然有其技巧上的妙用；但是，在詩的民族性、鄉土性以及社會性的意識中，該也能發揮其技巧上的妙用

吧！詩是個人的心靈的創造，但也是一個民族的心靈的創造，中國現代詩人所面對的問題，該不是逃避現實，而是面對現實；該不是玩弄技巧，而是節制技巧；的確，中國現代詩是需要檢討的時候了！

以上所論，並不足以道盡中國現代詩問題的關鍵之所在，然而，中國現代詩的前途，該是關聯著我們對中國現代文化的一種創造，中國現代詩人是否能創造出具有意味深遠的作品，這該是我們大家所關心的課題。在詩的創造的意義上，是超派系的，詩不但是詩人個體的精神的發揮，而且是詩人對社會關懷的參與和歌唱。因此，詩人要有自己的人生觀社會觀，甚至宇宙觀，而不僅僅是以自我中心來做小圈子的自我陶醉而已。

現代詩的音樂性

如果我們把中國詩依古典詩與現代詩來加以區分的話，那麼，從《詩經》、《楚辭》以來的詩的傳統，該是屬於古典詩了。古典詩該是意味著已經成為一種永恆的藝術作品。而所謂的現代詩呢？從五四時期以來的新詩，便是現代詩的先驅，而眞正成為所謂的現代詩，是在民國四十年以後，以臺灣為復興基地所產生的現代詩運動的一些詩作。就以紀弦所提倡的現代派，或覃子豪所根據的「藍星」詩社來說，雖然詩風不同，詩觀有別，但都成為現代詩的前導者。我是採取比較廣義的說法，也就是說，凡是具有現代精神，而以現代意識的創作方法來表現的作品，都可以歸於現代詩的領域來加以探討與批評。

語言的功能

直到現在這個年代為止，我們人類創作詩，還是以語言文字為詩的表現的工具，因此，我們要討論現代詩，尤其是現代詩的音樂性，我以為需從語言的功能來加以考察。

在現代哲學的發展過程中，從維也納學圈到早期的邏輯實證論，曾經有些人認為語言有兩大功能；一是認知的功能，一是表情的功能。詩的語言是表情的，而形上學的命題，正如詩的語言一樣，缺乏認知的意義。並且以爲像詩的語言一樣，是圖像性的，是一團漆黑的。李查慈 (Ivor Armstrong Richards) 以爲有關藝術的命題的表現，可以區別爲兩種意義；一是記述的意義 (descriptive meaning)，是可依事實而給予客觀的表現傳達，且加以經驗的操作，有可能檢證的意義。二是情緒的意義 (emotive meaning)，是能喚起主觀的感情的反應，對命題的眞假，不具有經驗的檢證的意義。因此，他把詩的語言，當作一種擬似的述句 (pseudo statement)。那麼，我們先要問：什麼是述句呢？在邏輯上，所謂述句，是意味著有眞假可言的語句，是具有報導的、認知的意義。而一個擬似的述句，是沒有邏輯上的所謂眞假可言的，是帶有表情的、美感的意義。因此，我們可以說，前者是涉及了命題的眞理，而後者卻是關聯著感情的品質。

在現代的基本邏輯或語意學中，通常把語言的基本功能分爲三種：

一、認知的功能：這是指具有報導的、認知的意義；即一個述句，有眞假可言，也就是說，可以用經驗來檢證其眞假。

二、指示的功能：這是指具有命令的、指示的意義；沒有眞假可言，也就是說，無法用經驗來加以檢證的。

三、美感的功能：這是指具有表情的、美感的意義；也是沒有眞假可言，但卻是涉及了表現的眞。命題的眞，是一種關於命題的眞假值；而表現的眞，卻是一種體驗了的感情的品質。詩的語言，便是一種體驗了的感情的表現，具有美感的功能。

詩與語言

從詩的起源，以及從藝術的起源來考察，或狩獵、或戰爭、或祭典，詩、音樂與舞蹈三者，在起源上是混合爲一的，分工是後來的事。因此，詩與音樂，有其歷史的淵源，是不可否認的。詩與歌分家，那是近代的事。所謂昨日的詩是行吟的、歌詠的；今日的詩是表現的、思考的；就是意味著，在現代詩的發展過程中，有意放棄「歌」的成份。

從詩的創作來考察，古代以韻文爲工具，不只是限於在詩的創作上，哲學、醫學或其他的作品，也有採取以韻文爲工具的。而現代詩的創作，主張以散文爲工具，而取代了以韻文爲工具。因此，無形中，減少了外在的韻律，而強調所謂內在的節奏了。因爲現代詩要追求成爲一種思考的詩，同時又不能不重視內在的節奏，所以，在音樂性方面便成爲爭論的焦點了。

不過，現代詩的創作者，還是無法放棄語言這一工具，或這一武器，作爲表現的偵測器。據說現代詩人想成爲語言的主人，而不是語言的奴隸。然而，我們卻也看到詩人變成了語言的暴君，而不是語言的賢君。我想詩人君臨於創作世界的時候，語言是他打開詩的宇宙的鑰匙。玩弄語言的花招，故弄玄虛，當然不足爲訓；但是，如何才能成爲語言的賢君，確切地操縱語言呢？

口語的語言與藝術的語言

在五四時期，提倡新文學運動，在理論與創作的實踐上，胡適之先生是提倡新詩創作的播種的啟蒙者，自有他的劃時代的意義。但是，在理論上，有些是值得加以反省與檢討的，兹分三點來討論：

一、胡適之先生提倡用白話來取代文言；認爲白話是活的語言，文言是死的語言；事實上，他只考慮到白話接近口語的語言，卻沒注意到口語的語言是未加工的語言，是尚未成爲藝術的語言或文學的語言。然而，文言卻已經是成爲藝術的語言或文學的語言了。當然，由於文言已成爲藝術的語言，我們知道，一旦一種語言成熟了，也就有些會開始成爲陳腔濫調了。許多寫傳統詩的製作者，根本沒有詩的精神，而把詩當作應酬打油，便是腐化成陳腔濫調的一種例子。不錯，語言有活的部份與死的部份，文言有一部份成爲陳腔濫調，但有一部份卻還是活在古典詩及古典文學中，這一部份活的文言，卻是不容輕估的。然而，白話要成爲一種藝術的語言，卻是一種理想，一種期許。不錯，白話給中國的現代語言，輸進了新的血液，但要成爲藝術的語言，卻還有一段距離需要努力。如果我們能把口語加以錘鍊，也把文言中活的部分加以鍛鍊，融會成中國的現代語言，也許這是一個較爲開濶的途徑。但是，有些新改良詞一般的作品，是誤用了文言，不是活用了文言。

二、胡適之先生提倡「國語的文學、文學的國語」，也是一種理想，一種期許。在現代詩中，我們不難發現，有異國情調的語言，有土裏土氣的方言，甚至洋文洋字，以及東洋語言，挾雜其中。我們不能否認，目前我們是生活在較廣大的時空觀念中，各種語言的同時應用，南腔北調，不同的方言，以及外來語言的衝激，時時刻刻在影響著我們的生活。但是，如果我們想在現代的時空中，發揮我們中國人的創造力，參與現代中國文化的創造，尤其是中國現代詩的創造，那麼，把各種語言兼包並蓄，融會貫通，使這些語言的應用國語化、中文化，該是一個必要的途徑。中國現代詩對豐富我們的國語，活用我們的國語，有其歷史的意義與使命，並且要使我們的中國現代詩，成爲道道地地的中國詩，這才是一個正途。

三、當我說詩的語言是一種藝術的語言的時候，也就是意味著一種藝術創造的參與的意義。把口語、把白話、把活的文言，把通用的外來語，適當妥貼地加以錘鍊，才可能成爲中國的現代語，也才可能成爲中國現代的新工具。詩的語言採用多義性的記號，是曲線型的發展，有語言的隱喻、曖昧、矛盾、反諷等等的修辭及語法結構；而科學的語言採用單義性的記號，是直線型的發展，簡潔清楚，直接了當是其特色。

現代詩的音樂性

我以爲詩的音樂性，是由詩人內在的感動，通過語言的表現才能成立。但是，詩人必須精通語言的表現，才能準確地把詩的音樂性化爲語言的音樂性。脚韻之所以無法完全表現詩的音樂性，乃是脚韻往往只有語言的音樂性，一種外在的韻律，卻缺乏詩的音樂性，一種內在的節奏。如何把詩的音樂性化爲語言的音樂性，該是在現代詩的創造中，一個中心的課題。強調詩的繪畫性，追求詩中意象的新鮮生動，原是無可厚非，但不要忘了詩的繪畫性，或詩的意象，是使用了語言的工具的表現。同理，強調詩的音樂性，或追求詩中節奏的新穎活潑，也是無可厚非，但是，也別忘了詩的音樂性，還是使用了語言的工具的表現。

民謠或古典詩，由於多半使用韻文的工具，外在的韻律容易顯現；現代詩，由於使用了散文的工具，內在的節奏不容易顯現。但是，如果我們承認詩的語言，是在表現我們創作活動時心裏的語調，那麼，如何把這種內在的節奏，通過這種心裏的語調，表現成詩作，創造出那存在的奥秘，正是詩的眞諦的所在。

一、民謠風的趣味：我所說的民謠風，不是民謠，也不是民歌，而是指詩人模倣民謠的風味，尤其是著重在模倣民謠的結構、韻律與節奏的意義。在播種時期的詩壇，詩人金軍，除了出版「碑」與「歌北方」以外，他也嘗試了民謠風的創作。試舉一首他的〈墾荒曲〉的詩爲例:

太陽落山滿臉黃呀
大夥兒荷鋤齊拓荒呀
我們在太武山上嘿呀
我們在大海岸傍嘿呀
人山人海鋤頭忙嘿呀啊
你揀石子我開方嘿呀啊
我開方……

太陽出山滿臉紅呀
大夥兒勺水灌麥秧呀
我們在太武山上嘿呀
我們在大海岸傍嘿呀
麥似蘭草露似霜嘿呀啊
風吹麥長泥土香嘿呀啊
泥土香……

這首詩，是一首表現了拓荒的民謠風的作品，韻律自然，節奏蒼勁，有耐人尋味的「力」的表現。

在詩壇三老之中，鍾鼎文的詩風，氣勢雄渾，具有古典詩的韻味，已出版有詩集《行吟者》、《白色的花束》、《山河詩抄》及《雨季》等。在《山河詩抄》中，他有一組「蘭嶼詩抄」，共有六首，也是頗具民謠風的詩。試舉一首他的〈初舞〉的詩爲例:

海上的浪花，在舞蹈呀！
海邊的岩石，在歡笑呀！
耶眉的姑娘們，來舞蹈吧！
耶眉的姑娘們，來歡笑吧！

姑娘們，姑娘們，快前來呀！
快打扮起來，上海邊呀！
別忘了插上大紅花呀！
別忘了戴上貝殼圈呀！

肩併著肩呀，結成了鏈喲，
手牽著手呀，連成了環喲，
跳向左喲，又跳向右喲，
跳向後喲，又跳向前喲……

西邊的太陽啊，下了海喲，
東邊的月亮啊，上了天喲，
月光照遍在海灘上喲，
姑娘們跳得像海浪喲……

月下的姑娘們，在舞蹈喲，
姑娘們的身上，是月光呀！
月下的少年們，在歡笑喲，
少年們的心裏，是海浪呀！

〈初舞〉表現一種民謠風的情趣，以耶眉少年少女的舞蹈爲核心，表現了一種青春的氣息，有詩的節奏，舞的律動，融合成一幅豐年祭一般的畫面，令人激賞。

又詩人鄭愁予在他的詩集《夢土上》，除了表現一些中國古典詩一般的韻味以外，也有一些民謠風的表現。那是在一組「邊塞組曲」上，試舉一首他的〈野店〉爲例:

是誰傳下這詩人的行業
黃昏裏掛起一盞燈

啊，來了——
　　有命運垂在頸間的駱駝
　　有寂寞含在眼裏的旅客
是誰掛起的這盞燈啊
曠野上，一個朦朧的家
微笑著……

　　有松火低歌的地方啊
　　有燒酒羊肉的地方啊
　　有人交換著流浪的方向……

這首詩，一方面表現了邊塞黃昏的情調，另一方面也歌詠著民謠風的情趣，我以爲鄭愁予在這一方面的魅力勝於他在古典詩一般的情韻。

在民謠風方面，早期瘂弦的歌謠風味，近期余光中的民歌的陶醉，以及童山的民謠色彩，都是民謠風的表現。如果我們瞭解自金軍以來，詩壇上常常有一些民謠風的追求的話，對於余光中的「民歌」，也就不必大驚小怪了！當然，如果因爲受了余光中的「民歌」

的刺激，因而能淨化流行歌曲的詞兒的話，那也是不錯的!

二、節奏感的表現：大約是在民國四十多年的時候，《中央日報》的中央副刊，余光中、夏菁、吳望堯等人的詩作，大行其道，他們那時的詩作，整整齊齊，逢雙押韻，紀弦曾經批評爲「豆腐干」。不久，余光中、吳望堯也加速度地現代化起來，掙脫了格律化的枷鎖，這自是一段佳話。我以爲現代詩的音樂性，如果是放棄了格律化的傾向，一種外在的韻律；而要追求節奏感的表現，一種內在的律動的話，現代詩人對於語言的把握，則需要更精鍊更準確。民謠風所帶來的效果，是使詩走回行吟歌詠的路；而如果說現代詩是一種思考表現的詩的話，一種內在的節奏跟意象的融會配合，卻變成了更爲重要的關鍵。我個人在創作的經驗上，常常遇到這種情形，也就是當我把握到一種新鮮的意象時，語言的腔調不很順暢；而當我的語言表現得流暢起來的時候，那新鮮的意象卻模糊了！在現代詩的節奏的表現上，我們試以紀弦的一首〈白色的小馬〉的詩爲例：

馳過去，
馳過去，
白色的小馬，
蹄聲得得。

馳過去，
從一個帝國的瓦解，
到一首史詩的完成。

馳過去，
從一根火柴的熄滅，

到一個宇宙的誕生。

白色的小馬，

蹄聲得得。

從我的心臟之每一搏動

馳過去，

從我的血液之每一循環

馳過去。

從我的心臟的小火山，

從我的血管的諸河流，

從我的多丘陵的不毛的胸部之曠野

馳過去，馳過去，

白色的小馬，蹄聲得得。

在現代詩的音樂性的表現上，紀弦正如他的詩的朗誦一樣，是別具一格，別有一番風味的。他的表現，不露雕琢的痕跡，熱情洋溢是他的特色。

在現代詩的節奏的表現上，紀弦表現了一種陽剛之美，而女詩人敻虹卻表現了一種陰柔之美。試以敻虹的一首〈我已經走向你了〉爲例:

你立在對岸的華燈之下

眾弦俱寂，而欲涉過這圓形池

涉過這面寫著睡蓮的藍玻璃

我是唯一的高音

唯一的，我是雕塑的手

　　　　雕塑不朽的憂愁

那活在微笑中的，不朽的憂愁

眾弦俱寂，地球儀只能往東西轉

我求著，在永恒光滑的紙葉上

求今日和明日相遇的一點

而燈暈不移，我走向你

我已經走向你了

眾弦俱寂

我是唯一的高音

這首詩，有濃烈的色彩，有濃郁的情韻，在節奏的表現上，「眾弦俱寂」是一種靜的頓挫，而「我是唯一的高音」卻是一種動的抑揚，一靜一動，和諧有緻。

如果說夐虹這首詩表現了一種女高音的旋律，那麼，白荻的一首〈夕陽無語〉該是表現了一種男低音的沈默之聲了！試以白荻的一首〈夕陽無語〉的詩爲例：

夕陽無語的探進室內，

看看我的書，暖暖我的床

又靜靜地退出去

像妳

愛是非言辭的

用貓的軟蹄臨近身邊

不帶一點要人注意的聲響

我走到窗口靠近妳

無語地與世界的沉默交談

有陰影從大地升上來

而天空仍是彩霞重重

且看並飛的鷺鷥

在八月的凉風中逍遙

當桑德堡 (Carl Sandburg) 在〈霧〉那一首小詩中歌詠著:

霧來了

踏著小貓的脚步。

牠坐著眺望

港灣和城市

沉默地弓起腰

然後又移動了。

霧如小貓的腳步一樣輕盈， 繪聲而又繪影， 眞是一種岑寂的境界。當白居易在〈琵琶行〉中歌詠著: 「此時無聲勝有聲」; 也是一種岑寂的境界。前者是比擬法的表現，後者是直說法的表現，但都表現了一種寧靜的氣氛， 一種休止符一般的音樂性。 而白萩在這一首〈夕陽無語〉 中， 也表現了一種岑寂的境界， 並且更進一步地仰望著:

且看並飛的鷺鷥

在八月的凉風中逍遙

彷彿是動中有靜、靜中有動一樣; 在這一首詩中， 他有點受了葉慈 (William Butler Yeats) 那首〈當你老時〉(When You are old) 的影響。

三、方言的鄉土味：在現代詩的音樂性的表現上，除了「民謠風的趣味」、「節奏感的表現」以外，「方言的鄉土味」也是一種特色，值得檢討與探求。我以爲適當地秉用方言，使方言與國語融合，且表現的國語化，也是值得重視的課題。管管的山東腔，林宗源的閩南話，都是充滿了方言的泥土味。試以風信子的一首〈走方郎中〉的詩爲例：

啊哈王家武功散　藥到病除——

（小金嘿？鼓擂下）

啊哈，來來來　朋友弟兄

小弟初到貴地　希望大家多多捧場

小弟這味王家武功散　有病治病

無病強身補血　使您活跳跳——

（小金嘿！鑼打下）

小弟抱著良藥救世的心

向您保證　王家武功散確實「嶄」！

不信您看用者來信購買恁多

來來來　今日小弟初到貴地

跟大家結個緣　交個朋友

一罐不賣一百不賣五十

單單要您廿元！

（小金嘿！那位人客要一罐！）

眞金不怕火燒　朋友啊免驚

小弟十二萬分敢掛保證
保證您吃了一定滿意
來來來這匙您試看
（小金嘿！舀給人客試吃）

這樣便宜的藥材不買　失機會咯！
（小金嘿！收攤！）

伊娘！那不是昨晚在新營賣假藥的「翁樂仔」❶？
打打打！
（小金嘿！緊收，走！）
走到那裏死？！
打打打！
（小金嘿！等我一下，我會被打死！）
打打打！
（小金嘿！小金……）

這一首詩，表現了一種戲劇性的結構，以賣假藥的走方郎中的街頭賣藥爲題材，如果以方言朗誦的話，一定能表現那種戲劇性的諧謔與反諷。

現代詩的音樂性，如果是以白話爲表現的工具，或以散文的語言爲表現的工具，或以方言的口語爲表現的工具，都是希望創造出詩的表現來，因此，如何地把這些語言加以錘鍊，那就要看詩人修養的功夫了。

---

❶ 翁樂仔——閩南語稱呼「走方郎中」的話。

結　　語

我們一路談過來，從詩的語言到現代詩的音樂性，就詩的本質來說，也只是觸到了詩的一部份而已，無法以一概全。記得殷海光教授曾經告訴我一段拜師學藝的故事，很令我感動，大概是這樣的：

「古時候，有一位年輕人，想學武功，大概就是中國功夫吧！到一個深山林內，去向一位高僧要求拜師學藝，當他磕了三個響頭以後，那師父只叫他每天用鐵扁擔挑著鐵桶，從山上到山下去挑水，上上下下，每天來回跑，這樣，說時遲，那時快，那時候，眞是光陰似箭，日月如梭，轉瞬間，三年便過去了，他的師父還是沒敎他練武功，有一天，他很焦慮地跪在師父的面前說：『師父，我已經來三年了，您每天只叫我挑水，從山上跑到山下，又從山下跑到山上，但是卻還沒有敎我武功……』話剛說完，師父雙目烱烱有神地盯注他說：『你不是已經練了三年了嗎？怎麼說還沒有呢？不信，你可以去拿各種武器試試看！』」這個故事的寓意是說，這個年輕人三年中不間斷地用鐵扁擔挑著鐵桶去挑水，從山上跑到山下，又從山下跑到山上，已經練就了一身的基本功夫，體力有了，肌肉發達了，拿起十八般武藝的武器來，已不感到吃力了！

我認爲學詩，跟練武功一樣，如果我們把古今中外的好詩，勤讀三年，從字義的了解到熟練的背誦，所謂「熟讀唐詩三百首，不會作詩也會吟」。我相信，可以做爲學習現代詩的一個註腳。我們把現代詩一字一句地唸，一首一首地推敲，尤其是注重朗讀的音調，那麼，現代詩的音樂性，在這種潛移默化之中，能消化於無形，自然而然，我們當能加深領悟。如果我們能鍾鍊語言，朝向新的創造，則更能發揮現代詩的音樂性。所謂新銳的聲音，該也是意味著在現代詩的音樂性上，要有一番新的音響，才配稱爲新銳的聲音吧!

現代詩的繪畫性

——心象的構成

引　　言

如果說詩是一種心象的構成，那麼，這種心象的構成，該是通過意象的表現而達成的，如果說古典詩是富於吟唱性的，重視聽覺的表現；那麼，現代詩該是富於思考性的，重視視覺的表現。我以爲詩作在原稿紙上有一種感覺，而在印刷品上卻又有一種感覺，我常常在詩的追求中，感受到這兩種表現的異樣的感覺。而一首詩作，在印刷品上，則更能傳神，更有一股豎立起來的意象的塑造。換句話說，通過詩的意象的思考，是一種詩的想像的飛揚。

意象與意境

意象是一種翻譯的用語，顯然地，是一種西方的用法。而意境則是比較屬於中國的用法。西方人論詩，如打拳擊，往往理路分明；而中國人論詩，如打太極拳，常常是只有點到爲止。

我們試以克羅齊與王國維兩者爲例子；克羅齊以爲美感經驗是來自直覺，而直覺卽形相的表現，換句話說，直覺是像抒情詩一般的形相的表現，也可以說當創作者直覺到形相的刹那，在心靈的腦海中閃現時，就已經完成。而所謂直覺卽形相的表現，也可以說就是把握了意象的表現。

王國維以境界爲欣賞詩詞的一個標準，這種境界，就是說創造了一個世界，一種獨立的意境。而意境有造境的，也有寫實的。

所謂意象，是意味著詩通過了意象而完成了表現，或是逼進了創造者的心象的構成。我以爲意象必須是爲了詩的構成而存在，意象是爲詩的完成而點上意義的火花；沒有意義的意象的羅列，無法顯示詩的隱藏的奧義。我以爲詩需要意象，正如詩需要思考，需要情感一樣；詩是通過意象的創造的思考，也是通過意象的表現的情感。

詩的意義性、音樂性及繪畫性

如果我們肯定詩的表現的工具是在語言的話，那麼，語言的記號該是在文字。比較地說來，詩的語言是採用了較多的多義性的記號，而散文的語言則採用了較多的單義性的記號。當然，詩人必須熟練語言的記號，而且必要時，也可以創造語言的記號。因爲語言有其意義性、音樂性及繪畫性，通過文字而表現出來。而詩的創造，正是採用了語言的工具，以語言的記號，所謂文字來表現。因此，詩的表現也有其意義性、音樂性及繪畫性。所以，我所謂的詩的音樂性，不等於音樂；正如我所謂的詩的繪畫性，也不等於繪畫一樣。詩的要素，可以說是包括了情感、意象、節奏與意義。因此，可以說詩是有意義的思考活動，是有節奏的音響活動，是有意象的構成活動。但意義一翻譯就容易落入散文的層次，節奏一翻譯就容易失去了音響的效果，而意象經過翻譯，則較能保持某些風貌，雖然難免也會有所扭曲。現代詩人強調意象，醉心於意象的創造，不能說沒有原因。甚至有的竟認爲現代詩是意象的文學。

聽覺型與視覺型

我說「古典詩是富於吟唱性，而現代詩是富於思考性的」；並不意味著古典詩只有吟唱性，而沒有思考性；或現代詩只有思考性，而沒有吟唱性。我只是比較起來說，古典詩的吟唱性強於思考性，而現代詩的思考性強於吟唱性。古典詩也有思考性，有富於哲理的表現的作品；現代詩也有吟唱性，有適於朗誦的表現的作品。因此，我們說詩人有聽覺型與視覺型，也是比較的說法。古典詩人中有聽覺型或視覺型，甚至兩者兼備的；而現代詩人中也有聽覺型或視覺型，甚至兩者兼而有之的。不過，有些詩人常自節奏的音響追求詩，可能較接近聽覺型；而有些詩人常自意象的構成創造詩，則可能較接近視覺型。由於現代詩，常常發表在印刷品上，便造成了視覺型的成長；但是如果現代詩也常常被發表在朗誦會上的話，也會促成聽覺型的發展。然而，我以爲優異的詩人，該考慮到更多的可能的包容性。

意象：靜態與動態

詩的意象，在詩的繪畫性上，可以有靜態的表現與動態的表現；或者有時兩者交替地出現。

靜態的表現，試以林亨泰的〈晚秋〉爲例:

鷄，

縮著一脚在思索著。

而又紅透了鷄冠,

所以

秋已深了……

這是一首抒懷秋天的詩,這首詩所表現的意象是靜態的;當然,縮著一腳在思索著,並非完全是靜態的;也可能是靜中有動的生態。

動態的表現,試以詹冰的〈雨〉爲例:

雨雨雨雨雨雨……。

星星們流的淚珠麼。

雨雨雨雨雨雨……。

雨雨雨雨雨雨……。

花兒們沒有帶雨傘。

雨雨雨雨雨雨……。

雨雨雨雨雨雨……。

我的詩心也淋濕了。

雨雨雨雨雨雨……。

這是一首描繪雨天的詩,這首詩所表現的意象是動態的,連〈雨〉的語言的記號也想當作跳動的音符的意象,最後「我的詩心也淋濕了」,係是通過意象的表現,而逼進一種心象的構成。又如果從單色與彩色來看;林亨泰的〈晚秋〉有彩色的意味,而詹冰的〈雨〉,則較爲傾向單色的意味。

意象：平面與立體

詩的意象，在詩的繪畫性上，也可以有平面的表現與立體的表現；但有時也是兩者交替地或混合地表現。

從平面到立體的表現，試以非馬的〈從窗裏看雪(3)〉第三首爲例：

雪上的脚印

總是

　　越踩越

　　　　深

　　越踩越

　不知所

云

這是一首描繪雪景的詩，如果我們只說「雪上的腳印」時，詩的意象還是平面的，但是，如果我們跟隨著作者意象的變化，我們也會逐漸地立體化了起來。這是利用語言的記號，把「雪上的腳印」踩成一種立體化的表現，也可以說是使用文字的一種極端的表現。

從立體到平面的表現，試以林煥彰的〈5〉爲例：

上幼稚園小班的孩子寫的

5

是一隻長頸鹿

昨天才從阿拉伯的數字走出

很艱苦地　走過大沙漠

　　　　　走過大戈壁

走過大沼澤

走向我

已經很疲倦地

望著我光禿禿之樹的

那隻長頸鹿

期待的頸子仍顫抖著

垂吊一只喝空了的罐頭

這是一首表現了「5」的想像的詩，作者有卽興的刹那的敏銳性，「5」是一個阿拉伯數字，由於作者看到小孩寫字，把5寫成一隻長頸鹿，一種擬物法的觀照，產生了這首詩的主要的意象，有一種兒童詩的趣味性。本來5是平面的，在此就立體化了。鄭愁予在〈山中書〉一詩中，說「山是凝固的波浪」，雖然把山立體化了，卻也靜態化了。所以，意象的靜態與動態，單色與彩色，平面與立體，要看創造者所創造的意象的表現而定。

詩的抒情性、敍事性與戲劇性

文藝的類型，在基本上，可以說有抒情的、敍事的與戲劇的三大類型。所以，在詩的類型上，抒情詩、史詩或敍事詩，以及詩劇，便是反映了這三大類型。今日的所謂現代詩，爲了要追求確切的表現，反對說明性，反對敍事性，事實上，也使詩的領域在無形中縮小了版圖。詩的抒情性在透入，詩的敍事性在表象，而詩的戲劇性在緊張。所以，現代詩也有其抒情性、敍事性與戲劇性存在著。

詩的抒情性，試以拾虹的〈石蕊試液〉爲例：

內裏　蒸餾瓶一般的內裏

什麼樣的冰冷才能止息沸騰的感情風暴呢
一股冰冷的火焰
在不知覺的閃爍中灼傷了

鮮艷的火花爆裂是眸中不可逼視的雲彩
我們是陌生人
可憐地撐著　一把傘
相互追逐　閃躲
距離卻如此莫名地貼近
只好藉著依偎與呼吸
來傳遞不平衡的體溫

卽使融成純一的顏色
再也分不清往昔的面貌
然而　寂寞是如此地陰暗
你的心將變紅或變藍呢
我的心將變紅或變藍呢

這是一首情詩，〈石蕊試液〉該是一種隱喩，一種象徵，把在同一把傘下的你和我，「不能止息沸騰的感情風暴」微妙地表現出來，而末了又把石蕊試液跟感情的變化貼切地表現著。

你的心將變紅或變藍呢？我的心將變紅或變藍呢？這首詩主要的表現是抒情性。但是也有敍事性的補助，以及戲劇性的變化。

詩的敍事性，試以白萩的〈雁〉爲例：

我們仍然活著。仍然要飛行
在無邊際的天空

地平線長久在遠處退縮地引逗著我們

活著。不斷地追逐

感覺它已接近而擡眼還是那麼遠離

天空還是我們祖先飛過的天空

我們還是如祖先生的翅膀。鼓在風上

繼續著一個意志陷入一個不完的魘夢

在黑色的大地與

奧藍而沒有底部的天空之間

前途祇是一條地平線

逗引著我們

我們將緩緩地在追逐中死去，死去如

夕陽不知覺的冷去。仍然要飛行

繼續懸空在無際涯的中間孤獨如風中的一葉

而冷冷的雲翳

冷冷地注視著我們

這首詩，從表面上看來，是一首歌詠動物的詩。但是，往深處看，卻有作者的意志的表現，有著擬人化的意味。而在詩的表現上，固然有其敍事性的方法，然而，也有抒情性的透入，以及一種戲劇性的演變過程。

至於詩的戲劇性，試以桓夫的〈不要哭〉爲例：

不要哭　傻孩子

你不知

命註定一生就是給人家做媳婦

竹籃仔拿來　趕快

把斗笠戴好

趕快　拜媽祖去!

媽祖會保佑你

不要哭　傻孩子

你不知　日本仔管了臺灣五十年

過去我這個阿婆多艱苦

不要哭　傻孩子!

不要模做人家去貪污

天清清　月亮看得很顯明

美國仔已經有人到宇宙去旅行

不要哭　傻孩子

傻孩子　你要哭

傻孩子　你要哭

該回到生爹生母死了時纔哭

竹籃仔拿來　趕快

把斗笠戴好

趕快　拜媽祖去!

這首詩，是一首富有戲劇性的諷刺詩。「哭」是一種相當戲劇化的動作，勸小孩「不要哭　傻孩子」，到「趕快　拜媽祖去!」都是相當的戲劇化，作者在此以一個阿婆一生的命運來襯托出臺灣曾經被日本殖民了五十年的悲哀，而今，阿婆要帶小孩（憨孫）去拜媽祖，小孩在哭的時候，阿婆以一種旁白的方式來表現出她的哀怨。這首詩，是採用了戲劇性的表現方法，有譏諷，有批評，也有哀愁。

結　語

從詩的基本因素來看，詩的意義性、音樂性及繪畫性，是由內在向外在投射出來；而從詩的類型因素來看，詩的抒情性、敍事性及戲劇性，雖然可以強調其中的一部份，卻無法斷然地劃分開來。正如強調知性，並非要完全抹殺抒情性；強調純粹，卻也無法完全避免敍事性。詩是一種渾然一體的表現，也是一種綜合性的結晶體，雖然可以分析其中的一部份屬性，但是，作爲一種詩作、一種藝術品來鑑賞的時候，詩是一種活生生的存在，更是一種想像飛揚的存在。許多年輕人多多少少都會戀愛，多多少少都是一位愛者，但是，愛的世界是一道窄門，並非每個人都能順利通過。同樣地，許多年輕人多多少少都會喜歡詩，多多少少都是一位詩人，但是，詩的世界也是一道窄門，並非每個人都能成爲有藝術表現的詩人。

詩的意象，在表現上，是最初的，但也是最後的；最初的追求是未分明的狀態，而最後的把握，是從未分明到分明的狀態，是從無意識到意識湧現的狀態，也就是心象的構成。

現代詩的語言

前言——語言的三種功能

有一個星期日的早晨，天下著毛毛細雨，一個小男孩打開窗子喊著:「天下雨了！」他的姊姊，一個情竇初開的少女跟著說:「天下雨了！」在屋裏的爸爸也跟著冷冷地說道:「天下雨了！」如果說這個小男孩喊「天下雨了！」是一種報導的用法，而這個少女所說的「天下雨了！」是一種表情的用法，那麼，這個爸爸所說的「天下雨了！」該是一種命令的用法了。這個小男孩打開窗子一看，報導說「天下雨了！」這個事實；而這個少女卻感嘆地說「天下雨了！」來表示也許她無法去赴約會的一種表情；而這個父親卻以命令的口吻來說:「天下雨了！」意思是說外面下雨，今天禁足在家裏，不要外出。

同樣的一句話，因爲使用的脈絡（Context）不同，上下文的關係不一樣，說話者當事人的時空和心理的想法不同，因而使這一句「天下雨了！」呈獻了語言三種不同的用法或功能。依以上所述，我們可以把這三種語言的用法或功能來加以分析。

一、報導的用法：也可以說是語言認知的用法，這種用法的陳述句（Statement），往往是有眞假可言的，可以拿來當作語言認知或報導的功能使用。所以，當小男孩說：「天下雨了！」是在報導窗外所看到的「天下雨了！」的事實，如果他說：「天下雨了！」而我們看到的是「天下雨了！」依照經驗事實的檢證，這句話便是眞。如果他說：「天下雨了！」而我們看到「天並未下雨」時，這句話便是假。亞里斯多德 (Aristotle) 曾說：「把是什麼說成是什麼，把不是什麼說成不是什麼，是爲眞；把是什麼說成不是什麼，把不是什麼說成是什麼，是爲假。」所以，在語言的報導或認知用法上，一個陳述句，依照經驗的檢證，是有眞假可言的。

二、表情的用法也可以說是語言美感的用法，這種用法的語句 (Sentence)，是沒有眞假可言的，是拿來當作語言表情或美感的功能使用。所以，當那位少女說：「天下雨了！」而我們一面看到「天下雨了！」同時也看到她那哀愁或落寞的表情時，所謂「天下雨了！」的意思，已經變成表情的用法，表示她心裏的感受。

三、命令的用法：也可以說是語言指示的用法，這種用法的語句 (Sentence)，也是沒有眞假可言的，是拿來當作語言命令或指示的功能使用。所以，當那位父親說：「天下雨了！」的時候，就意味著命令或指示她的兩個孩子不許外出，因爲「天下雨了！」

把語言的用法或功能分成以上三種的類型，是現代邏輯或語言意學中一般採用的分類。當代哲學家維根斯坦 (Wiggenstien) 曾經認爲語言有無數的用法，當然意味著語言不只有以上三種的用法或功能。

科學語言與文學語言

日常語言 (Ordinary language)，顧名思義，就是指在我們日常生活中的普通話，也就是說日常生活中通用的語言，也可以說是自然語言。在任何社會中，都有這種社會通用的日常語言，或者是未經琢磨的自然語言。相對於自然語言而言，由於人類科技的發展，日常語言或自然語言不够使用，因此，人類便發展出各科各類的專門術語形成專技語言來使用，使這些專技語言有足够的能力來描述各科各類的專門知識，這種爲了各門科學的需要而設計的語言，便是專技語言，或者說是科學語言。所以說，人文科學有人文科學的專技語言，社會科學有社會科學的專技語言，自然科學有自然科學的專技語言。同樣地，我們也可以說，經驗科學有經驗科學的專技語言，形式科學有形式科學的專技語言。

從日常語言到科學語言，也就是說，日常語言是比較自然形成的，有其約定俗成的用法；而科學語言卻是比較人爲設計而成的，也有其約定界說的用法。在形式科學中，數學和邏輯的語言，是專技語言中抽象層次較高的語言。

從日常語言到文學語言，日常語言是尙未經過藝術創造加工了的素樸的自然語言；而文學語言卻是已經過藝術創造過程的精鍊的藝術語言，在這裏所說的文學語言是指文學創作的語言，包括詩、散文、小說與戲劇的語言。至於文學批評與理論的語言，可以歸入人文科學的語言，換句話說，也是一種專技語言。我們也可以說，文學創作的語言，如果是對象語言的話，那麼，文學評論的語言該是針對這種對象語言的後設語言 (Meta language) 了。然而，文學語言卻是需要不斷地從日常語言或自然語言中加以吸收加以錘鍊，成爲一種不斷地需要輸入新血的語言。而在這種文學創作的語言中，可以分爲詩的語言與散文的語言兩大類型，其中，詩的語言該是文學語言中最精鍊的語言。

如果我們以語言的三種功能或用法的分類來加以省察，顯然地，科學語言是以報導或認知的語言爲主，而文學語言是以表情或美感的語言爲主。如果說報導或認知的語言最極端最抽象的是數學語言，那麼，表情或美感的語言最極端最具象的，該是詩的語言了。

科學語言講求一字一義，講求意義的準確性，在這一點上，數學或邏輯是形式科學，語言的抽象性或概念性最重要。而文學語言講求一字多義，講求意義的確切性，在這一點上，詩是最富於語言表現的藝術，語言的具象性或意象性最重要。

意大利現代美學家克羅齊 (Benedetto Croce) 認爲知識有兩種；一種是邏輯的知識，是通過概念而獲得的知識；而另一種是美感的知識，是通過直覺的表現而獲得的知識。他認爲所謂直覺就是表現，是一種抒情的直覺的表現。所以，邏輯的知識是概念品，美感的知識是表現品。所謂表現品，也就是創造品，換句話說，就是藝術品。克羅齊認爲同樣作爲表現的科學而言，美學與語言學是合而爲一的，在此，我們也可以以科學爲邏輯的知識，而文學爲美感的知識。

德國美學家閔斯特堡 (Hugo Münsterberg) 認爲科學是在概念與概念之間的轉換，而藝術是在意象孤立 (isolated) 絕緣的狀態，也就是直覺意象孤立的表現。

因此，我們可以說，科學的眞，是在理性世界的層次，是脫離擬人化的世界；而藝術的眞卻是在感性世界的層次，是擬人化的世界，也就是把萬物有情化的世界。

散文的語言與詩的語言

文學有兩大類型；一是散文的文學，包括散文、小說、散文劇等。二是詩的文學，包括詩、詩劇等。當然也有介於這兩者之間的屬於中間地帶的作品，例如所謂散文詩等。但是，同樣稱爲文學，所以，可以說同樣是表現品，同樣是屬於文學的創造，所以，也同樣是通過語言來表現的藝術。然而，爲什麼一提起這兩種語言表現的藝術，卻會爭論不休呢？幾乎在一些詩論、詩學、文學史、文學批評史，甚至美學史的著作中，都在爲詩與散文而爭論不休。而在臺灣現代詩壇上三十多年來，「詩的論爭」恐怕是當代文壇上最熱門的話題之一了。

文學批評家李查慈 (Ivor Armstrong Richards) 以爲有關藝術的表現；可以把語言區別爲兩種意義；一是記述的意義 (descriptive meaning)，是可以依事實而給予客觀的表現傳達，並且加以經驗的操作，所以，有可能檢證的意義。二是情緒的意義 (emotive meaning)，是能喚起主觀的感情的反應，對命題的眞假，不具有經驗的檢證的意義。因此，我們可以說記述的意義以報導或認知的語言來表達，而情緒的意義以表情或美感的語言來表現，前者重視經驗的眞理，後者強調感情的品質。

因此，李查慈在《詩與科學》一書中，他認爲詩的語言是一種擬似的陳述（Pseudo statement)；科學語言是以科學的陳述（Scientific statement）來表達，而詩的語言卻是以感情的說辭（emotive utterance）來表現。李查慈說：「詩人底職務並不是創作眞實的陳述。但是，詩常有創作陳述的姿態，甚而有創作重要陳述的姿態。這就是數學家不能讀詩的一種理由。他們覺得這些陳述都是假的。」

李查慈又說：「通常詩底敍述是依據著一種『討論宇宙』（Universe of discourse)，一種『佯信底世界』(World of make believe)，想像底世界，詩人與讀者共同承認的虛擬的世界。一種『僞陳述』，

若是合於這種假設底系統，便會認爲是『詩的眞實』，而不會認爲是『詩的虛假』。」❶

我們可以說科學的眞是一種事實陳述的眞，而詩的眞卻是一種體驗表現的眞。科學是以陳述的語言來表達，而詩卻是以擬似陳述的(Pseuds statement)語言來表現。如以上所述，科學語言，多使用抽象的符號，而且疏離日常語言；而詩的語言，多使用富於意象化的符號，而且接近日常語言。

又一般詩人或評論家談到詩與散文的問題時，往往以類比論證來討論。依照拉康(Racan)，瑪哈貝(Malherbe)使用了，法國詩人梵樂希(Paul Valery)沿用了他們的見解，認爲散文是散步，詩是舞步；舞步的節奏感強於散步的節奏感，舞步的意象也比散步的意象更富於飛躍性。

以散文與詩作類比推論，我曾經以酒爲例；如果說詩與散文同樣是文學，同樣是語言的藝術，那麼，本質上都是酒；如果我們說散文是淸酒的話，那麼，詩該是高粱酒了。我也曾經以戀愛與結婚爲例：如果說詩是戀愛，充滿了想像的神秘的話，那麼散文是結婚，充滿了柴米油鹽的現實的意味，從詩到散文，也就是從理想的想像的世界到現實的經驗的世界。

美國文學批評家波特(Federick A. Pottle)教授，在〈什麼是詩?〉一文中說：「我們每人身內都有一條電流通過，而詩人是有高電壓的人。通常另有一個人的電壓高升到某程度時，我們方才稱他爲詩人。」在此，我們也可以說普通的電壓是散文，而高電壓便是詩

❶ 參閱瑞恰慈(又譯李查慈)著，曹葆華譯《科學與詩》，臺灣商務印書館印行，民國五十七年十二月。

了❷。

科學語言是比較以單意義的記號來表達，而詩的語言是比較以複意義的記號來表現。而散文的語言似乎是介於這兩者之間。

克羅齊在《美學》(*Aesthetic*) 第一部中，他認爲詩可以離開散文而獨立，但是，散文不能離詩。因爲詩與散文都是文學，我們可以說一切文學創作，是表現品；而一切表現品，都向詩的精神看齊。

我們可以說，散文的語言，顯義比較顯著，而詩的語言則除了顯義以外， 隱義比較豐富。 散文的語言是站在科學語言與詩的語言之間；時而接近科學語言，成爲比較實用性或議論性的散文；時而接近詩的語言，成爲比較藝術性或抒情性的散文。因此，所謂小品文，所謂抒情散文，所謂現代散文，都是在加強散文的藝術性。至於所謂散文詩，則屬於詩的領域，以散文的語言爲工具，以散文的形式爲外在的形式， 而實質上，卻是一種詩的精神的創造，一種詩的世界的探索。

古典詩的語言與現代詩的語言

中國古典詩在中國文學史上， 有其相當悠久的歷史的傳統， 自《詩經》到清詩，其語言的工具，雖然以文言文爲主，但也具有不少白話的成份。一般說來，中國古典詩的語言，是比較適合吟唱的，訴諸聽覺，以韻文爲主要的工具；所以，以文言爲表現工具的中國古典詩，在詩的音樂性的表現相當顯著。

中國現代詩在中國新文學史上，其發展的歷史僅約六十多年，所

❷ 參閱林以亮選編，《美國文學批評選》，今日世界社出版，一九六一年再版。

以，歷史尚短暫，一般認爲自民國八年到民國三十八年爲新詩時期，民國三十八年以後爲現代詩時期。中國現代詩的語言，以白話文爲主，且以散文爲主要的表現工具，注重目讀，訴諸視覺，所以，中國現代詩的語言的表現，在詩的繪畫性的表現比較顯著。

當然，一首詩的表現，都應把握詩的要素，這是沒有新與舊之分，也沒有古典與現代的差異的。所謂詩的要素，是包括了詩的情感、音響、意象與意義，也就是這四種要素的渾然一體的表現了。

試以唐朝詩人李白的一首〈早發白帝城〉的詩爲例:

朝辭白帝彩雲間，千里江陵一日還;

兩岸猿聲啼不住，輕舟已過萬重山。

邱燮友教授在《新譯唐詩三百首》的「語譯」如下:

「大清早我離開了雲霞繚繞的白帝城，坐船順流東下，遠在千里外的江陵，一天便可到達。在船上，我只聽得兩岸的猿猴不停地啼叫，儘管猿聲悽苦，也挽留不住我的船，轉瞬間，輕舟已渡過萬重山了。」❷

李白的〈早發白帝城〉，詩題一作〈下江陵〉。李白的原作；詩的音樂性非常優美豪放，詩的繪畫性也非常突出顯著。換句話說，在詩的音響上，韻律自然，節奏輕快，韻味悠遠。而在詩的意象上，其意象的飛躍性，簡直像電影的蒙太奇手法那樣轉接飛躍，畫面乾淨俐落，令人讚賞。因此，在這裏我們可以窺探中國古典詩在詩的語言的表現上，有其不可忽視的優越性。這種以韻文爲主，以文言文爲主要表現工具的中國古典詩，有其不可忽略的意義。然而，當我們再看邱燮友教授的「語譯」時，我們可以發現，這種語譯，已使這首詩的表

❸ 參閱邱燮友註譯，《新譯唐詩三百首》，三民書局印行，民國七十年二月修訂再版。

現變成了白話文的散文的表達了！也就是說，這首詩的語言的張力消失了，雖然「語譯」大致不差。

我們再以蘅塘退士原編著，儲菊人譯釋同一首詩爲例：

早晨，我辭別了彷彿在彩雲中間的白帝城，

遠在一千里外的江陵地方，只消一天工夫，便可以趕到。

我在旅途中，聽得兩岸上猿猴不住的啼叫，

可是我坐著這輕快的船，已經過了萬重的青山了。❹

儲菊人的「語譯」，我們把它排成四行詩的形式，我們可以看到這樣的譯釋，除了文言文翻成白話文以外，這首詩的韻律與節奏消失了，意象的飛躍性也不易感受到了，雖然這樣的「語譯」也大致不差。從以上兩種語譯中，我們可以看到；一、詩的翻譯的困難，一經翻譯，就容易落入言詮。二、文言文在古典詩的形式中，往往省略了主詞賓詞，超越了邏輯性的關聯，而以音響與意象的飛躍性爲關聯。因此，中國現代詩的語言，以白話文爲表現工具，而在自由的形式中，如何表現成詩，而非散文，該是討論現代詩的語言的一個重要的課題了。

試以詩人覃子豪的一首〈聞歌〉的詩爲例，來進一步討論現代詩的語言。

雨底歌唱出了海底寂寞

誰人的歌道出了我底寂寞

今夜，我從遙遠的海上回來

我懷念著

不知道有沒有人等我？

---

❹ 參閱蘅塘退士原編著，儲菊人譯釋《唐詩三百首》，香港文光書局，民國四十一年七月出版。

我是從海外荒島上回來的

歌啊! 你是從那裏飄來的

今夜，我回到久別的城市

我懷念著

不知道有沒有人等我?

讓雨落著

讓歌唱著

讓我懷念著

我回來了

不知道有沒有人等我?

這首詩，是詩人覃子豪自大陸來臺以後第一部詩集《海洋詩抄》中的一首，在這首詩中，我們可以感受到作者以白話文為工具，表現了一種詩的音樂性，有浪漫的情緒，也有象徵的情調。那種疊詞反覆的韻律和節奏，在柔和的氣氛中，表現了詩的低沈廻盪。尤其是在全詩三大節中，每一節都在末了出現了「不知道有沒有人等我」；有一種流浪者悲涼與淒愴的感覺。這首詩，是一種從外在現象描述入手的作品，詩的音樂性呈現了一種象徵氣息。

又試以詩人覃子豪的一首〈海的詠嘆〉的詩為例:

黑夜裏，不見你的豪邁、圓渾、與晶明

有低垂的星，在你仰視的眸子裏泛出幽光

是高揚後的沉潛? 你靜靜的在撿拾回憶的珠粒?

你在詠嘆，你的詠嘆已超越了悲歡。啊! 你在詠嘆

晨光中砰然一擊，撞開了一曲交響，一樹銀花

銀樹千株，圓舞般的，起起伏伏，在黑岩上婆娑
花朵，帶著如虹的幻惑的色彩，繁開又凋落
臨風的水晶枝奏出玲瓏的聲響
一隻終曲，凋落在綠玉盤中，濺出餘音

夢境繽紛，變幻無窮；一曲終了，又一曲在回盪
似無損傷，無疲憊的，不息的詠嘆
許是一陣狂歡，一陣愛撫，一陣痛苦的鞭打?
爲除寂寞，而寂寞依然。爲求躍昇，卻依然下降

現在，你如此冷漠，如何測量你不可測的深沉?
你重新收拾起你心靈的碎片，尋求完整
我卻不知我累累的傷痕如何治癒?
就在此時，我從你沉潛的心裏，低微的詠調裏
第一次聽到：我嘆息的回聲

這首詩，是詩人覃子豪生前所出版的最後一部詩集《畫廊》裏的一首，在這首詩中，他以自我內在的感受來表現一種對海的詠嘆，是一種接近哲學冥想的知性思考的作品。

在《海洋詩抄》的「題記」中，他說：「海洋詩抄的寫就，完全出自一個極眞摯的人底感情力量所促成，我心中無時無刻不充滿著感謝。」❺我們可以看出來，作者寫那一系列有關海洋的作品，有著某些情感的經驗爲基礎。然而，他創作《畫廊》這些作品的時候，顯然已經有了不少的自我修正與轉變了。

---

❺ 參閱覃子豪著，《海洋詩抄》，新詩週刊社，民國四十二年四月初版。

在《畫廊》的「自序」中，他說：「詩不僅是情感的抒寫，而詩人亦不僅是一個『字句的組織者』(Words maker)。情感只是詩的引發，當詩被發現以後，情感便成爲剩餘價值了。字句只是詩的表現工具，沒有詩，字句就成爲無的放矢。詩，是游離於情感和字句以外的東西。而這東西是一個未知，在未發現它以前，不能定以名稱。它像是一個假設等待我們去證實。」❻

以上所述，我們以詩人覃子豪的兩首詩爲例，可以看得到他以漸進的方式來掌握語言，來表現語言。詩是由情感所激發，而以語言來表現。當詩表現在文字的時候，詩超越了情感。詩的昇起，是在語言化爲文字的地平線的地方。〈聞歌〉是以一種外在描述的創作方法入手，詩的語言是單純直陳的，以白話文爲基調，接近口語的陳述，頗有詩的音樂性的象徵氣氛。而〈海的詠嘆〉，卻是以一種內在感受的創作方法入手，詩的語言是繁複迂廻的，也以白話文爲基礎，其詩的音樂性的表現，深沈而豪邁，呈現了詩的一種內在感應的奧秘。

我們可以綜合以上所述，中國古典詩是以文言化的韻文爲表現的工具；中國現代詩是以白話化的散文爲表現的工具。中國古典詩是適合吟唱的，訴諸聽覺的成份較大；中國現代詩是適合目讀的，訴諸視覺的效果較顯著。中國古典詩以語言來抒情較多，而中國現代詩以語言來抒情以外，還有以語言來作知性的思考的傾向。

結語：接受中國現代語言的挑戰

我以爲中國現代詩的創造， 既然是一種藝術性的創造活動， 所

❻ 參閱覃子豪著，《畫廊》，藍星詩社出版，民國五十一年四月初版。

以，所謂中國現代詩的語言該是一種創造活動的產物。換句話說，所謂現代詩的語言，是跟現代詩的創造同時宣告成立的。

我一直以爲沒有所謂現成的現代詩的語言，有而且只有當一個詩人創造了詩的刹那，他所表現的語言才是詩的語言。所以，現代詩的語言是跟現代詩的創造活動同時產生的語言。因此，我們中國現代語言，目前以國語爲通行最普遍的普通話，而這種國語，這種普通話，有方言的參與，有外來語的介入，甚至有文言與白話的混合兼消，中國現代詩人便需接受這種語言多元化的挑戰，從而創造出新鮮的有生命力的活跳跳的現代詩的語言。

從日常語言創造文學語言，從自然語言創造藝術語言，從現代語言創造這一代的現代詩的語言，這是一種表現上的必要，因此，中國現代詩人正面臨著這種創造性的活動，該是責無旁貸，任重而道遠。

現代詩的鑑賞

我喜歡詩，也喜歡哲學。「喜歡」對我來說，是一種著迷，甚至是一種入迷。迷上一樣東西，是具體的；而迷上詩，卻不完全是具體的。比方說，迷上了一位「窈窕淑女」，自然會引起「君子好逑」。然而，迷上詩，一迷就迷了二十多年，是不是能點出一點迷津來呢？

把詩當作一種藝術的創作品，我們叫做詩作。而現代詩便是具有所謂現代精神的詩作。有人喜歡新詩，有人喜歡舊詩；有人喜歡現代詩，也有人喜歡古典詩。就我來說，只要是詩，是眞正的詩，具有詩性精神的昂揚，我就喜歡。

詩的要素

欣賞詩，首先便是要認識詩的要素。在文藝的類型中，大約可以包括敍事文藝、抒情文藝及戲劇文藝。其中史詩或敍事詩，是敍事文藝中具有詩性精神的部份。抒情詩是抒情文藝中具有詩性精神的部份。而詩劇卻是戲劇文藝中具有詩性精神的部份。我們現在所謂的詩的要素，該是以抒情詩爲主，指具有詩性精神要素的創作品。

一、詩的情感：在此指一種詩情的觸發，對一種物象，一種景象，在自我與對象之間，引起了一種緊張關係，觸發了一種詩的情緒的感興。

二、詩的意象：這是指因詩情的觸發，而變成詩思的凝聚，而詩思的凝聚，便是要透過意象的表現，換句話說，把詩性精神，透過意象的捕捉而濃縮。

三、詩的節奏：由於詩的情感興起了，詩的意象捕捉了，而且通過語言文字去表現的時候，意象語的錘鍊，便伴著韻律與節奏的波動起伏而加以濕潤。

四、詩的意義：有了詩的情感，有了詩的意象，又有了詩的韻律與節奏，詩作的完成，便指向了詩意，也就是意義的呈現。當然，一首詩作，就其作爲藝術品而言，是一種渾然的一體，不容劃分的，通常詩的要素， 最主要的， 首先必須考慮到這四個要素。 因此， 從詩情、而詩思、而詩意，也就是指詩的內容的演變。現代詩在現代精神的意義中，也必須具備這些詩的要素。

如果有人說過去的詩、昨日的詩是「聽覺的」、「歌唱的」；而今日的詩、明日的詩是「視覺的」、「思考的」；這是因爲強調了詩的要素的一部份，而且給予究極的追求的一種表現。

詩的修辭

把握詩的修辭，可以說是企圖去把握詩的意義的要素。我們通過修辭的了解，嘗試探求詩人在迷魂陣裏所擺出來的架勢。如果詩人像孫悟空，那麼，不論他有多大的本領，呼風喚雨、騰雲駕霧，但是，他還是跳不出像佛祖那樣的詩神的五指。事實上，修辭並不限於詩，凡有語言文字，便有修辭。把語言文字表現得恰到好處，便是修辭，所謂不落言詮，便是一種高度的修辭。

爲修辭而修辭，　詩便易流於文字遊戲；　爲詩性精神的捕捉而修辭，才是詩的修辭。茲把詩的修辭，在現代詩的應用中，較爲顯著而重要的，加以剖析與討論：

一、隱喻：隱喻是比喻的一種，但不像直喻那樣直接，而是以間接的比喻方法來暗示，又稱爲暗喻。隱喻是要在物象與物象之間，找出隱藏的類似點。扣緊物象間的類似點，造成一種新的關係、新的秩序。休謨（Thomas Ernest Hulme）認爲散文是詩用不要了的比喻的博物館。現代詩的晦澀或難懂，有一種是因爲類比的不當所造成的，也就是不倫不類的隱喻所造成的。但是，成功的隱喻，卻是造成詩的深度的因素之一。試以一首拙作〈西北雨〉爲例：

哥哥

你看哪

啊，農夫挿秧

農夫挿秧

弟弟興奮地拍手呼喚著

那一陣西北雨

恰恰落在柏油路上

一陣比一陣

更緊

像農夫挿秧一樣地

雨滴飛濺著

在柏油路上形成了

一種青苗的形狀

一種青苗的成長

以「農夫揷秧」，來表現「西北雨」落在柏油路上的一刹那，是一種新的關係、新的秩序。當然，這種比喻，還是直喻的成份多。

二、婉約：我們用白話文，可以叫做繞彎子。婉約是一種婉曲的陳述，造成纖說的方法。試以林鍾隆的一首〈橘子〉的詩爲例：

總以爲沒有兩個一樣大的橘子。

每次分橘子的時候，

都覺得給姐姐的那個比我的大。

讓我自己先拿的時候，

明明是抓了大的，

看姐姐很滿意，

又彷彿自己是錯抓了小的。

跟姐姐交換過來，

姐姐的又變大，我的又變小了。

這首詩，林鍾隆不直接說出來，繞個彎子才說出來，所以說，是一種婉約的表現，是一種繞彎子的說法。

三、反諷：反諷一詞，杜國淸曾經譯爲「哀樂你」(Irony)。我以爲反諷，是說跟本意相反的語言，表面上，雖然稱讚了對象，事實上，卻是抹殺了其價值。看來是消極的、否定的語氣，事實上，又是積極的、肯定的意味。所以說，是哀樂你。試以非馬的一首〈鳥籠〉的詩爲例：

打開

鳥籠的

門

讓鳥飛

走

把自由

還給

鳥

籠

短短的一首詩，　卻表現了一種反諷的精神，　關在鳥籠是不自由的，但是關著鳥的籠呢？所以，把自由還給鳥，也把自由還給鳥籠。

四、矛盾語：由於在某一點上有相反的意義，使他們在兩個語句對照的配置中，因互相照應而造成種種的特殊的效果。例如：「沉默的雄辯」。 在邏輯中，詭論或矛盾語（paradox）可分爲兩種；一是邏輯的詭論，一是語意的詭論。詩的矛盾語，該是一種語意的詭論。試以林宗源的一首〈滴落去我心裏的汗〉的詩爲例：

我的孩子很乖

叫他走東，他不敢向西

叫他吃

叫他睡

叫他考大學

叫他結婚

我的孩子很聽話

想起隔壁那個留過美國的孩子

對他的老爸

講一句，辯一句

講要分家

像這樣的孩子

生一個就很多

他的孩子做大事業
我的孩子種田
流很多很多的汗
滴落去我的心裏

乖兒
打開新聞紙
你看，不是倒閉
就是搶刼
不是車禍
就是兇殺

生在「生命」不曾投保
就是投保也不一定保險的時代
鄉村是最甜的蕃薯
種田是最好的運動

孩子，你不曾向我講一句壞聽的話
可是，我從你的眼睛聽到你的哀怨
乖兒，你爲什麼不說話
是不敢反抗?
是不願反抗?

講

這首詩，以一位父親的口氣；問他的孩子，同時跟「隔壁那個留過美國的孩子」做強烈的對比，充滿了矛盾語，表現得非常突出。

當然，詩的修辭方法，還有許多，不只是這四種而已。我們剖析詩的修辭，是爲了要瞭解詩之所以造成詩的魅力的關鍵所在，詩人是語言文字的操作者，通過推敲的過程，使詩的精神昂揚，同時創造了詩的精神世界。

詩的鑑賞：類型與層次

在《論語》中，有一節，我想加以引伸。

子曰:「知之者不如好之者，好之者不如樂之者。」(〈雍也〉)

也許我們可以說:「知之者」是 the man of understanding,「好之者」是 the man of love,「樂之者」是 the man of enjoyment.

就詩的了解來說: 從文字、音韻、訓詁到修辭，都是了解的基礎。但只有了解，不算愛好，只有愛好，不算陶醉，以致於享受。所以，孔子把三種類型區分爲「知之者」、「好之者」、「樂之者」；剛好是鑑賞的三個層次，或者說是三個階段，卽知之、好之、樂之三個境界。根據孔子的話；樂之，最高；其次，好之；再其次，知之。所以，詩的鑑賞，是從知之，而好之，而樂之。

詩的鑑賞態度，有三種說法，値得一提。玆把這三種不同的鑑賞態度，加以闡述如下:

一、瘋狂說: 已故的現代詩人覃子豪先生，曾經在中華文藝函授學校，批改學生的新詩習作時，鼓勵學生「瘋狂的讀」，不論古今中外的古典詩或現代詩，他都建議人家去鑑賞。我把這種廣泛地鑑賞的態度，稱爲「瘋狂說」。

二、忘食說：詩人陶淵明在〈五柳先生傳〉中說：「好讀書，不求甚解。每有會意，欣然忘食。」他這種讀書方法，拿去讀升學考試的書，一定很危險。但是，拿來當作一種詩的鑑賞的態度，卻不失爲一種很瀟灑的鑑賞的方法。我把這種忘食入神的鑑賞的態度，稱爲「忘食說」。

三、挑鞋子說：已故文學評論家夏濟安教授在談新詩的時候，曾經要詩人試穿各種類型的鞋子，他要詩人幾乎貫通各種各類的詩體，然後，才創造出一種屬於他自己的新詩體。又記得以前在《自由青年》，有一位胡雲先生「談戀愛問題」，談得很不錯，令人激賞。他曾經說：有一次，他的女兒，跟一位詩人談戀愛，寫信來請教她的爸爸，她的爸爸回信，問他的女兒，爲什麼只走了一家鞋店呢？何不多逛幾家呢？後來，他的女兒果然多逛了幾家，結果，她沒嫁給詩人，卻嫁了一位商人，雖然不會寫詩，算盤卻打得很精，並且他們倆口子過得很好云云。我把這種挑選的鑑賞的態度，稱爲「挑鞋子說」。

清代詩人趙翼在「論詩」的詩中說：

李杜詩篇萬口傳

至今已覺不新鮮

江山代有才人出

各領風騷數百年

相對於中國古典詩，中國現代詩的歷史還很短；中國現代詩人在現代詩的創作上，如果能「各領風騷一二年」，已經算很難得了！在目前我們這個爭奇鬪艷的詩壇上，我認爲一個現代詩人，最重要的不是在爭一時的小名，而是要爭長遠的大名。只有眞正的好詩，經得起咀嚼、尋味，那樣才能千古流芳，讓樂之者樂此不返。

現代詩的創造

引　言

《笠》詩雙月刊將於民國六十九年十二月十五日出刊一百期了，這是一件值得熱烈慶賀的事。自民國五十三年六月十五日創刊至今，也已滿十六個年頭了。在自由中國的現代詩壇上，以雜誌型態出版的詩刊，能發行到一百期，該也是一項創舉。當然，《笠》詩刊應本著創刊的宗旨與精神，虛心地虔誠地而且也勇敢地繼續向前邁進。

在這一百期之中，《笠》詩刊提供了一個開放的乾淨的園地；一方面鼓舞了同仁的創作，另一方面也激勵了新人的擡頭。其中以詩的創作、評論及翻譯，不論是在量上，或是在質上，都有相當可觀的收穫。因此，「笠」同仁所出版的作品，大約如下:

一、《笠》詩刊一百期，《詩展望》約四、五十期。

二、詩集約六十種以上。

三、評論集約二十種以上。

四、譯詩集約二十種以上。

五、評論集翻譯十多種。

六、詩選集有六種: 計有(一)由文壇社出版，鍾肇政主編，陳千武、林亨泰、錦連、古貝與趙天儀執行編選的《新詩集》。(二)

陳千武、林亨泰、錦連等編譯的《華麗島詩集》(日文、中文對照)。(三)「笠」詩社同仁的詩選《美麗島詩集》，計選同仁三十六位的作品。(四)日本現代詩人北原政吉編選的《臺灣現代詩集》，計選譯三十位詩人的作品。(五)陳千武編選的《小學生詩集》。(六)趙天儀編選的《時鐘之歌》等等。

現代詩的創作

《笠》詩刊在這一百期之中，雖然說是以現代詩的創作、評論與翻譯齊頭並進，而且在三方面的成果，也可以說都頗豐收。但是，最值得我們關心，而且來加以討論的，該是「笠」在現代詩創作上的努力。在《笠》詩刊上，發表詩的創作，大約可以包括「笠」的同仁，詩壇上的名家，以及新進的青年詩人。我們在此想加以討論的，是以「笠」同仁及其作品爲主，因爲他們的作品，在這一百期之中，是這個詩刊中流砥柱。不過，「笠」同仁發表創作的園地，也不限於《笠》詩刊，在一般綜合性、文藝性雜誌及報紙副刊，也有相當份量的作品發表。所以，要把他們全部的作品都來加以欣賞與評論，也不是一件簡單的事。

「笠」同仁在這十六年來的詩的創作，大約可以分爲兩大類的作者；一是跨越語言的一代，二是戰後新興的一代。林亨泰所謂的跨越語言的一代，是指在臺灣光復以前，就已在詩的創作上開始出發的詩人，他們多半以日文來寫詩，也可說是戰前派或戰中派，他們曾經受到殖民地式的日文教育，也曾經領教過戰火的洗禮，所以，在人生經驗上比較深刻。當臺灣光復以後，語言的節奏改變，因此，他們必須從日文過渡到中文，所以，使他們掙扎於詩與語言的雙重立場的變化與抉擇。他們以虔而真摯的心情來嘗試他們的創作，雖然說中文的字彙不够豐富，可是他們反而能以清新的面貌來表現詩的精神，不受形容詞過肥症的惡劣的影響，這樣演出的作品，卻以樸拙而結實的詩風取勝。至於戰後新興的一代，則完全在中國語文的教育環境中成長，自然受到中國古典詩的影響，也受到當代中國詩的挑戰。

跨越語言的一代的創作

在跨越語言的一代之中，曾經是屬於「笠」同仁的詩人；計有巫永福、吳瀛濤、陳千武、詹冰、林亨泰、錦連、羅浪、張彥勳、陳秀喜、杜芳格、李篤恭、周伯陽、黃靈芝、黃騰輝、林外、葉笛、何瑞雄等等。其中，有的是戰前就已出發的，可以說是前期的跨越語言的一代。有的是臺灣光復以後才開始出發的，可以說是後期的跨越語言的一代。

在「笠」同仁之中，以巫永福先生最年長，他早年在日本東京留學於明治大學的時代，即為文藝刊物《福爾摩沙》的同仁之一，日據時代，他在小說、戲劇、隨筆與詩等，都有過創作發表，臺灣光復以後，繼續以日文寫短歌。由於整理舊作，偶然發現了他在戰前遺失了的日文現代詩的作品，交由陳千武翻譯，在《笠》發表以後，便備受詩壇矚目。隨著，他又發表了中文的詩作，等於跨越了中文的障礙。他的詩，抒情與說理兼備，詩風豪放。試舉一首他的作品〈泥土〉為例：

泥土有埋葬父親的香味
泥土有埋葬母親的香味

飄過竹簇落葉微亮著

向那光的斜線鳥飛去

潮濕的泥土發出微微的芬芳
寒冷的泥土發出淺春的芬芳

閃耀於枯葉的光底呼吸裏
新鮮而豐盈的嫩葉發亮

微風也匿藏著早來的溫暖
雲霞也打著早春已來的訊息

嫩葉有父親血汗的香味
嫩葉有母親血汗的香味

這首詩，原作是日文的作品，由陳千武翻譯，詩味非常濃郁，是以現實的題材表現了一種朝向象徵情韻的作品，頗耐人尋味。

陳千武，本名武雄，筆名桓夫。當《笠》創刊以後，在跨越語言的一代之中，創作力最旺盛的該算是他了。當然，林亨泰、詹冰是比較細膩的，以簡潔的意象取勝。而陳千武則是比較粗獷的，詩風硬朗而多批判性，處理現實性的題材，頗能情理兼顧。試舉一首他的作品〈人工石〉爲例:

横臥在黑絨絨的草坪上
我是一個石頭
她站在我的頭上
她喜歡我下面那嫩絨的草坪
草坪使我快樂
我的快樂就是她的安定

她坐在我的頭上

她掀我下面的草叢

草叢的憂愁使我沉默

我的沉默就是她的瘋狂

她用她的象徵壓住我

強調她底象徵很美感

且閃耀她的血統很高貴

我是一個石頭

沒有我的堅強她會崩潰

草坪是我的愛情

她不知道怎樣談愛

好鬪的她口口喊戰爭

草坪在我的下面擁有我

她在我的上面欺壓我

但是　如今

她的象徵已乾枯——

這首詩，表現了中年人對愛情的處理態度，在性的象徵上，也表現了樂而不淫的氣氛。陳千武的詩，多半是以隱喻、諷刺與批判交互使用的表現來取勝。

陳秀喜女士，在「笠」詩社的女詩人中，也是屬於跨越語言的一代。在她參加爲同仁，並且擔任社長以後，詩的創作也是頗爲豐收，已出版了《覆葉》、《樹的哀樂》，以及卽將出版她的第二詩集《灶》。她的詩，除了具有女性詩人的那種魅力以外，還具有一種豪邁爽朗的性格，不讓於男性詩人的豪放詩風。她的詩，從家庭到社會，題材俯拾卽是。試以一首她的作品〈魚〉爲例:

我和兄弟姐妹們都是啞吧

我和兄弟姐妹們都在浮萍中長大

小時候爲著覓食物奔走

或者逃避追逐而忙碌。

如今偶而有個吐出一口泡沫的安適

卻比不上美人魚的歌聲

想念祖先們

敬佩他們曾渡海而來的勇氣

可是不知道他們都到那裏去了

當我知悉祖先們的去處

我已在俎上

跳動一下微弱的抗拒

嗟嘆歲月養我這麼大

羞愧不曾唱出美人魚的歌聲

這首詩，頗能象徵跨越語言的一代的心情，她以「嗟嘆歲月養我這麼大，羞愧不曾唱出美人魚的歌聲」，來吐露她的心聲，其實她唱的卻是道道地地的「美人魚的歌聲」。

這十六年來，在跨越語言的一代之中；林亨泰的詩，由〈長的咽喉〉那種意象晶瑩的短詩，而符號詩，然後，又走向頗具現實意味的知性的表現，〈弄髒了的臉〉一詩可爲代表。詹冰的詩，由〈綠血球〉那種機智的，以意象取勝的抒情詩，而走向紅血球的生活意味的〈實驗室〉。在兒童詩的創作上，他也頗爲豐碩。錦連的詩，以精鍊的語言通過〈鄉愁〉那種現實的凝視，在意象的透明中繼續發展，〈挖掘〉一詩可爲代表。此外，周伯陽的寫實風味，杜芳格的宗教氣息，張彥勳的童心意味，都值得一提。又已逝世的吳瀛濤先生，是臺灣光復以後，在詩的創作上頗為勤奮的一位筆耕者。他的詩，在寫實中有浪漫的情調，已出有《吳瀛濤詩集》。

戰後新興的一代的創作

在臺灣光復以後才出發的詩人，也是從日文過渡到中文的後期跨越語言的一代，有黃靈芝、黃騰輝、林外、葉笛、何瑞雄等等。他們也是戰後新興的一代第一梯次的詩人。其中，黃靈芝是以日文寫短歌與現代詩，他的中文詩，大部份是他的日文作品的翻譯，葉泥、陳千武都曾翻譯過他的詩。《黃靈芝作品集》已出版了五集，包括小說、隨筆、短歌與現代詩。黃騰輝是在民國三十九年以後，《新詩週刊》時期出現的詩人，在《新詩週刊》、《藍星週刊》等發表了不少的詩與評論，《笠》創刊以後，擔任發行人，十六年來，作品的量雖不多，質卻也相當可取。他的詩，凝視現實，對工業社會科技文明給予強烈的批評，富於機智與幽默感。林外，本名鍾隆，他在小說、散文及兒童文學的創作方面，原已著作頗豐，自加盟「笠」以來，在現代詩與兒童詩的創作上，不遺餘力，詩風有浪漫氣息，但感情眞摯，深入淺出，自成一格。近幾年來，創刊國內第一個兒童詩誌《月光光》，按期出版，已為兒童詩的拓荒奠下良好的基礎。葉笛，本名寄民，早期曾與郭楓創刊《新地文藝》翻譯日文小說與詩頗有聲譽，曾出版詩集《紫色的歌》。目前留學日本，研究日本現代文學、現代詩。他的詩，在現實的觀照下，也有很強烈的批判性。何瑞雄，早期出現於《藍星週刊》及香港的《大學生活》，曾出版詩集《蓓蕾集》，部份作品，頗具有兒童詩的情趣。近幾年來，在詩的創作上，他勤奮不懈，可惜發表的不多，不過，我們從他已發表的作品，也可以略窺他的詩風。他的詩，細膩而多心理意味的表現，〈草〉、〈壓路機之歌〉等可爲代表。他在小說、散文、童話及翻譯等方面，也頗有成果。目前留學日本東京大學，主修教育學，並從事文學藝術的研究與創作。

在戰後新興的一代之中，除了後期跨越語言的一代以外，還可以分爲在《笠》創刊以前已出發的一羣，跟《笠》創刊以後崛起的一羣。前者有白萩、黃荷生、李魁賢、非馬、林宗源、趙天儀、許達然、杜國清、靜修、蔡淇津、游曉洋、林清泉等等。後者有鄭烱明、陳明台、李敏男、拾虹、陳鴻森、郭成義、趙廼定、楊傑美、曾妙容、旅人、林鷺、陳坤崙、莊金國等等。這戰後新興的一代，由於他們能使用熟練的中國現代語言來寫作，所以，在語言的操縱方面，比跨越語言的一代來得多彩多姿，來得確切圓熟，他們面臨戰後中國的大動亂，然後，在升學競爭的壓力之下，尋求詩的創造與慰藉。這戰後新興的一代，也可以說是現代詩壇的新生代，他們的創作也是方興未艾，還要進一步地去挖掘創造他們的潛在力量。

白萩是較早享盛名的詩人，在《笠》創刊以後，還完成了《風的薔薇》、《天空象徵》、《香頌》三部詩集。他以銳利的語言，表現了豐盈而突出的意象，詩風豪邁，抒情與知性兼顧，是一位頗具威力的創作者。非馬是在美國的「笠」同仁之一，創作與翻譯雙管齊下，貢獻良多。他的詩，短小精悍意象晶瑩，極爲集中凝鍊，頗得有識的行家所賞識。試以一首他的作品〈電視〉爲例：

一個手指頭

輕輕便能關掉的

世界

卻關不掉

逐漸暗淡的螢光幕上

一粒仇恨的火種

驟然引發熊熊的戰火

燃過中東

燃過越南

燃過每一張焦灼的臉

從這首詩裏，可以看到全世界的人類，雖然說因爲「電視」而使我們的距離縮短了，好像千里眼一樣，可以讓我們窺見「燃過每一張焦灼的臉」，令人驚心動魄。

李魁賢與杜國清都是在創作、評論與翻譯三方面同時進行的有潛力的詩人，在這十六年來，譯著與創作的出版，質量都非常豐富，前者出版了二十多種，後者也出版了十多種。李魁賢的詩，在抒情中富於批評的精神；杜國清的詩，則在抒情中具有譏諷的意味。杜國清嘗謂驚訝、諷刺與哀愁是詩的三味。試舉李魁賢的一首作品〈擦拭〉爲例：

白紙上留下的污點

想用暴力的手指擦拭

無法掩飾的記錄

想用刀片細心刮除

再好的技術

也會傷害到無瑕的紙質

纖維的血管被割斷後

怎能彌補平勻的完整

在心靈的宣紙上

不小心弄污了怨恨的斑點

要用愛的畫筆加以渲染

自負的手不要輕易擦拭

這首詩，從擦拭「白紙上留下的污點」聯想到「心靈上」的「怨恨的斑點」，在全新的關係中，精緻而細膩地透視了心靈世界的奧秘。

林宗源的方言詩，在「笠」中獨樹一幟，他的詩，常常具有社會意識的批判性。許達然的詩，在歷史的理念中，以飛躍性的語言，表現了深刻的隱喻。林清泉的詩，則在抒情的世界中，追求一種哲理的表現。

又在戰後新興的一代之中，鄭烱明、陳明台、李敏男、拾虹、陳鴻森、郭成義、旅人、莫渝、楊傑美、趙迺定、衡榕、曾妙容、與林鷺等等，可以說多半是跟《笠》的創刊同時出發的青年詩人，是目前最具有潛力的一羣了。鄭烱明的詩，是以現代語言來探索社會變化中的悲劇意識。陳明台的詩，是以濃郁的鄉愁來表現自我心靈的歌唱。李敏男的詩，在清麗的語言中追求暗喻性的哀愁。拾虹的詩，在新浪漫的精神中，表現了一種彩虹般的想像。陳鴻森的詩，在隱喻的奧秘中，尋覓時代性的哀愁。郭成義的詩，則在臺灣民謠的共鳴中，透視心靈的苦悶。旅人的詩，在抒情的意味中，富有深刻的寓意。莫渝的詩，在民族意識的覺醒中，表現了時代的鄉愁。楊傑美的詩，在鮮明的意象中，表現了時代的映影。趙迺定的詩，在飛躍性的語言中，洋溢著機智與幽默。此外，三位年輕的女詩人，衡榕的詩，有一種少女的熱情所表現的情思。曾妙容的詩，則在時代的感受中體驗了民族的苦難，她的兒童詩，想像豐盈，清新可喜。而林鷺的詩，則在現實的出發中，感悟了詩的光芒。

「笠」的方向

自由中國的現代詩壇，這三十多年來的發展，正如詩人陳千武所說的是兩個根球的結合。換句話說，是來自大陸的詩人與本省詩人共同追求的結果。

我以爲中國現代詩的方向，正是「笠」所要追求的方向。而「笠」開拓的脚印，正是豎立了中國現代詩的里程碑。我以爲現代詩的創造；在方法論上，是以中國的現代語言爲表現的工具，以清新而確切的語言，來表現詩的情感、音響、意象及意義。而在精神論上，則以鄉土情懷、民族精神與現實意識爲融會的表現。以這種方法論與精神論並重的基礎，來探索我們共同的未來的命運。「笠」同仁在這十六年來的一百期之中，正是朝向這種現代詩的主流，開創了一條踏實的創作的途徑。「笠」終於從荆棘的途徑中走過來了，然而，我們旣不自傲，亦不自卑，而是以一種勤奮向上、誠懇眞摯的心情來繼續追求更進一步的創造，來走未完成的途徑。

青年詩人鄭烱明說得好：「用與時代隔閡的語言寫詩，那是逃避的文學；寫現實中沒有的東西，那是欺騙的文學。我嘗試用平易的語言挖掘現實生活裏，那些外表平凡的不受重視的，被遺忘的事物本身所含蘊的存在精神，使它們在詩中重新獲得估價，喚起注意，以增進人類對悲慘根源的瞭解。」從這一段詩觀裏，我們可以深深地瞭解到「笠」年輕的一代對現代詩的自我期許與希望。且讓我們來爲《笠》百期的成長及其未來誠摯地祝福吧!

現代詩的美學

前　言

詩在臺灣，如果以中國古典詩來看，則約有三百年的歷史；如果以中國新詩來看，則約有六十年的歷史；如果以中國現代詩來看，則約有三十年的歷史。

中國現代詩在臺灣展開，產生了三種思潮：

一、國際主義：認爲現代詩是世界性的運動，中國現代詩必須在橫的移植之下，接受西方現代詩的影響與衝突，因此，西方現代詩的思潮，如象徵主義、意象主義以及超現實主義的理論與技巧，直接或間接地，或多或少都影響了中國現代詩的創作。

二、傳統主義：認爲現代詩不能只是橫的移植，而且必須是縱的繼承。因此，要從中國古典詩的傳統中，重新燃起薪火，從《詩經》、《楚辭》、樂府、唐詩、宋詞等古典詩中尋找傳統的餘燼。相對於超現實主義，提出所謂新古典主義。

三、本土主義：認爲現代詩固然需要橫的移植，接受外來的影響與衝擊，也需要縱的繼承，接受傳統的洗禮與挑激。但現代詩畢竟是現代的產物，在時間上是當代的現代精神，在空間上是以現實的環境爲出發，現代詩必須注重歷史的、地理的以及現實的立足點，才能產生全新的創造。

現代詩的出發

提倡現代詩，就是要求詩的現代化。如果說中國古典詩是吟唱性的，重視聲律，重視韻律與節奏，重視形式的規範；那麼，中國現代詩卻是視覺性的，現代詩並非不重視詩的韻律和節奏，但更重視意象的創造。中國現代詩受西方詩潮的影響，也有走向意象的文學的趨勢。

但是一首詩的創造，往往是詩的情感、音響、意象與意義的渾然一體的表現，過分強調了意象的表現，也會使其他的要素相對地減低。因爲意象不等於詩，雖然說詩需要意象的襯托。如果說意象就是詩，何不乾脆取消詩的名稱？但我們知道，取消不了！

在中國現代詩的發展過程中，曾經強調知性，但也有主張以抒情性來抗衡。知性意味著詩不只是情感的告白，也就是說詩乃一種思考的活動，是以意象的飛躍與聯接的語言來思考。抒情性本來亦爲詩的要素，也就是情感的拓展，但是，過份溺於情感的表現，也無法創造詩的新境界。如果說詩的音樂性，音響的表現，是一種想像的時間的持續；那麼，詩的繪畫性，意象的表現，該是一種想像的空間的飛揚。

從下而來的美學

美學思想的萌芽，在古代的希臘與中國，都有其淵源。但眞正開始使用美學（Aesthetics）這個字眼，卻是德意志的包姆加登(Alexander Gottlieb Baumgarten, 1714-1762), 他認爲美學是感性的認識之學，而邏輯學是理性的認識之學。美學有感性的認識的意義，也就是說美學一方面涉及感性，但是，另一方面卻是透過感性的認識，而成爲一種體系的基本構想。

近代實驗美學的代表費希納 (Gustav Fheodhor Fechner, 1801-1887)，在他的「精神物理學」的心理學的立場，以實驗爲出發點的歸納的、記述的研究方法，在美學的研究中加以採用，而他在《美學入門》(*Vorschule Der Aesthetik*, 2 Teile, 1876) 的序文中，他認爲從來的哲學的、思辨的傾向之美學是「從上而來的美學」(Asthetik von Oben)，相對於此，科學的、經驗的美學是「從下而來的美學」(Asthetik von unten)。也就是說，美學有哲學的美學以外，還有科學的美學的興起。

現代詩的美學，是現代美學分工的一個趨向，可以說是現代藝術的美學的一環，是以現代詩的創造發展爲經驗的歸納。

西班牙現代哲學家奧爾得・葉・加塞 (Jose Ortego y Gasset 1883-1955) 在他的《藝術的非人性化》(*The Dehumanization of Art*) 一書中，曾經把西方的現代藝術的特徵，歸納爲下列七點:

一、從藝術中去除人間臭味。

二、避免活著的形象。

三、使藝術成爲非藝術以外的任何物。

四、把藝術當作完全的遊戲。

五、把藝術的本質當作反諷 (IRONIE)。

六、警戒贗品，並且因此熱望細心地表現眞實感。

七、不考慮藝術是持有重要價値的普遍性的行爲。

我認爲中國現代詩在臺灣的發展也有非人性化的取向，也就是抽離了人間臭味，遊離現實，而走向爲藝術而藝術的傾向。這種傾向的現代詩，往往以超現實主義或新古典主義爲護身符。事實上，現代詩對現實性、民族性、思想性以及鄉土性的重視，乃是爲了要糾正這種過於非人性化的偏差。

現代詩的方法論與精神論

如果說詩是語言的藝術，也就是說，詩是通過語言的表現，而完成美感經驗的傳達。那麼，中國現代詩，必須善用中國現代語言。所以，那種扭曲了中國現代語言，不是唐詩宋詞的調調兒的抄襲，就是硬梆梆的西洋語法的生吞活剝，站在中國現代語言的創造來看，都是鬼話連篇，不像我們現代中國人所說的生活的語言。中國現代詩爲了追求詩的藝術性。已使不少所謂的現代詩，脫離了中國現代語言的血液，流於蒼白的美文的傾向，變成少數詩人風花雪月的玩具。

所以，我認爲中國現代詩的方法論，首先應該建立在中國現代語言的創造性上。換句話說唯有中國現代語言的創造性，通過了外來語言的衝擊，方言的挑戰，而以中國現代語言爲基礎，也就是在國語的融會與交流之中， 兼消文言， 錘鍊白話， 也就是提昇日常生活的語言，通過詩的表現，化成詩的語言。

因此， 通過中國現代語言的創造， 詩的思考才是活潑的、 生動的、有血有淚的。以這樣的詩的思考所建立的現代詩的精神論，是現實主義的藝術導向。這種現實主義的藝術導向，要能通過外國現代詩的了解，中國古典詩的教養，但是，卻以關懷此時此地的我們中國人的歡樂與哀愁爲出發，鼓舞我們民族的自信心，從而建立創造屬於我們這一代的情淚心聲的現代詩。這種中國現代詩，是人性化的、是平民化的、是進取性的。而不是非人性化的、貴族化的、倒退性的。

現代詩創造擧隅

詩人杜國清在〈現實主義的藝術導向〉一文中，曾經說：「關於過去臺灣詩文學的發展，李魁賢先生曾經扼要的指出三個主要趨勢：一是純粹經驗的藝術導向，一是現實主義的社會導向，一是現實主義的藝術導向。」純粹經驗的藝術導向，使現代詩脫離人生，逃避現實，徘徊於超現實主義的亞流，或徬徨在新古典主義的矯揉造作中。而現實主義的社會導向，固然解放了詩的題材，擴大了詩的視野，可惜往往有非藝術性的取向。因此，現實主義的藝術導向，一方面拓寬了詩的社會性、現實性、民族性以及鄉土性，另一方面也提昇了詩的創造性、藝術性及思想性。

試擧詩人桓夫的一首〈咀嚼〉的詩爲例：

下顎骨接觸上顎骨，就離開。把這種動作悠然不停地反覆、反覆。牙齒和牙齒之間挾著糜爛的食物。（這叫做咀嚼）

——就是他，會很巧妙地嚼。不但好咀嚼，而味覺神經也很敏銳。

剛誕生不久且未沾有鼠嗅的小耗子。

或滲有鹹味的蚯蚓。

或特地把蛆蟲聚在爛猪肉

再把吸收了猪肉的營養的蛆蟲用油炸……。

或用斧頭敲開頭蓋骨，把活生生的猴子的腦汁……。

——喜歡吃那麼怪東西的他。

下顎骨接著上顎骨，就離開。——不停地反覆著這種似乎優雅

的動作的他，喜歡吃臭頭腐，自誇賦有銳利的味覺和敏捷的咀

嚼運動的他，坐吃了五千年歷史和遺產的精華。

坐吃了世界所有的動物，猶覺饕然的他。

在近代史

竟吃起自己的散漫來了

有一位日本友人曾經告訴我：「臺灣眞好？」我問他：「爲什麼呢？」他回答說：「臺灣是吃的天堂。」一談起吃，我就想起桓夫的這首〈咀嚼〉的詩來。如果我們知道，當桓夫在創作這首詩的時候，他說國語的本領實在沒有我們新生代的詩人那麼流利，但是，他竟然操縱著這麼靈光的中國現代語言，且帶著強烈的批判性，以反諷的口吻來表現咀嚼的意義、咀嚼的過程、以及咀嚼的影響。從咀嚼而發展到對自己的民族性的批判，充滿了同情，充滿了感嘆，更充滿了哀愁。這種批判，正是一種希望、一種寓意、一種象徵。

這首詩，從現實的素材著手，但所發展出來的，竟是超越了現實，是對歷史的、民族性的深刻的反諷。讓我做爲一個中國人，不得不深深地反省和警惕！我認爲這首詩，便是一種現實主義的藝術導向的例子。

試再舉詩人林亨泰的一首〈弄髒了的臉〉的詩爲例：

你說臉孔是在白天的工作弄髒了嗎？

不，該說：是晚間睡眠時才會弄得那麼的髒。

因爲，每一個人早晨一起來，什麼事都不做，

所忙碌的只是趕快到盥洗室洗臉——。

當然啦，他們之所以不能不趕緊洗臉，

不只爲了害羞讓人看到自己有一幅醜臉。

更是爲了他們因爲在昨日一段漫長黑夜中，

竟能安然熟睡——這不能說是可恥的嗎？

在一夜之中，世界已改樣，一切都變了。

今晨，窗檻上不是積存了比昨日更多的塵埃？

通往明日之路，不也到處塌陷得更多不平？

這一切豈不是都在那一段熟睡中發生了的？

如果以我們曾經經歷過像日本戰敗，中國八年抗戰勝利，臺灣光復的那一段歷史性的一頁的一代，我們就能深深地了解與領悟林亨泰在這首詩中所說的「在一夜之中，世界已改樣，一切都變了。」雖然表面上看起來，這首詩也不過是描述了個人在一夜之中「弄髒了的臉」的經驗，好像得自經驗的偶然。然而，這首詩，卻不只是個人的經驗，而是有意拓展爲普遍性的經驗，而把這種經驗提昇爲對歷史性、宇宙性的經驗。所以說，這首詩，有作者的知性的思考，在一夜之中的兩種經驗兩個世界的對比，可以說，表現了一種閃光的智慧，有洞見有透視的力量。如果說桓夫的〈咀嚼〉，是在反諷中賦予詩的批判性；那麼，林亨泰的〈弄髒了的臉〉，該是在象徵中透露了詩的智慧，有一種頓悟、一種機智、一種溫柔的忠告。這首詩，也是現實主義的藝術導向的一個抽樣。

結　語

純粹經驗的藝術導向：固然強調了現代詩的藝術性，卻也使現代詩日趨墮落，成爲詩人無聊的一面，在咖啡室裏，在象牙塔中，風流自賞，流風所及，使現代詩日漸蒼白、頹唐，而脫離現實，在詩的迷魂陣裏孤芳自賞。

現實主義的社會導向：當然是針對著純粹經驗的藝術導向而來，可以說是一種偏差的糾正，也是一種抗衡的力量。以口語化的語言來表現現實的素材也是無可厚非，然而，也需注意意象的塑造，以及音響的效果，不可使現代詩流落到非詩的邊陲。

現實主義的藝術導向：可以說是針對以上兩種現代詩的導向底平衡的取向，詩的創造，通過了現實生活的經驗，化為普遍性的體驗，創造屬於我們這一代的普遍性的感受的詩作，表現我們個人的心聲，同時也體驗了我們這一個時代的脈搏和心跳的聲音。意大利美學家克羅齊（Benedttfo Crce, 1866-1952）認為美是一種成功的表現，而醜卻是不成功的表現，甚至不是表現。中國現代詩的成功的表現，還有待於我們來共同努力。

現代詩的反省

如果以中國詩史上通常的稱呼來看，自漢朝以來，有漢詩、唐詩、宋詩、元詩、明詩、清詩等等的簡稱，因此，民國以來的詩，該是民國詩了❶。但是，我們不這麼說，在五四運動前後的時期，舊詩與新詩曾經對立地並稱；國民政府遷臺以後，把民國三十八年以前，在大陸時期的中國詩的發展，統稱爲新詩時期。而遷臺時期的中國詩的延續，則有傳統詩（或古典詩）與現代詩對立地並舉，而把這三十多年來中國詩在臺灣的發展，統稱爲現代詩時期。我們所要反省的該是這三十多年來的現代詩，也就是說打著現代詩的旗幟，在臺灣詩壇上，由來自大陸的詩人、本省的詩人以及所謂新生代的詩人匯合，在不同階段所開拓、耕耘與實驗的結果，這些現代詩，由各種不同的媒體呈現在讀者的面前；有報紙副刊、有綜合雜誌、有純粹詩刊、有個人詩集、有不同型式的詩選集，林林總總，琳琅滿目，由於現代詩的詩社林立，派別凡多，無法一一列舉，只能以鳥瞰式的抽樣地舉例來加以反省與檢討。

一首詩的創作，不論醞釀的時間，或長或短，當一個詩人通過語言來加以表現的時候，我們常常從詩的情感、音響、意象與意義等各方面來咀嚼與推敲。當然，一首詩的表現，往往是一種渾然一體的表

❶ 此說法，林亨泰曾加以分析與批評過，值得玩味。

現，是不可否認的事實。倘若我們從詩的基本形式來加以省察的話，也許我們可以先從抒情詩、敍事詩以及詩劇三種類型來給予反省。

一、抒情詩的沒落　從文學史或詩史來回顧與檢討，抒情詩在文學史上的確有其不可磨滅的光輝。如果以詩的本質來看的話，抒情詩該是最富於掌握詩質的一種表現形式。然而，我爲什麼說抒情詩的沒落呢？事實上，在臺灣詩壇上，現代詩的創作數量最多的，恐怕還是抒情詩。然而，我爲什麼還說抒情詩的沒落呢？從號稱繼承傳統延續傳統的一些抒情詩來說，差不多大半都落在拾人牙慧的傳統的調調兒裏而無法自拔，古色古香的文言語法，加上古詩詞中的意象的複製，除了滿足在古老的傳統中懷古以外，幾乎都是對現實的一種逃避。從移植西方的抒情詩，而且受其影響，進一步地創作來說，眞正能深入西方現代詩的世界者，畢竟有限，半瓶醋的還是佔了多數。所以，不論是受中國傳統詩的影響，或不論是受西方古典詩或現代詩的影響，詩人必需努力做到脫穎而出。而我們一些抒情詩，仍然還是缺乏創造性，缺乏新聲的昂揚。如何從抒情詩的創作中，走出一種新的抒情，脫胎換骨，充滿新鮮性，且具有智慧有生命的躍動，恐怕還需詩人們不斷持續的努力。

二、敍事詩的嘗試　由於現代詩的創作，抒情詩往往局限於小我的世界，而不容易邁開腳步走出大我的世界來，所以，敍事詩的嘗試，該是值得注意的一種詩的表現形式。詩人瘂弦曾經主張把戰鬪詩提昇到史詩的境界❷，可以說已注意到敍事詩的嘗試的需要了。三十多年來，在臺灣詩壇上，敍事詩的創作，也是有人在嘗試著，不過，能夠具有現代化詩質的敍事詩，卻還是不多。敍事詩的創作，早期有葛賢

---

❷　瘂弦曾撰文在《青年戰士報》提出把戰鬪詩提昇到史詩的境界。

寧、上官予、張徹、蔣國楨等；近期如以《中國時報》提倡敍事詩獎來說，用心良苦，同時也鼓舞了年輕一代的詩人投到敍事詩的創作行列，然而，如果我們仔細觀賞目前這些敍事詩，不可否認的，多半還是抒情詩的擴大，缺乏敍事詩應有的架構和氣勢，更遑論提昇到史詩的境界了。話雖這麼說，敍事詩在現代詩的創作上，還是值得我們來加以開拓加以嘗試的，我們不妨朝向現代史詩方面來進一步開拓、耕耘與檢討。

三、詩劇的開拓　詩劇在西洋文學中有其相當悠久的傳統，在中國文學中比較缺乏依據。三十多年來，在臺灣詩壇上，詩劇的嘗試乏善可陳，早期如鄧禹平、夏菁、趙滋蕃；近期如楊牧、大荒，以及「創世紀」的一些嘗試，但畢竟數量有限，尙未打開更開濶的局面，更無法跟抒情詩的質量相比。而詩劇的題材，多半還是停留在民間傳說或歷史故事，尙未走進現代詩劇的領域，當然沒有創造出可觀的現代詩劇。不過，做爲詩的一種表現形式來說，詩劇的開拓，跟敍事詩的嘗試一樣，都是值得詩人們來考慮嘗試的。

以上三種詩的類型，在現代詩的創作上，還是以抒情詩的質與量佔了優位，然而，我們的抒情詩卻一直沒有起色，沒有走出更嶄新的創造的氣象來，竟然有著一種沒落的趨勢，難道不值得詩人們來反省與警惕嗎?

現代詩的創作，除了從詩的形式方面來省察以外，我們也可以從詩的內容方面來加以省察，尤其是在意識型態的轉變上，不同階段，有其不同階段的意識取向。擺在我們目前現代詩的創作上，大約有三種不同的顯著的取向，是值得我們來回顧與探討的。

一、傳統抒情的氾濫　在抒情詩的沒落裏，我已檢討過，不論是中國傳統詩的影響，或西方傳統詩的影響，在傳統抒情的取向上；一則可以在傳統的陰影裏獲得一些情緒的滿足，例如：懷古的幽情、民族的認同感以及超越時空的烏托邦的嚮往。二則可以讓文言復辟，並且逃避現實的苦難，而以虛無飄緲的荒謬世界來取代。這種傳統抒情的氾濫，往往造成跟現實的土地和人民的心聲脫節，躲在小我的世界裏，以風花雪月爲能事，以孤芳自賞爲得意，殊不知這種傳統抒情的氾濫，往往是金玉其外，敗絮其中，使詩的創造活動，缺乏時代的映象與節奏，缺乏獨特的新意與新聲。所以，純正的抒情詩，具有現代感覺的有創意的抒情詩，還是值得我們重視。

二、現代感覺的式微　在現代詩的發展過程中，曾經有過抒情詩與知性的論爭，抒情優位呢？還是知性優位呢？覃子豪從抒情走向純粹性的追求，事實上，是一種知性的融和。紀弦則在自我諧謔，自我反諷中，充滿了抒情的風味。從林亨泰、詹冰、季紅到非馬，像匕首一般意象突出簡鍊的抒情詩，有一種意象主義的傾向。又從方思在他的抒情詩中所透露的知性與神秘性，曾經有過黃荷生的敏銳觸覺，以及薛柏谷的冷靜迴響，可以說是繼承了方思一路的詩風。至於方莘與方旗，除了打著方家幫的旗幟以外，詩的路數是根本不相同的。詩的現代感覺，一是在創造的意象上，一是在語言的思考上，兩者互爲表裏，缺一不可。「創世紀」從「新民族詩型」跳躍到「廣義的超現實主義」，就是企圖追求現代感覺的優位。「笠」則從現代感覺、鄉土情懷以及現實意識中，企求更多樣性的擁抱，在詩的思潮上，受意象主義、超現實主義以及新即物主義的影響，但是，在現代感覺上，卻從現實意識的覺醒出發。然而，不幸的是，經過了幾次現代詩的論爭，由於抒情詩的沒落，現代感覺也有逐漸地式微的傾向。

三、現實意識的擡頭　紀弦提倡現代詩，成立現代派，但是，不久即告瓦解，後來又宣佈取消現代詩，要給現代詩命名，事實上，是對「創世紀」在現代詩發展過程中的一種批判! 「藍星」詩社，前有覃子豪，後有余光中，跟紀弦的現代派相抗衡，從而發展成一種所謂新古典主義的取向。而「創世紀」則從早期的「新民族詩型」跳躍到所謂廣義的超現實主義的取向，在現代詩的發展上，可以說毀譽參半。然而，憑心而論，這三個詩社，在現代詩的創作上，儘管在技巧上各顯神通，互相爭寵，不過，在意識型態的取向上，卻沒有顯著的差異，彼此詩風雖然不同，骨子裏卻是惺惺相惜的。換句話說，不論是出身學院，或是來自軍中陣營，他們的鄉愁，他們的流浪與孤獨，他們的失落與虛無，幾乎是彼此頗爲相通的。然而，由於從民國四十八年到民國五十年光景，現代詩的發展，固然因「創世紀」的革新而活躍起來，然而不久又陷入空前的低潮。「現代詩」若斷若續，終於宣佈倒下! 「藍星」由於覃子豪的逝世，雖有余光中一派的撐持，但也有晚唐的興嘆! 而「創世紀」在一陣衝勁以後，推出了《六十年代詩選》，不久，也淪爲不定期的詩刊，而當時剛起步的「葡萄園」，也尙未形成氣候。因此，「笠」的出發與崛起，是有著繼承「現代詩」、「藍星」與「創世紀」的未竟之業，且把現代詩的創作，給予重新點燃火種的意義；其中吳瀛濤、林亨泰、錦連、白萩、黃荷生、林宗源、薛柏谷早就跟前行的三個詩社頗有淵源，而且都已發表了相當有份量的作品。不過，由於「笠」的興起與發展，在現代詩的創作上，具有潛在力量的詩人，如桓夫、林宗源、趙天儀、李魁賢、杜國清、非馬等等，紛紛突破了現代詩的低迷，而且在意識型態的取向上，也跟過去的詩壇大異其趣，本土意識加深了，現實意識擡頭了，進取的與剛勁的詩風，取代了晦澀的與陰柔的詩風。在「笠」早期的發展過程中，也曾經出現了兩股新銳的陣營；一股是以林煥彰、喬林、林錫嘉、施善繼爲首的詩人，後來跟陳芳明、高上秦、林佛兒等另組「龍族」詩社，擁抱民族性，十六期以後，則各奔前程，自不在話下。另一股是以鄭烱明、傅敏、拾虹、陳明台、陳鴻森、郭成義、莊金國、陳坤崙等爲代表的詩人，則繼承爲「笠」的持續的中堅，繼續勇往邁進!

當然，由於《笠》的持續與刺激；《創世紀》、《藍星》、《南北笛》等紛紛復刊；《詩宗》、《詩隊伍》相繼創刊；有的維持至今，有的短期就結束了。而新生代的詩人也紛紛各立門戶，同仁詩刊已經出現過的，有《中國新詩》、《盤古》、《海鷗》、《星座》、《龍族》、《詩脈》、《水星》、《暴風雨》、《後浪》、《詩人季刊》、《主流》、《大地》、《秋水》、《水草》、《八掌溪》、《陽光小集》、《綠地》、《掌門》、《腳印》、《掌握》等等種類很多，都曾經各自繁榮了一陣，有些若斷若續，有些停刊了。目前以《秋水》與《陽光小集》較具有潛力。又「創世紀」爲了繼續維持詩壇的霸業，除了繼續不定期地出版詩刊以外，張默、洛夫、瘂弦都在詩選上猛下功夫，而這些詩選也就往往成了現代詩再度地被批判的對象與樣板! 例如: 唐文標、關傑明、陳芳明、高準、陳映眞、尉天驄，甚至顏元叔，都曾經對發展中的現代詩的流弊給予非常嚴厲的批判! 臺灣詩壇，在經過幾次的現代詩論戰，以及鄉土文學論戰以後，現代詩的發展，從方法論的論爭發展成爲意識型態的論爭。由於現實意識的擡頭，有些詩人紛紛轉向社會寫實，促成了敍事詩的興起。詩人吳晟、蔣勳、施善繼、詹徹、葉香、宋澤萊、廖莫白，紛紛發展鄉土性、社會性、民族性的素材。而在「笠」的陣營裏，從桓夫、陳秀喜、林亨泰、白萩、林宗源、趙天儀、李魁賢、非馬、許達然、杜國清、鄭烱明、拾虹、傅敏、莊金國、陳坤崙、靜修等等，也都紛紛推出了具有現實意識的批判性的作品。把現代詩的創作，導向社會功能的藝術性的發揮。因此，不論是在方法論上，以語言的新銳、意象的突出爲詩創作的目標；或不論是在意識型態的取向上，以素材的鄉土性、社會性及民族性的開拓，以及從單純的抒情朝向繁複的敍事，詩既不是象牙塔中的自我陶醉的產物，也不是僅僅在十字街頭搖旗吶喊的產品；詩如果還是一種文學創作的藝術的話，仍然需要有詩之所以成爲詩的本身的必要條件。詩的意象成爲解不開的密碼，固然不足取；詩的意義的羅列成爲化不開的抽象概念，自然也非正道。

不過，現實意識的擡頭，不論是鄉土情懷，或不論是民族情操，從小我的抒情到大我的敍事，現代詩該已面臨了一種創造性的挑戰，目前正是面對一種歷史性的轉捩點。詩人本身需建立自己的人生觀、宇宙觀、世界觀，同時也需建立自己的政治觀、社會觀及文化觀。詩人的創作，不能人云亦云，一方面固然需要滿足詩的藝術性的要求，同時另一方面也需要滿足詩的社會性的追求。簡言之，詩人是文明的批評者，需有批評的道德的勇氣。

綜觀臺灣詩壇二十多年來現代詩的發展，無庸置疑的，現代詩在臺灣，已發展出跟在大陸時期的新詩顯著不同的新局面，加以海峽兩岸三十多年來的對峙，臺灣現代詩的發展，自有其歷史的、地理的以及現實的多樣的意義。做爲中國詩的一環，臺灣現代詩的發展自是中國現代詩的開拓上最具有潛力的一支。而今，由於來自大陸的詩人、本省的詩人以及新生代的詩人，在三十多年來的共同努力，雖然詩風不同，方法論不同，甚至意識型態的取向也不同，然而，這種多元化的詩壇不正是我們學習民主，學習彼此容忍不同意見、不同看法、不同觀點的起步嗎？淸一色的詩壇，反而容易乾枯；紀弦所謂的大植物園主義，該是詩壇所需要建設的大方向。

當強有力的新生代的詩人們，紛紛推出了他們的作品的時候，不論是短詩，或不論是長詩；不論是抒情詩，或不論是敍事詩；不論是寫實的，或不論是超現實的；不論是個人的，或不論是社會性的；只要是眞正的詩，只要是寫出了我們同胞的心聲，只要是譜出了我們這一代的音響，我們都不妨拭目以待吧!

現代詩的再反省

回顧現代詩在臺灣的發展，不知不覺已經有了三十多年的歷史了！而在這三十多年的歲月之中，臺灣的政治環境、經濟結構、社會變遷直接或間接地對現代詩的發展，有了顯著的影響。現代詩的發展，從《自立晚報》的〈新詩週刊〉開始，然後，演變成「現代派」與「藍星」的對峙，繼而「創世紀」的爭霸，然後，有「笠」的崛起與制衡。從「現代詩」、「藍星」到「創世紀」，是現代詩的前半期；從「笠」的出發到新生代的普遍興起，是現代詩的後半期。現代詩的發展，自「笠」出發以後，因新生代興起，臺灣現代詩壇也形成了多元化的趨勢。新生代的詩人所創辦的詩刊，前仆後繼，有的短期就停刊了，有的若斷若續地掙扎，凡二十多種。詩刊詩集詩選的出版，也琳琅滿目，應接不暇。可是，如果我們仔細拜讀的話，在這種表面繁榮的詩壇，也有許多令人隱憂的問題存在，值得我們來不斷地檢討與反省。

我曾在〈現代詩的反省〉一文中，依照現代詩的形式與內容的不同層面來檢討與反省。在〈現代詩的再反省〉本文中，我將依照現代詩的方法與精神的不同意義來檢討與反省。在臺灣，「現代詩」這個名稱，是在《現代詩》季刊創刊以後，才陸陸續續地被採用，而在「現代派」成立時，才再被強調而普遍化起來，直到紀弦再提出要取消「現代詩」這個名稱的時候，已經是欲罷不能了！事實上，「現代詩」這個名稱是超越了國界，有著國際性的普遍的用語。在新詩、自由詩、現代詩等不同的名稱之中，大家似乎不約而同地首肯了「現代詩」爲我們這三十多年來詩的發展的一個總稱。

那麼，什麼是現代詩的方法與精神呢？在詩的方法論上，這三十多年來的詩，是依照怎樣的方法而創造的呢？詩人在語言的操作上是如何呢？在修辭的技巧上又是如何呢？在詩的精神論上，這三十多年來的詩，是依照怎樣的精神而創造的呢？詩人在詩的思潮或文藝思潮上是採取了怎樣的態度呢？在詩的精神世界上是開拓了怎樣的境界與局面呢？如果我們仔細地來回顧的話，當然，非簡短的本文所能概括，但是，從再反省的立場來看，也值得我們來加以討論。

從詩的方法論來省察，由於紀弦組織現代派，提倡現代主義，強調知性的優位以後，所謂浪漫的抒情、情感的告白、格律的形式，以及一些口號吶喊的作品，無形中便受到強烈的排斥。因爲強調現代主義的結果，寫實主義的詩逐漸地疏離，格律至上主義的作品也逐漸地沒落，而戰鬪性與抒情性的作品也逐漸地式微，而具有現代感覺的風味，以及知性較濃烈的作品則受到了重視與青睞。

「藍星」詩社諸君子在抗衡現代派諸健將的時候，覃子豪由抒情詩走向詩的純粹性的追求，余光中由格律詩走向現代化，而後又走向古典的文言化的趨向，然而，卻無法挽回現代主義的狂瀾。「創世紀」詩社提倡新民族詩型，原是有意制衡紀弦的現代主義，但也於事無補，竟然跳躍到廣義的超現實主義，使紀弦回頭過來想取消現代詩未成，事實上，「創世紀」詩社卻是強化了現代主義的衝擊與發展。當這三個詩社對峙鼎立的時候，國內的文化界也是西化的思潮正盛行的時候，紀弦主張橫的移植，雖未徹底，現代化也未完全成功，但是，從客觀的局勢來看，那該是一股西化的潮流。覃子豪以抒情性對抗知性，余光中在現代化以後又以縱的繼承另闢新古典主義的路子。「創世紀」一則擺脫新民族詩型，二則擁抱了廣義的超現實主義，然而，部分加盟的詩人，卻還繼續發展現代主義的詩觀。而「笠」詩社的崛起與持續，一方面結束了現代詩前半期三者鼎立的局面，另一方面，又形成了「創世紀」與「笠」互相競爭與制衡的局面。以新民族詩型加上國際主義爲背景的「創世紀」，碰上了兼消國際主義與傳統主義的「笠」，正以本土主義的精神出發，「笠」在詩的思潮，並未排斥從現代主義到廣義的超現實主義的發展，也未排斥傳統主義的縱的繼承的觀念，但眼看著現代詩在前半期所帶來的晦澀與沒落，「笠」是想有所振作的，所以，在傳統抒情與現代感覺以及現實意識上做了相當的調整，可以說有意給臺灣現代詩壇帶來另一股更淸新而紮實的詩風，以糾正過去的偏差。

從詩的方法論來說，在詩的語言上，現代詩面臨了明朗與晦澀的交替，文言與白話的雜揉，國語與方言的並存，以及口語化與固定化的對決。詩的語言與散文的語言，在作爲文學的語言來說，兩者都需把日常生活的語言提煉爲文學的創造性的語言。換句話說，散文的語言比較依賴邏輯性的連接詞，較有單義性的傾向；而詩的語言比較依靠飛躍性的意象語，較有多義性的傾向。現代詩在追求飛躍性的意象語方面，可以說，爭奇鬬艷，各出絕招，渾身解數。然而，許多不成熟、難懂，甚至蒼白、虛無的流弊也緊跟著產生。來自大陸的詩人，雖然也有南腔北調的方言，但使用國語來寫詩，則比較順理成章。而省籍詩人，使用國語的障礙，逐漸地克服了；新生代的詩人，國語則比上一代更看好。然而，由於省籍詩人及新生代的詩人在日常生活上，有著大量的方言參與，包括閩南語與客家話的廣泛應用，對於詩的創作者而言，不啻是一貼強烈的興奮劑。更何況，語言的圓熟使用，並不等於詩的成熟。有許多國語很好的人，使用國語來寫作，卻非常的缺乏詩味。當然，詩的創作要好，一定要相當的使用語言的本領。此外，我以爲我們對方言詩的興起，應該給予適當的位置，並因勢利導，不要一味地排斥或低估。換句話說，倘若可能的話，讓方言與國語做適當的融會，可能會豐富我們詩的語言，充實我們詩的創作。當然，詩需要意象語的飛躍性來濃縮，但是，如果缺乏意義性的蘊含，也會顯現出詩意的貧弱，同樣地，詩也需要語言的意義性的啟示，然而，如果缺乏意象的襯托，也會顯現出詩質的呆滯。詩是需要乘著飛躍性的意象語，來創造空間的想像，來創造時間的持續與飛揚。目前，偏重傳統抒情者，注重語言的聲韻，較有文白雜揉的現象。偏重現代感覺者，注重意象的繁複，較有語言的花招或晦澀的傾向。偏重現實意識者，注重意象的純淨，也注重韻律與節奏的順暢。不過，偏重現實意識者，也不能過份地只是注重意義性的羅列，因而失去了詩的創造性的語言應該掌握的張力。

從詩的精神論來說，由於現代主義的提倡，寫實主義的詩作也曾經遭遇坎坷，而戰鬪性濃烈的反共詩歌與格律性濃厚的浪漫詩風也逐漸地式微，這是民國五十年左右的轉變。而在民國五十三年光景，由於「笠」的出發，現實意識的擡頭，現代詩又重新以寫實主義爲底子，在意象主義、超現實主義以及新即物主義的影響與蛻變之中，現代詩的創造，不但在詩的語言上逐漸地口語化了，而且在意識形態的取向上，也較重視鄉土性、現實性以及民族性了。這種詩的精神論的轉變，也可以說是現代詩後半期的特徵:

一、歷史意識的挖掘　現代詩後半期的發展，有擁抱中國的民族性的昂揚，也有熱中臺灣的草根性的追求，許多詩人重新正視中國近代史的演變，也有注視臺灣歷史開拓的滄桑。對於敍事詩的提倡，也更加強了這一方面的發展與契機。

二、地理環境的激盪　現代詩的創作，有的注重中國意識的激勵，發揮想像力的飛揚。來自大陸的詩人，早期那種鄉愁濃烈的作品，比較使人感動的因素，是因爲當時比較有現實經驗的基礎。而目前許多新生代的詩人，高揚中國意識者，又因爲地理環境的限制，較缺乏現實經驗的基礎。有時雖然熱情澎湃，但有時也難免有不落實的苦悶與困境。而「笠」的出發，一方面注重現實經驗的批判性，另一方面也注重本土意識的草根性，卽追求落實的表現，同時也注重鄉土性、社會性與民族性的挖掘。從地理環境的激盪與廻響來看，「笠」一則強調批判性，二則又富有自覺性。詩人桓夫曾經主張現代詩在臺灣的發展，是兩個根球的結合，肯定現代詩的成長，是有賴於來自大陸的詩人與省籍詩人的結合，才能有更進一步的期待與發展。

三、現實意識的重建　現代詩的創作，由於現代主義的興起，曾經在橫的移植與縱的繼承之間掙扎，現實意識也曾經式微，甚至有的淪於逃避現實的傾向。而在現代詩的後半期，現實意識的重建，先有「笠」的自覺性與批判性的出發，後有新生代詩人的覺醒與轉變，社會性的素材、鄉土性的經驗，以及新聞性的報導，都紛紛成爲許多詩人創作的不同的取向，可以說，現代詩的創作，已逐漸地重建了現實意識，並且以寫實主義爲創作主導的方向。

簡言之，現代詩在臺灣三十多年來的發展，經過了純粹經驗的藝術導向，使現代詩在追求藝術化之中，淪爲象牙塔的封閉世界的產品。經過了現實主義的社會導向，固然使現代詩走上了十字街頭的世界，然而，也有使現代詩缺乏詩質的危機存在。因此，我們重估現實主義的藝術導向，來制衡前面兩種導向的可能的偏差；一方面我們重視方法的自覺，注重詩質的創造，注重意象語的飛躍性。另一方面也重視精神世界的創造與反省，我們要反省鄉土性、民族性與社會性，也要反省詩人本身的情操與教養。詩人不只是現實的批判者，而且是文明的批評者。我們希望現代詩人重視現實主義的覺醒，但也希望現代詩人有理想主義的抱負，有人道主義的精神，來共同建設中國現代詩的新世界。

現代詩的回顧

現代詩三十年

民國有七十一年，所以，民國詩有七十一年是可以肯定的。所謂民國詩，是包括了傳統詩的部份。但是，在這七十一年中，新詩的出現，大約是在五四運動前後，大概是在民國七、八年光景。

從中國新詩的發展史來看，大約可以分爲兩大階段；第一個階段是新詩時期，大約從民國八年到民國三十八年，在這個時期中，還可以分成草創時期、浪漫時期、象徵時期、以及抗戰時期。第二個階段是現代詩時期，大約從民國三十九年到如今，在這個階段中，還可以分成接觸時期、播種時期、成長時期、以及覺醒時期，第一個階段可以說是大陸時期，第二個階段可以說是島上時期。我所說的是指在島上的現代詩三十多年。

一、現代詩三十多年是指來自大陸的詩人與本省詩人接觸合流，共同開拓的這三十多年來的現代詩，也可以說是兩個根球的結合所產生的作品。

二、現代詩在臺灣，可以說日據時期的臺灣新文學運動獲得另一個歷史淵源，包括使用中文寫新詩與使用日文寫新詩的先驅者，他們該是更早期的播種者之一。而現代詩的接觸時期，還可以追溯到民國三十四年到三十八年，蓋這四年多，是大陸詩壇與臺灣詩壇直接接觸的開始。

三、現代詩三十多年，我以《現代詩》、《藍星》、《創世紀》與《笠》爲檢討的對象，這只是抽樣，並不意味著否定了其他的詩刊詩社。從《新詩週刊》以來，還有《南北笛》、《海鷗》、《今日新詩》、《葡萄園》、《中國新詩》、《星座》、《縱橫》、《詩隊伍》、《龍族》、《主流》、《詩宗》、《大地》、《秋水》、《詩人季刊》、《草根》、《綠地》、《詩脈》、到《陽光小集》，都有他們或大或小的貢獻。

四、日本也受了西方詩潮的影響，而形成了新體詩的運動，大約可以分成近代詩時期與現代詩時期，這種分法，也可以做爲我們的參考。

現代詩的先驅

現代詩在臺灣，從歷史的淵源來看，在日據時期新詩運動就已展開；一方面受中國新詩運動的影響，另一方面受日本及西方詩潮的影響。從接受外來的影響與衝擊，到開拓歷史創造的局面，也歷盡滄桑。日據時期，臺灣新文學運動，新詩運動也蓬勃地展開，留下了不少可貴的中文與日文的作品。以李南衡主編的《日據下臺灣新文學明集 4 詩選集》，以及羊子喬、陳千武主編的《光復前臺灣文學全集》詩選集《亂都之戀》、《廣濶的海》、《森林的彼方》及《望鄉》四册爲代表。所以，中國新詩運動的第一個階段，以及日據時期臺灣新詩運動，都是我們這現代詩三十多年的先驅，這是我們首先要肯定，而且要加以研討的歷史淵源。

現代詩三十多年，包括了接觸時期、播種時期、成長時期以及覺醒時期。接觸時期也許可以從臺灣光復說起，事實上，臺灣光復以後，臺灣詩壇與大陸詩壇就重新開始直接地接觸，大陸同胞先後來到臺灣，有一部份是在大陸淪陷以前就來了，所以，從民國三十四年光復到民國三十八年之間，事實上，中國詩詩的刊物、詩集、詩選，就已經在臺灣出現了。我自己便是一個歷史的見證，我從國小五年級到初二，那時我已陸陸續續地讀了一些中國的新詩作品，以及翻譯的作品了，而且還偸偸地寫過一點不成熟的所謂新詩了。在這個時期，大約四年光景，有《中華日報》、《軍民導報》的日文版，《臺灣新生報》的〈橋〉，《力行報》副刊，黃金穗主編的《新新》雜誌，楊逵主編的《臺灣文學》叢刊，張彥勳、林亨泰、詹冰、錦連等「銀鈴會」的《潮流》都發表了不少的新詩。南部的《處女地》、《風車詩社》在戰爭中，曾經活躍過，戰後似乎也歸於沈寂。林亨泰的日文詩集《靈魂的產聲》，和汪玉岑的中文詩集《卡和》，以及「太陽社」的詩選集《路》，都在民國三十六、七年間出版了。《路》這一本詩選集裏，便有詩人綠原的作品。

播種時期，也許可以從民國三十九年說起，因大陸淪陷，造成了中國歷史上空前的變局，國民政府遷到臺灣，大陸同胞也紛紛踏上了這美麗之島。各種文藝刊物紛紛陸續創刊，例如:《火炬》、《寶島文藝》、《半月文藝》、《野風》、《海島文藝》、《文藝創作》、《大道文藝》、《新地文藝》、《新新文藝》、《文藝列車》、《中國文藝》、《學生》、《中學生文藝》、《暖流》等。《中央日報》、《民族晚報》、《徵信新聞》、《中華日報》、《新生報》等的副刊或文藝週刊，都促進了新詩的發展。尤其是《自立晚報》，在民國四十年光景，由來自大陸的詩人葛賢寧、鍾鼎文、紀弦、覃子豪、李莎等創刊了《新詩週刊》，持續了一年多，許多詩人在這時期出現，如墨人、鍾雷、上官予、彭邦楨、楊念慈、潘壘、方思、吳瀛濤、鄧禹平、郭楓、楚卿、蓉子、鄭愁予、楊喚、林泠、黃騰輝、葉笛、何瑞雄等等，翻譯家葉泥先生還翻譯了林亨泰先生的〈靈魂的產聲〉在《新詩週刊》發表。

現代派的成立與瓦解

現代詩的成長時期，又稱鼎立時期。也許可以從民國四十一年說起，在這以前，《新詩週刊》發行了將近兩年而停刊了。民國四十一年，紀弦出了一期的《詩誌》，也停刊了。民國四十二年，紀弦創刊了《現代詩》，民國四十三年，覃子豪等借《公論報》副刊的園地創刊了《藍星週刊》，張默、洛夫、瘂弦則在南部的左營創刊了《創世紀》。

從民國四十三年到四十八年之間，差不多是《現代詩》與《藍星》抗衡的時期。那時候，《創世紀》還未形成氣候，倒是羊令野在民國四十五年創刊了《南北笛》詩刊，值得一提。民國四十八年，《創世紀》革新，才形成了所謂三者鼎立的時期。

民國四十五年二月一日，紀弦主編的《現代詩》，宣告正式成立現代派集團，以該刊爲「現代派詩人羣共同雜誌」，並提出所謂的「現代派的信條」，那六條主張如下:

一、我們是有所揚棄並發揚光大地包含了自波特萊爾以降一切新興詩派之精神與要素的現代派之一羣。

二、我們認爲新詩乃是横的移植，而非縱的繼承。這是一個總的看法，一個基本的出發點，無論是理論的建立或創作的實踐。

三、詩的新大陸之探險，詩的處女地之開拓。新的內容之表現;

新的形式之創造；新的工具之發見；新的手法之發明。

四、知性之強調。

五、追求詩的純粹性。

六、愛國、反共、擁護自由與民主。

當紀弦提出這六大信條的時候，首先遭遇到「藍星」詩社的抗衡，覃子豪發表「新詩向何處去?」也提出了六大原則來相對抗。「創世紀」詩社亦發表對橫的移植的不滿，而提出新民族型來抗衡。雜文作家寒爵先生也撰文批評現代詩派的主張。因此，現代派雖然宣告成立，而且頗爲轟動，但是，由於抗衡力量的存在，以及他經營刊物的不善，使《現代詩》雜誌逐漸地式微，變成了斷斷續續的不定期的詩刊。因此，現代派也就自然地衰微而瓦解了。有三點值得一提:

一、作爲現代派盟主的紀弦，主張新詩乃橫的移植，強調知性，雖然有點過火，但是，也相對地造成了格律詩的沒落，同時也刺激了覃子豪從抒情走向知性的思考。這不能不說是一種收穫。

二、在詩的創作與理論上，現代派有四種較顯著的傾向；（一）是現代主義的昂揚，在理論上，以紀弦、林亨泰、方思爲代表。（二）是朝向知性的表現，以方思、黃荷生、薛柏谷爲代表。（三）是走向立體的追求，以林亨泰、白萩爲代表。四是新抒情的傾向；鄭愁予、林泠較有唯美的取向，李莎、楊喚則較有寫實的色彩。

三、除了《現代詩》雜誌本身的逐漸沒落以外，由於紀弦在「現代化」的追求上，表現得也不够徹底，也是使他們沒落的原因。對西洋現代詩的翻譯與介紹，除了紀弦、方思、葉泥、薛柏谷較有成果以外，也表現了他們受外來的影響，橫的移植不够深入的一面。

紀弦在出版《現代詩》五十四期時，終於宣佈停刊了。至於民國七十一年六月，《現代詩》復刊號第一期出版，自不在話下。

「藍星」的制衡與持續

「藍星」的開創者，以覃子豪、鍾鼎文、余光中、夏菁與鄧禹平爲代表，羅門卻是現代派的跳槽。「藍星」可以分爲前期與後期，或以覃子豪爲主的一羣，以及以余光中爲主的一羣。覃子豪及其函授班的學生，如向明、彭捷、蜀弓楚風等，在《藍星週刊》前期，頗有表現，不過，白萩、林冷、羅行、黃荷生等新銳詩人的參與，也造成了創作上的新鮮與活潑。余光中、夏菁與吳望堯等，自格律的枷鎖掙脫開來以後，在《藍星週刊》後期，以及其他相關的詩刊雜誌上，也造成了一種唯美與新古典的氣氛，黃用、蓉子、周夢蝶、葉珊、敻虹、張健、王憲陽、吳宏一等的參與，也形成了「藍星」後期的繁榮。

覃子豪在「新詩向何處去?」提出了所謂的六大主張，來跟紀弦的六大信條相抗衡，這六大主張如下:

一、詩底再認識:「詩的意義就在於注視人生本身及人生事象，表達出一種嶄新的人生境界」。「詩不是生活的逃避」。

二、創作態度應重新考慮: 要求表現上能與讀者產生心靈上的溝通。

三、重視實質及表現的完美。

四、尋求詩的思想根源。

五、從準確中求新的表現: 要求語言和意象的準確性。

六、風格是自我創造的完成: 強調個性和民族精神。

覃子豪爲了對抗紀弦的現代派的主張，提出所謂的六大主張，且經過了一番激烈的論爭以後，也造成了他們彼此互相修正的結果。而覃子豪後來的創作，也從抒情的傾向走向了知性的追求。覃子豪的雕琢的深沈，跟紀弦的羅曼與孟浪，恰成強烈的對比。

當言曦批評新詩而引起論戰的時候，余光中也挺身出來爲現代詩辯護，當時的余光中在評論、創作與翻譯上，已頗有取覃子豪而代之的表現。加以他及其周邊的一羣，也形成了另一種「藍星」的格調，跟覃子豪的「藍星」，有了不同的發展，在縱的繼承，以及傳統的回報中，所謂新古典主義便在唯美的裝飾下逐漸地形成，唐詩宋詞的陰影到處可見。另一方面，余光中又跟「創世紀」爭霸，在《六十年代詩選》之中，張默、瘂弦便封給他「有霸氣而無霸才」的雅號。

「藍星」目前尙有不定期的詩刊繼續推出，有一部份的同仁也繼續創作，不過，在聲勢上已不若往昔，是否他們的黃金時代也已成過去了呢？這就要看他們來日持續的發展了！

《創世紀》的革新與掙扎

《創世紀》詩刊雖然在民國四十三年十月創刊，當紀弦組織「現代派」的時候，民國四十五年三月《創世紀》第五期提出了「建立新民族詩型之芻議」，在「創世紀交響曲」一詩中，他們如是歌唱著：

我們要擷取西洋古代文藝的英華，

我們要採取民族文化遺產的精金，

再透過我們自己智慧和心血，

吸收、錘鍊、融化，

再創造我們新的民族詩型

今天，我們需要有血有淚的詩，

今天，我們需要有骨頭有生命的詩

我們需要生活的民族的，戰鬪的，

中國風，東方味的詩，

我們的詩，是一支鞭子，

要用鞭子抽著這社會，

向它要眞！

要用這鞭子抽著這社會，

向它要善！

要用鞭子抽著這社會，

向它要美！

我們要從生活走進詩，

再從詩反射到生活！

我們要用詩來呼吸，

　　要用詩來哭泣，

　　要用詩來歌唱，

　　要用詩來吶喊，

　　要用詩來作戰！

這種新民族詩型的精神，後來爲什麼式微呢？在民國四十六、七年以後，洛夫、瘂弦在創作上才逐漸地抬頭，提出了較新銳而有力的作品。直到民國四十八年，《創世紀》革新出刊，原來屬於現代派的林亨泰、季紅、葉泥、白萩、鄭愁予等的參與，加上張默、瘂弦編了《六十年代詩選》以後，才逐漸地造成了《創世紀》的聲望。不過，在民國五十年以後，《創世紀》已淪爲不定期的詩刊。到了二十九期以後，又停了一段時期，到了《詩宗》解散以後，才又復刊。所以，《創世紀》的發展，可以分爲草創期、革新期、以及再出發期。在這變化過程中，《詩宗》、《水星》等的創刊，不能不說多少也受了

《笠》詩刊的崛起與刺激而形成的。

《創世紀》除了三位創刊者以外，在革新以後，「現代派」一部份詩人的參與，以及海外詩人與評論家的介入，也擴大了他們陣容。在評論上，有季紅、林亨泰、白萩、李英豪及葉維廉的介入。在創作上，除了以上諸君子以外，尙有許多軍中詩人的參與，例如：商禽、辛鬱、管管、沈甸、大荒等等，又學院詩人，如楊牧，以及一些新進的詩人，也造成了《創世紀》再出發的一股潛在力量。

事實上，「創世紀」是繼「現代派」以後，走上了現代主義的路向，比較受到西方詩潮的衝擊的一個詩社。例如：所謂廣義的超現實主義的影響。很有趣的是以余光中爲主的「藍星」，多半是學院色彩較濃的詩人，卻有走向傳統的趨勢；而「創世紀」的諸君子是以軍中詩人爲主，卻反而走向現代主義的取向。但是，兩者竟也都形成了現代詩又遭受強烈地批評的對象。例如：關傑明、唐文標、尉天驄、顏元叔、陳芳明、高準、陳鼓應等等的批判的對象。加以鄉土文學的論戰，現代詩似乎又面臨了另一個困局與反省的階段。雖然說，「創世紀」過去曾經提出「新民族詩型」，然而，事實上，「創世紀」卻受了廣義的超現實主義，以及所謂純粹經驗的美學等等的影響與激盪，跟早期的「新民族詩型」大異其趣。目前「創世紀」在遭遇一陣強烈的批判以後，似乎也有了某些修正，例如：洛夫的新作，就比較明朗淺白得多了！

《笠》的崛起與持續

《笠》詩雙月刊創於民國五十三年六月十五日，促成本省詩人創辦這個詩刊的因素很多，但是，最重要的有二；一是本省作家吳濁流、鍾肇政等於民國五十三年三月創刊了《臺灣文藝》，並於民國五十三年三月一日在臺灣省工業會四樓召集了青年作家座談會，由吳濁流、施翠峰等主持。會後，詩人吳濁流、陳千武、白萩、趙天儀、薛柏谷、王憲陽等便聚在吳瀛濤華陰街的家裏，會談積極創辦詩刊的事情。二是本省詩人在未創辦詩刊以前，先後大部份支持過《新詩週刊》、《現代詩》、《藍星》、《南北笛》、《創世紀》等等。例如:《新詩週刊》裏的黃騰輝。《現代詩》裏的林亨泰、錦連、黃荷生、薛柏谷、林宗源、陳錦標以及白萩。《藍星》裏的黃騰輝、邱瑩星、白萩、黃荷生、蔡淇津、趙天儀、游喚洋、楓堤、桓夫。《南北笛》裏的錦連、白萩、黃荷生。《創世紀》裏的葉笛、林亨泰、錦連、白萩等等。這證明了本省詩人對那些詩刊的支持。到了民國五十年到五十二年光景，「現代詩」、「藍星」、「創世紀」三個詩社所辦的刊物，青黃不接，已有逐漸地走下坡的趨勢，出國的出國，停筆的停筆，停刊的停刊，已不若民國四十二年到五十年之間的那種活躍和銳氣，所以，《笠》詩雙月刊的創刊，是一個自然的趨勢與結合，加以當時臺灣經濟發展與社會結構，已醞釀成熟。而本省詩人在中國語文方面的訓練，也已經逐漸地得心應手，形成了一股潛在的創造力量。所以，我嘗說《笠》詩雙月刊的創刊，結束了《現代詩》、《藍星》與《創世紀》三者鼎立的時期，同時也繼承了前三者的未竟之業，打開了另一個覺醒時期的來臨。

覺醒時期的第一個階段，可以說是《笠》的崛起與持續，同時也是《創世紀》與《笠》競爭的時期。覺醒時期的第二個階段，是新生代羣雄並起的階段，同時也是《創世紀》與《笠》都遭遇到挑戰的時期。十八年來，《笠》每年出刊六期；二十八年來，《創世紀》每年平均出刊兩期多一點。

《笠》在創刊號的創刊辭〈古刹的竹掃〉中說:「我們所渴望的是: 把吸呼在這一個時代的這一個『世代』(Generation)的詩, 以適合於這個時代以及世代的感覺痛快地去談論。」這是林亨泰在《笠》創刊時所提出的看法, 也就是《笠》跨出的第一步。

《笠》第三十七期的編輯室報告中, 白萩以〈審判自己〉爲論題, 提出了有關詩的主張, 茲摘錄如下:

「一、文學態度: 眞摯　眞善美三者合一是生活的最高境界, 但三者需有選擇時, 我們寧取眞, 次取善, 下而取美。因爲世界上人生中, 儘多不美之眞, 不善之眞, 卻不許有不眞之善, 不眞之美。不眞之善是僞善, 不眞之美是虛美。眞摯是文學的靈魂詩的靈魂。

二、準確與淸晰的語言　不能準確而淸晰地使用語言, 卽表示不能準確與淸晰地思考, 此種思考不能對經驗負責, 猶如瘋言夢囈, 失去創作的意義。

三、全體的有機性秩序高於各別的奇異　一首詩被詩人產生出來之後, 它已斷臍, 能够在世界上成爲活生生的存在物, 每一語每一意義, 前前後後, 均能互相呼應, 顯出有機性的秩序。過剩的形象猶如三頭六臂讓人討厭, 等而下之, 大堆形象而無視於主題的要求者是垃圾不是詩。

四、方法論的重視　接受由任何理念任何手法所產生出來的暗喩, 三彎四折的把它弄成一個謎也可以, 只要你高明, 但謎也有謎的解法, 它是有方法在裏邊的, 你只要依方法弄出來, 我們便有耐心把它解出來, 如果不懂方法亂做謎題, 那可是笑話。

五、能擴大人類已有的詩經驗　我們以爲此類詩才是有創造性的詩, 重覆人家的詩經驗那是浪費, 不管你是從歐美日本搬來的, 或是唐詩宋詞元曲, 或徐志摩、或李金髮、戴望舒、何其芳、卞之琳等等搬過來的也好，反正大家的眼睛是雪亮的。我們要求眞正從自己體驗中產生出來的詩，就是出自你的體驗而人家已寫過的，那也少浪費力氣。

詩人的詩應該以刊登在純詩刊上爲榮，雖然那是無物質的報酬，但詩刊是專門性的，而不是報刊的玩票性質，那也照應了梵樂希所說的：『寧願被一個懂的人讀一千遍，而不肯被不懂的一千個人讀一遍。』讀詩刊的一羣也就是懂詩的一羣。

有時鑑於世界造得不够理想，我們會反問：上帝天天在審判人類，爲什麼不自己審判自己一次，審判自己！就是取消同仁刊登同仁雜誌『當然權』的理由。同時做爲審判人家的編輯同仁，更需天天審判自己一次，然後才來審判人家。先審判自己然後審判人家！讓今後在編輯室的同仁記住這句話！」

如果把這個短篇詩論拿來跟紀弦的「現代派」六大信條以及覃子豪的「新詩向何處去？」的六大主張相比擬的話，也可以看出《笠》的詩觀已經有所超越了。

《笠》百期紀念專號裏，李魁賢有一篇長文〈笠的歷程〉，他把《笠》的歷史及其發展，詳細地加以敍述。他把《笠》的發展過程，分爲「成長時期」、「飛躍時期」、「穩定時期」以及「未定時期」，以每五年爲一個時期。同時他指出，中國現代詩在臺灣詩壇上，曾經出現了三大傾向：一是純粹經驗論的藝術功用導向，二是現實經驗論的社會功用導向，三是現實經驗論的藝術功用導向。他認爲《笠》正走向「現實經驗論的藝術功用導向」。在詩的創作上，《笠》詩雙月刊一方面正視現實，另一方面也重視藝術。

事實上，在詩的創作上，《笠》同仁多年來的努力是有目共睹的；在戰前的一代中，例如：巫永福先生，除了陳千武翻譯他早期的日文現代詩以外，他三十多年來繼續用日文寫了不少的短歌、俳句及現代詩。也用中文寫了傳統詩與現代詩，他的中文現代詩，包括翻譯的，也發表了將近一百首。我們別忘了他於民國二十四年日本明治大學文藝科畢業，那時候，他已涉獵里爾克、梵樂希等現代詩的作品了。其名作《祖國》、《泥土》，均有象徵意味的表現。已逝的吳瀛濤先生，有中文詩集《吳瀛濤詩集》與《憶念詩集》，他在臺灣光復以後，二十多年創作不懈。

戰中的一代，例如：桓夫（陳千武），已出版中文詩集《密林詩抄》、《不眠的眼》、《野鹿》、《剖伊詩稿》及《媽祖的纏足》，以及日文自選詩集《媽祖的纏足》，此外，他在評論及日本現代詩的翻譯上，成績卓著，有系統地翻譯日本現代詩，除了葉泥先生以外，恐怕以他的成績最爲可觀。詹冰，早期以日文寫現代詩約三百首，中文詩集有《綠血球》、《實驗室》以及兒童詩集《太陽、蝴蝶、花》。他的詩，頗有現代主義的精神與技巧，語言乾淨明麗，有立體與知性的趣味。林亨泰，他不但是一位富有實驗精神的詩人，而且是一位很銳利的批評家，日文詩集有《靈魂的產聲》，中文詩集有《長的咽喉》、《非情之歌》等。錦連，詩風樸實，意象突出，創作量雖不多，質卻很可觀，有中文詩集《鄉愁》。羅浪，作品較少，但都很精鍊。周伯陽，有日文詩集《綠泉的金月》，中文詩集《周伯陽詩集》，以及兒歌、童謠、兒童詩的作品。他的詩，較有寫實的風格。張彥勳，主持「銀鈴會」，戰前出版日文詩刊《緣草》，戰後出版詩刊《潮流》。他除了詩的創作以外，小說、兒童文學的作品也很多，有兒童詩與童話合集《獅子公主的婚禮》。陳秀喜女士，除了日文短歌集《斗室》以外，中文詩集有《覆葉》、《樹的哀樂》以及《灶》。他的詩，情感豐富，充滿了對愛的探索，頗有一種女性中豪放的風格。潘芳格女士，有中、日文合刊詩集《慶壽》，詩集名稱一語雙關，一是指他先生的名字，二是有慶祝壽辰的意思。她的詩，情感細膩，富有宗教意識的情操。以上是屬於戰前出發的跨越語言的一代。林亨泰先生所謂跨越語言的一代，是表示從日文跨越到中文，一方面表現了他們歷盡艱難，突破困局，頗有虔敬自謙的意思。但是，另一方面卻有掌握兩種以上不同語言的工具，從殖民地統治中站起來，重新學習中國語文來創作詩的意義，頗有克難奮鬪的精神。其中詹冰、林亨泰、張彥勳、錦連，原爲「銀鈴會」的健將，在戰爭時期，維繫了臺灣詩壇的命脈與香火，戰後都成爲《笠》的開創者之一。

至於戰後出發的跨越語言的一代，則有黃騰輝、黃靈芝、葉笛、何瑞雄及林鍾隆等，臺灣光復以後，他們在中學時代開始學習中國語文，所以，他們比較順利地掌握了中、日兩種語文的工具。黃騰輝從《新詩週刊》、《藍星》到《笠》，創作與評論均甚多，可惜都沒有結集。他的詩，短小精鍊，甚爲銳利。黃靈芝，他出版有日文《黃靈芝作品集》五册，包括小說、散文、評論、俳句、短歌及現代詩。他的日文現代詩收錄七十六首，都非常新銳突出，有葉泥、陳千武的中文翻譯，在《南北笛》及《笠》發表，他的中文現代詩則尙未結集。葉笛，早期與郭楓合編《新地文藝》，從《新詩週刊》、《野風》、《創世紀》、《筆匯》到《笠》，他有中文詩集《紫色的歌》，並且翻譯了不少的日本小說，以芥川龍之介的作品最多。目前留學日本，專攻日本現代詩。何瑞雄，出版有中文詩集《蓓蕾集》，此外散文、童話、小說及翻譯有十多種，三十年來，文學創作不懈，詩作甚多，亦尙未結集。目前也留學日本，攻讀教育學，且兼攻文學。林鍾隆（林外），他從散文、小說、童話，再回到詩的創作，他的現代詩，多發表在《臺灣文藝》與《笠》，出版有兒童詩集《星星的母親》。目前主編《月亮光》兒童詩刊，這是臺灣光復以來第一本兒童詩誌，已出版了三十三期。

戰後的一代，完全以中文創作出發的詩人，在《笠》詩刊，有兩大階段；第一個階段，就是在《笠》詩刊未創刊以前，就已經出發的詩人；有白萩、黃荷生、林宗源、趙天儀、李魁賢、馬爲義（非馬）、許達然、靜修、岩上、喬林、林清泉及杜國清等。第二個階段，就是在《笠》詩刊創刊前後才出發的詩人；有鄭烱明、拾虹、李敏勇（傅敏）、陳明台、陳鴻森、莊金國、楊傑美、郭成義、趙迺定、陳坤崙、旅人、曾貴海、黃恆秋、衡榕、曾妙容、林鷺等等。

白萩從《現代詩》、《藍星》、《南北笛》到《笠》，是縱橫臺灣現代詩壇三十年來頗爲重要的詩人，在詩的創作與評論上，亦甚具威力，有詩集《蛾之死》、《風的薔薇》、《天空象徵》、《香頌》（有非馬的英譯）、《白萩詩選》以及梁景峯德文翻譯的白萩詩選《臺灣之火》。黃荷生是「現代派」的健將之一，《現代詩》、《藍星》及《南北笛》發表較多，詩集有《觸覺生活》、《可憐的語言》。林宗源是臺灣詩壇的一個異數，也是方言詩的開拓者之一，其詩甚具鄉土風味及批判精神，曾任現代詩社社長，從《現代詩》、《藍星》到《笠》，詩集有《醉影集》、《力的建築》《食品店》及《根》，且有錦連翻譯的日文詩集《嚴寒・凍え死なめ夢》。趙天儀從《藍星》、《海洋詩刊》到《笠》，創作與評論雙管齊下，詩集有《菓園的造訪》、《大安溪畔》、《牯嶺街》及兒童詩集《小麻雀的遊戲》。近十年來作品甚豐，均尚未結集。李魁賢從《野風》到《笠》，創作、評論與翻譯，成績斐然，尤以翻譯德國詩選、黑人詩選及里爾克詩選，頗受詩壇矚目；詩集有《靈骨塔及其他》、《枇杷樹》、《南港詩抄》、《赤裸的薔薇》等，近年來作品亦甚豐。馬爲義（非馬），在詩的創作上，以短小精悍，意象突出見稱，他對歐美現代詩的翻譯，質量均甚可觀，可惜除了《裴外的詩》一書以外，餘均未結集。詩集有《在風城》、《非馬詩選》。許達然早期以散文稱著，曾創作以散文爲主的《文林》雜誌，已出版三本散文集，尙有散文集三種尙未出版，近年來詩作也很豐富，亦尙未結集，其散文詩獨樹一格。靜修，從《野風》到《笠》，其詩甚具明快的節奏、浪漫的色彩，近年作品則頗有異國情調，詩集有《策馬者》、《我在泰北》。岩上，從《笠》到《詩脈》，他的詩，在鄉土色彩中，頗有現實意識，詩集有《激流》、《冬盡》。喬林，從《笠》到《龍族》，他的詩，在象徵情調中，頗有突出的意象，詩集有《基督的臉》、《布農族》。林淸泉，寫詩，也寫兒童劇，他的詩，富有哲理的冥想，詩集有《殘月》、《寂寞的邂逅》及《心帆集》。杜國淸，從《現代文學》到《笠》，在創作、評論及翻譯上均甚豐，尤以翻譯艾略特的詩及評論，西脇順三郎的《詩學》，劉若愚的《中國詩學》及《中國文學理論》，均極具有學術價値。他的詩，在浪漫的抒情中富有象徵的情調，是一位愛的探索者。詩集有《蛙鳴集》、《島與湖》、《雪崩》、《心雲集》及《望月》。以上是在戰後的一代中，屬於《笠》的中堅的詩人羣。

在戰後的一代中，屬於第二個階段的詩人，有林錫嘉、林煥彰、喬林、施善繼等，在《笠》亦有一些表現，後來林錫嘉參加「大地」詩社，林煥彰、喬林、施善繼則另組「龍族」詩社。

因此，在戰後的一代中，屬於第二個階段的詩人，下列諸位可爲《笠》的新生代詩人的代表，有鄭烱明、拾虹、李敏勇（傅敏）、陳明台、陳鴻森、郭成義、旅人、楊傑美、趙廼定、莊金國、陳坤崙、曾貴海、衡榕、林鷺、曾妙容、凱若、莫渝、黃恆秋等。

鄭烱明的詩，在即物性的表現中，具有銳利的批判性；而在現實的關懷上，具有寫實的風格，詩集有《歸途》、《悲劇的想像》及《蕃薯之歌》。拾虹的詩，在浪漫色彩中，有象徵的情調，而且語言多韻味，意象也頗突出，詩集有《拾虹》。陳明台的詩，從鄉土意識到異國情調，在浪漫的表現中，也具有寫實的風格，詩集有《孤獨的位置》。李敏勇的詩，從華麗的玄想到哲理的沈思，在飛躍性的意象中，表現了深刻的野生思考，詩集有《雲的語言》、《野生思考》。他們四位，除了拾虹比較不寫評論以外，其他三位均爲新生代銳利的批評者，四位以一年四季春夏秋冬來象徵各別的風格；拾虹是春，鄭烱明是夏，李敏勇是秋，陳明台是冬。春是明麗的象徵，夏是嚴熱的象徵，秋是蕭瑟的象徵，而冬是寒冷的象徵。

陳鴻森的詩，在現實的象徵情調中，追求深刻的意象，詩集有《期嚮》、《雕塑家的兒子》。郭成義的詩，在鄉土意識中，追求現實的關懷，頗有批判性的精神，詩集有《薔薇的血跡》。旅人的詩，從古典的韻味到現代的思考，頗有批判性的寫實風格，作品尙未結集。其〈中國新詩論史〉，在《笠》連載，甚受重視。楊傑美從《主流》到《笠》，由浪漫的風味走向寫實的風格，其意象表現深刻，且富於現實的批判性，作品亦尙未結集。趙廼定的詩，在浪漫與寫實之間，具有濃厚的幽默感，在飛躍性的意象中，表現了他特殊的風格，詩集有《異種的企求》。莊金國是從《笠》到《主流》，又從《主流》到《笠》，他的詩，從鄉十意識到寫實風味，也可以說是從鄉土情懷到社會關懷，詩集有《鄉土與明天》、《石頭記》。陳坤崙的詩，從超現實的飛躍到現實的凝視，具有即物性的表現，在現實的關懷中，也頗有深刻的意象，詩集有《無言的小草》、《人間火宅》。

曾貴海的詩，在深刻的思考中，追求現實的關懷及象徵的意味，作品尙未結集。衡榕的詩，表現了少女的抒情風味，在寫實的筆觸中，頗有現實意象的表現，詩集有《朝向故鄉的臉》。曾妙容的詩，具有童稚的純眞，以及少女明麗的想像，有兒童詩集《露珠》與《紙船》。莫渝的詩，從浪漫的想像到現實的關懷，追求意象明淨的表現，詩集有《無語的春天》、《長城》。他在法國詩的翻譯與介紹方面，是新生代詩人中成績最爲顯著的一位。黃恆秋的詩，在寫實的風味中，頗有浪漫色彩及鄉土情調，詩集有《葫蘆的心事》。

從以上《笠》的新生代詩人羣中，我們不難看出，他們的表現；一方面要求腳踏實地，另一方面則深具潛在力量。他們不追求外在的虛榮，更不以作秀來互相標榜，他們默默地耕耘，充實詩學的教養，假以時日，他們一定能繼承他們的前輩風範，爲臺灣現代詩壇，建立更有展望的前途，且讓我們拭目以待罷!

在《笠》百期編輯後記中，筆者以編者的身份寫了一篇短文，來表現《笠》詩刊的精神，茲摘錄如下:

「不錯，寫詩，是個人的事業。但是，辦詩刊卻是羣體的事業。《笠》詩刊，在發揮羣體團隊的精神方面，已經由事實來證明了。《笠》詩刊的同仁，是愛詩的一羣，十六年來，他們羣策羣力地耕耘的結果，已經奠定了一座艱辛的里程碑。而在同仁之間，也發揮了幾點不可忽視的詩的精神力量。

一、和而不同的精神:『笠』同仁最重要的一點，就是和而不同。在情感上，大家以詩會友，建立了純潔的友誼。但是，在詩觀上，彼此各有各的看法，而且都相當擇善固執地堅持自己的看法，尊重彼此不同的看法。他們沒有喊出什麼主義的口號，反而沒有魔障，頗能吸收容納現代詩潮的各派的優異性。並且在做人方面，表現了所謂君子和而不同的精神。

二、追求創造的精神:『笠』同仁是愛詩的一羣，在詩的創造性上，不斷地嘗試，不懈地追求。因爲許多寫詩的人，常常被名利或目的性所引誘所迷惑，而走上非藝術性的追求。『笠』同仁卻是在詩的創造性上，苦苦地追求不捨。因此，他們努力開拓各種各類的不同的詩風。

三、社會正義的精神:『詩是藝術的創造，但是，偉大的詩的創造，卻不能只是美的藝術的創造，而必須走上追求眞理與至善。我們追求具有眞的美，具有善的美，』也就是追求具有社會正義的詩的創造。我們之所以對美文式的作品，給予強有力的批判，也是基於這種基本精神的出發。

四、歷史意識的精神:『笠』同仁肯定了臺灣歷史發展的過去、現在與未來，是從歷史意識來衡量的。正如我們承認臺灣的現代詩壇，是兩個根球的結合一樣。我們認爲只有在這種民族的大融和的前提之下，我們才能看出我們共同的歷史的命運，我們的詩將往何處去?詩的生命，是個人的生命的延伸，也是民族的生命的延續。只有民族的生命有光明的前途，個人的生命才會有光輝的前程。

開幾天就凋謝的花，固然美麗;然而，雖然不開花，但是，四季常青的樹木，卻是充滿了美的眞諦。我們愛帶刺的薔薇，卻更愛常青的樹木。詩人的生命將有時而盡，而詩人創造的光輝卻能照耀千古。」

在《笠》一百期時，恰逢日本詩人北原政吉所編的《臺灣現代詩選》，以及「笠」詩社所主編的《美麗島詩集》先後出版，前者是一本日文的《笠》詩選，後者是一本中文的《笠》詩選。「笠」詩社同仁是否三代均語言未趨圓熟，或在創作上沒有成就，可以說不言而喻，不攻自破了!

結　論

現代詩在臺灣，三十多年來，開創了另一個詩史的局面。在這島上時期，前半期是由「現代詩」、「藍星」、「創世紀」管領風騷，本省詩人陸續地出現，且扮演了重要的角色。張默、瘂弦主編的《六十年代詩選》，就是一個歷史的見證! 而後半期則由「笠」、「創世紀」以及新生代詩人羣的挑戰，而造成羣雄並起的形勢；「葡萄園」、「秋水」、「陽光小集」等目前正在繼續發展，因此，我們不能忽視臺灣現代詩壇的多元化這個事實，這不正是紀弦所謂的大植物園主義的證明嗎?

當一個社會的進步，在經濟繁榮、社會變遷、教育普及以及文化建設等種種不同因素的帶動之下，現代詩在臺灣的發展，除了詩人的創作、評論、翻譯的工作以外，又除了在辦詩刊、出詩集、編詩選、舉行詩畫展，發展朗誦會等等的活動之餘，一個詩人眞正的成就，有而且只有在詩的創作上。所以，詩人不能不常常自我反省，時時自我激勵。一個詩人雖然名滿天下，如果他的創造力是非常薄弱的話，那麼，那種虛名不是問心有愧嗎? 所以，沒有創造好的作品，再怎麼賞析、再怎麼得獎、再怎麼互相標榜、甚至再怎麼討好門派，都是無濟於事的勾當。所以，當我們回顧現代詩在臺灣這三十多年來的發展，我們不得不提出我們的忠告；只有嚴肅而認眞的工作、腳踏實地的努力，多多從事詩的眞實的創造，歷史的發展才會給我們呈獻美好的遠景，不然的話，就像明日黃花、飄零枯葉了! 將會遭受到時間自然的淘汰!

又除了回顧與檢討以上四個詩社以外，筆者將另撰專文再回顧其他詩社詩刊的業績與貢獻，以期我們臺灣現代詩壇，能再接再勵，跨越前進，創造中國現代詩的新頁。

現代詩的思潮

引　言

「現代詩」是一個國際性的名詞；英美現代詩，是源自意象主義的新詩運動、惠特曼的自由詩運動以及法國象徵主義的影響等多樣性的綜合的產物。日本現代詩，也是源自新體詩運動，接受西方詩潮的衝擊，而有了從近代詩到現代詩的發展。

臺灣現代詩；一方面有日據時期新詩運動的延伸，另一方面也有中國新詩運動的影響。最明顯的，一個是一九二四年前後，張我軍攻擊臺灣的傳統詩壇，引起論戰，在臺灣提倡新詩運動，產生了以中文寫詩的詩人，如張我軍、賴和等；也產生了以日文寫詩的詩人，如王白淵、楊雲萍等。另一個是在一九五六年，紀弦在臺灣組織「現代派」，提倡現代主義，主張新詩的再革命。

現代詩的對抗與制衡

因此，我們要了解臺灣現代詩的思潮，我們必須了解：一、日據時期臺灣新詩運動的歷史，二、大陸淪陷以前中國新詩運動的歷史，三、臺灣戰後的現代詩運動的歷史，四、世界各國的現代詩運動的歷史。透過以上四種新詩、現代詩運動的歷史，我們來透視現代詩的思潮，才能掌握現代詩流動的方向和命脈。

從中國新詩運動的發展來看，大陸淪陷以前，新詩運動約有三十年光景，而在淪陷撤退以後，臺灣現代詩運動也有將近四十年的歷史了。因此，有人說李金髮、戴望舒的現代主義是舊現代派、或前現代派；而紀弦的現代主義是新現代派、後現代派。

然而，如果我們從臺灣新詩運動的發展來看；日據時期的「風車」詩社，如水蔭萍、林修二等所提倡的超現實主義，便是前現代派了。因此，紀弦所提倡的現代派，有臺灣現代詩人林亨泰等的參與，這種結合，證明了現代詩運動，乃是多樣性的綜合的產物。

從戰後臺灣現代詩的發展及其歷史的軌跡來省察：我們可以歸納出下列幾個階段性的時期：

一、戰後的交流時期：以張彥勳等的「銀鈴會」的《岸邊草》、《潮流》，歌雷主編的《新生報》的〈橋〉，以及龍瑛宗主編的《中華日報》日文文藝欄等爲主。這時期，開始有來自大陸的詩人，如歌雷、迦尼、汪玉岑、雷石榆等的作品出現。

二、中興的播種時期：以一九五一年十一月《自立晚報》的〈新詩周刊〉、一九五三年二月紀弦的《現代詩》、一九五四年六月《公論報》的《藍星周刊》以及一九五四年十月在左營的《創世紀》等爲主。其中以一九五六年紀弦提倡現代主義，組織現代派，一九五九年《創世紀》改版、原現代派林亨泰、葉泥、鄭愁予、季紅、白萩等參加，以及羊令野、葉泥等在嘉義《商工日報》創刊《南北笛》等較爲顯著。

三、本土的覺醒時期：一九六四年六月，繼《臺灣文藝》而創刊了《笠》詩雙月刊，由吳瀛濤、桓夫、林亨泰、詹冰、錦連、趙天儀、白萩、薛柏谷、黃荷生、杜國清、古貝等十二位聯合創刊。這是戰後臺灣現代詩人第一次的聯盟。由於《笠》詩刊提倡本土化，並且建立了現代化的經營方式，成爲詩壇的常青樹。雖然臺灣現代詩壇出現了不少階段性的詩刊，有的創刊，有的復刊，卻都只能維持一個階段性的曇花一現而已。

四、新生的抬頭時期：一九七一年三月，由所謂三十歲以下的詩人羣林煥彰、陳芳明等創刊了《龍族》，繼而有《主流》、《暴風雨》、《大地》、《後浪》、《詩人季刊》、《草根》、《綠地》、《小草》、《詩脈》、《秋水》、《風燈》、《詩潮》等，由戰後新生的一代，紛紛各立門戶，相繼創辦同仁詩刊。

一九七九年十二月，向陽等又聯合了更年輕的新生代創刊了《陽光小集》，繼而又有《腳印》、《掌握》、《漢廣》、《詩人坊》、《臺灣詩季刊》、《春風》、《鐘山》、《南風》、《象羣》、《兩岸》、《四度空間》、《地平線》等的創刊。如果說一九七一年創刊的《龍族》，當作新生代詩人擡頭的第一個階段，那麼，一九七九年創刊的《陽光小集》，也可以當作新生代詩人擡頭的第二個階段了。

在戰後臺灣現代詩運動大約四十年的歷史發展過程中，就現代詩的思潮來說，出現了兩組比較值得我們來思考的課題：一是國際主義與本土主義，二是大陸經驗與臺灣經驗。

國際主義與本土主義

我們說現代詩是一個國際性的名詞，同時也是一個世界性的詩的現代化運動。一九五六年紀弦組織現代派，提倡現代主義，提出「現代派的信條」，一共有六條：

一、我們是有所揚棄並發揚光大地包含了自波特萊爾以降一切新與詩派之精神與要素的現代派之一羣。

二、我們認爲新詩乃是橫的移植，而非縱的繼承，這是一個總的看法，一個基本的出發點，無論是理論的建立或創作的實踐。

三、詩的新大陸之探險，詩的處女地之開拓，新的內容之表現，新的形式之創造；新的工具之發見；新的手法之發明。

四、知性之強調。

五、追求詩的純粹性。

六、愛國・反共・擁護自由與民主。

從以上六條來看，不論紀弦所謂的「自波特萊爾以降一切新興詩派……」的內容如何有問題？也不論他認爲「新詩乃是橫的移植，而非縱的繼承」，如何受到非難！這些觀點，乃是承認他所提倡的現代派是一種國際主義的產物，也就是說，明目張膽地肯定了現代詩，不是繼承了中國傳統詩的那一個韻文的傳統，而是一種「移植之花」，是接受了國際主義的洗禮的產物。至於紀弦的現代主義運動，第一個階段是反傳統格律主義的自由詩運動，第二個階段是現代詩運動，也就是自由詩的現代化；第三個階段是現代詩的古典化。後來由於洛夫等提倡所謂廣義超現實主義，紀弦認爲有些現代詩已走火入魔，所以，他也曾經要求取消「現代詩」這個名稱，而又主張回到「自由詩的安全地帶」。第六條「愛國・反共・擁護自由與民主」，只能算是一種政治立場的表白，不能當作現代詩的觀點來看。不過，詩人林亨泰曾經告訴我，當初沒有這一條，原來第六條是「無神論」，目前的第六條是後來修改的。不過，「無神論」卻是一種宗教的立場，也不能當作現代詩的觀點來看。

相對於紀弦的現代主義，「藍星」的主將覃子豪曾經跟他有數個回合的論戰，並且聯合黃用等有意要制衡現代派的氣燄。覃子豪在他

的「新詩向何處去？」提出所謂六大主張如下:

一、詩底再認識: 「詩的意義就在於注視人生本身及人生事象，達出一種嶄新的人生境界」。「詩不是生活的逃避」。

二、創作態度重新考慮: 要求表現上能與讀者產生心靈上的溝通。

三、重視實質及表現的完美。

四、尋求詩的思想根源。

五、從準確中求新的表現: 要求言語和意象的準確性。

六、風格是自我創造的完成: 強調個性和民族精神。

覃子豪以自由詩來對抗紀弦的現代詩，詩人白萩便認爲覃子豪是另一個現代派，只是一個較溫和的現代派而已。事實上，覃子豪的主張和創作，也是另一種國際主義的綜合的產物。

如果說國際主義是一種移植之花， 那麼， 本土主義該是怎樣的呢？覃子豪強調「民族精神」，便有本土主義的色彩。「創世紀」以「新民族詩型」 來標明本身的態度， 也強調民族本位的立場， 該也是一種本土主義吧! 不過， 站在反共主義的政治立場來看; 「現代派」、「藍星」與「創世紀」該是大同小異，而他們所強調的民族精神或民族本位，卻是中國意識的本土主義。

相對於以上三種詩社的現代詩運動，《笠》詩刊的現代詩運動，主張詩的本土化，並且從世界性的觀點來看臺灣現代詩的運動，他們從臺灣的歷史的、地理的以及現實的背景出發，落實於臺灣意識的本土主義，綜合了國際主義與本土主義，並且以現實經驗的藝術導向爲基礎。白萩在「審判自己」中提出了對現代詩的五大主張:

一、文學態度: 眞摯

二、準確與清晰的語言

三、全體的有機性秩序高於各別的奇異

四、方法論的重視

五、能擴大人類已有的詩經驗

白萩的主張，一則兼消了國際主義，二則融化了本土主義，同時「笠」也逐漸地強化了臺灣意識的擡頭。

大陸經驗與臺灣經驗

在戰後臺灣的現代詩壇，自一九四九年中國大陸淪陷以後，形成了播種時期的詩壇，從《新詩周刊》到《笠》詩雙月刊，來自大陸的詩人，不論他們是屬於那一個詩社或是不是屬於那一個詩社的獨立人士，因爲離鄉背景，在烽火的邊緣上，都有一股莫名的鄉愁，這是大陸經驗在臺灣詩壇的延續，描述大陸經驗是這些詩人共同的特色。

然而，第二次世界大戰後已經四十多年了，大陸淪陷也將近四十年了，早期來自大陸的詩人，從紀弦、覃子豪、鍾鼎文到余光中、洛夫、瘂弦，他們的大陸經驗也差不多都發揮了，而且也逐漸地接近尾聲了！而今，他們已缺乏更新的大陸經驗了，他們只好徘徊在中國意識與文化中國之間，因此，余光中的古典情調、洛夫的古典幽情，便應運而生。簡單地說，對目前這些詩人來說，大陸經驗已成昨日的殘夢，更現實地說，大陸經驗對他們也已逐漸地模糊了，逐漸地遙遠了。海峽兩岸對峙了四十年的結果，使我們新生代的詩人，就大陸經驗來說，更是一片空白。雖然有滿腔的中國意識，有文化中國的懷古幽情，然而，畢竟欠缺直接的大陸經驗，如果有一點點間接經驗，那已經是非常難能可貴的了，這不能不說是一種殘酷的現實。

因此，腳踏在臺灣，落實在臺灣，面對著臺灣經驗，我們的創作便有了一片蓬勃的生機，一片待開拓的寬廣的領域。不論是來自大陸的詩人，不論是土生土長的詩人；不論是前行代的詩人，也不論是新生代的詩人，臺灣經驗是他們的直接經驗。臺灣經驗包括了臺灣的過去、現在與未來，四十多年來，大家養生聚訓在這個土地上，生活奮鬪在這個土地上，青春夢幻在這個土地上，人生最寶貴的時光都在這個土地上，因此，臺灣經驗是逐漸覺醒的，是新鮮活潑的，是有待充實的，是一股清新可取的創作的泉源。相對於逐漸地模糊了的大陸經驗，我們何不勇敢地面對臺灣經驗呢？從臺灣經驗出發，我們吸取世界性的文化，擷取文化中國的精華，來創造屬於我們這一代的臺灣新文化。臺灣經驗的意義，對於創造臺灣現代詩來說，便有這一種現在與未來的潛在的力量，不容忽視。

現代詩的經驗與導向

我們把戰後臺灣現代詩的發展，依照歷史的演變，可以歸納出三種基本的現代詩的經驗與導向；杜國淸、李魁賢、李敏勇和筆者都先後討論過這個不同導向的問題。一是純粹經驗的藝術導向，二是現實經驗的功利導向，三是現實經驗的藝術導向，茲分別來加以討論與分析。

純粹經驗的藝術導向

不可否認的，詩是一種經驗的產品；不論是大陸經驗，也不論是臺灣經驗；不論是純粹經驗，也不論是現實經驗。經驗是一種共同的基礎，純粹經驗要追求詩的非人間性，非純粹經驗要追求詩的人間性；換句話說，純詩是非人間性的，非純粹詩卻是人間性的。因此，現實經驗便是人間性的，走向生活，走向現實世界，走向羣體的聲音。純粹經驗便是非人間性的，走向冥想，走向內在世界，走向個體的聲音。以純粹經驗來作藝術的表現，容易走上逃遁現實，封閉在藝術的象牙塔裏，以現實經驗來作藝術的表現，也容易走上體驗生活、關懷現實，甚至走向十字街頭的廣場上。臺灣現代詩屢次遭受批判，有讀者反應的批判，有傳統詩觀論的批判，但是，最具有殺傷力的，便是現實經驗論者對純粹經驗論者的批判。不過，純粹經驗論者卻堅持只有藝術導向才是他們創作現代詩最後的堡壘。

相對於純粹經驗的個體的侷限性，現實經驗要打破個體的閉鎖症，而把詩帶到羣體的廣場上，現實經驗要求走向農村、走向礦區、走向山地、走向工廠、走向都市、走向血淚交織的現實社會，自然而然，他們有現實體驗、有社會見證、有政治批判。所謂政治詩、生態詩、都市詩、錄影詩等不同的名目便應運而生。經驗本身是中性的，但是運用經驗者卻因其不同的立場而有不同的導向。因此，現實經驗也有兩種基本導向，一是現實經驗的功利導向，二是現實經驗的藝術導向。

所謂現實經驗的功利導向，就以政治詩爲例：歌功頌德是一種政治詩，反抗體制也是一種政治詩。不同的功利導向，會產生不同的政治詩。就以在野的政團爲例：反抗體制固然是符合他們的政治目標，歌頌在野的聲音也是符合他們的政治目標。因此，現實經驗的功利導向，固然有反抗體制、批判體制的聲音，卻也有歌頌反體制的聲音。因此，現實經驗的表現，卻是流露在詩人的良知、操守和正義的運作上，如果一個政治的機會主義者；忽而歌功頌德，忽而反抗體制，我們便不得不投以懷疑的眼光，懷疑其心術的純正與否？在臺灣的政治詩，批判中共，歌頌體制是走向抵抗力最小的途徑。

現實經驗的藝術導向

所謂現實經驗的藝術導向，一方面是要結合現實經驗與藝術表現的精鍊化，另一方面也是要批判現實經驗的功利導向所帶來的可能的流弊。雖然說經驗本身是中性的，然而，運用經驗者本身卻不是中性的，因此，同一個經驗的事件，由不同的經驗者來追訴，便產生不同情境的表現；日本電影導演黑澤明所導演的「羅生門」便是一個好例子。現實經驗是一種寶貴的經驗，在不同的時間和空間，現實經驗也可能轉化或扭曲，因此，如何運用現實經驗才是一個重要的課題。同樣的現實經驗：由一個有良知有操守有正義有才情的詩人來表現是一回事，由一個缺乏良知缺乏操守缺乏正義缺乏才情的詩人來表現卻是另一回事。

因此，現實經驗的藝術導向，是個體與羣體的結合，是經驗與藝術的結合，是通過藝術來表現政治，而不是利用政治來操作藝術，現實經驗的藝術導向；一方面要打破個體的閉鎖症，另一方面也要突破羣體的意識型態的誤導或壟斷。

結語：現代詩的對決

戰後臺灣現代詩歷史的發展，愈來愈呈現兩大壁壘鮮明的陣容；一是擁護體制的詩人羣，他們有純粹經驗的藝術導向，有現實經驗的功利導向。另一是反抗體制的詩人羣，他們有現實經驗的功利導向，也有現實經驗的藝術導向。其中奧妙，錯綜複雜，不能把一個詩人，或一個詩的社團隨意的就加以蓋棺論定，而是要有所根據。

就以新生代的詩觀來說，陳芳明所謂的「龍族」的三個觀點，高準的「詩潮」的六大主張，羅青的「草根宣言」，廖莫白等的「春風堅持」，向陽等「陽光小集」對現實主義所提出的五大特色，以及林燿德等的觀點，其中也透露了不少的玄機和訊息。

簡言之，不論是現代主義或反現代主義，不論是現實主義或反現實主義，不論是超現實主義或反超現實主義，不論是前現代主義或是後現代主義，不論是擁護體制或反抗體制，不論是大陸經驗或是臺灣經驗，不論是田園經驗或是都市經驗，甚至不論是日本經驗、美國經驗或是香港經驗，在現代詩的對決中，將呈現辯證的發展，也將造成五光十色琳瑯滿目的臺灣現代詩的複雜離奇的現象。然而，也是因爲有這樣多元性的表現，證明臺灣經驗的豐富與多樣，這些都將充實臺灣現代詩的內容，同時形成主流和反主流的陣容，各取所需，各爭其是，而共同開創出臺灣現代詩的燦爛的遠景和前途。

現代詩的體驗

詩的現代化趨勢，是一種世界性的文學運動之一。不論是歐美的新詩或現代詩，不論是日本的或韓國的近代詩或現代詩，不論是所謂第三世界的現代詩，甚或不論是中國新詩或現代詩，他們都有一個共同的趨向，那就是擺脫傳統詩的形式主義的格局，走向現代詩的自由主義的方向。現代詩在臺灣發展的結果；一方面固然繼承了中國新詩運動的影響，另一方面也延續了臺灣日據時期以來新詩運動的香火。自民國三十四年臺灣光復以後，現代詩在臺灣的發展也有將近四十年的歷史了。從戰前到戰後，以臺灣中部的詩人所組成的「銀鈴會」，自民國三十四年到三十八年，創辦了《緣草》與《潮流》詩刊，可以說是戰後五年中臺灣詩壇的主流。自民國四十年十一月五日《新詩周刊》創刊前後，來自大陸的詩人紛紛開始活躍，在民國四十二年以後，陸續形成了「現代詩」、「藍星」與「創世紀」三個詩社的不同階段的發展。民國五十三年本省詩人桓夫、林亨泰、白萩等十二位詩人組成「笠」詩社創辦了《笠》詩刊，繼承了自「銀鈴會」以來的臺灣新詩運動的香火。在民國六十年左右，所謂新生代詩人的崛起，又形成了另一種多元化的現代詩壇的趨勢。就現代詩在臺灣這將近四十年的歷史發展而言，我們可以分為接觸時期、播種時期、成長時期、覺醒時期以及多元時期。在此我對現代詩的發展與回顧，只點到為止，我想從另一個取向，來討論我對現代詩的體驗。

從現代詩的美學觀點來說，相對於傳統詩的美學觀點而言，現代詩應有不同於傳統詩的取向，才能讓我們體驗到現代詩所具有的現代精神的眞諦，以及現代詩所表現的現代世界的眞相。然而，我們如何才能窺探到所謂現代詩裏的現代精神的眞諦和現代世界的眞相呢?

如果說現代詩是須要全新的創造的藝術，那麼，現代詩人就該扮演一種創造者的角色了! 然而，不幸的是，創造談何容易! 現代詩人一方面要融會中國古典詩的精神及其技術，也就是所謂傳統的縱的繼承。另一方面又要融會外國詩的精神及其技巧，也就是所謂的橫的移植。縱的繼承到底繼承了多少? 橫的移植到底移植了多少? 以這樣淺薄的縱的繼承，以如此淺顯的橫的移植，我們現代詩人似乎先天就營養不良，如果我們再加上後天又失調的話，在世界性的現代詩運動中，我們怎樣才能想像如現代詩人紀弦所謂的執世界詩壇的牛耳呢? 以翻譯外國詩的水準來說，東方日本的現代詩人及學者所下的笨功夫，恐怕是我們在橫的移植方面一個非常有益的借鑑。當然，我們也可能遭遇到這樣的論調，所謂翻譯無助於創作的說法。當我們的現代詩曾經高唱橫的移植之花，而又高喊回到自由詩安全地帶的時候；當我們的現代詩人曾經跟著加速現代化，而又高唱所謂古典詩的腔調的時候，是不是意味著我們失去了繼續扮演前進的創造者的角色呢?

當我們看到綠原對楊喚的影響，何其芳對瘂弦的影響，我們不能不承認現代詩人也有其師承吧! 當我們看到在臺灣五十年代、六十年代的現代詩壇，也受到中國三十年代、四十年代詩壇的影響；當我們看到臺灣現代詩人所謂新生代的詩人羣也無法擺脫前行代詩人羣的陰影，我們不禁會這樣地發問：我們的現代詩人到底扮演了一個怎樣的角色呢？我們的現代詩創造性何在呢？

從現代詩的美學觀點來探討我對現代詩的體驗，也許是值得嘗試的一種探索的取向。因此，我打算從現代詩的創造、欣賞與批評三種不同的經驗與過程，來回顧對現代詩的體驗，並且加以反省與批判。

現代詩的創造

如果我是一個現代詩的創造者，那麼，該扮演怎樣的一個角色呢？所謂現代詩創造者，也就是指所謂的現代詩人了！那麼，怎樣才算是現代詩的創造者呢？也就是說，怎樣才算是現代詩人？傳統詩的創造者，在文學史上取得了所謂創造者的地位，也就是我們所說的傳統詩人，而他們優秀的作品，也被稱爲古典詩了。然而，也有許多傳統詩是不入流的作品，是應該被歷史淘汰的！在中國新詩運動初期批判所謂舊詩或舊詩人，在臺灣新詩運動的初期也批判所謂的舊詩或舊詩人，那是意味著什麼呢？那就是說舊詩已失去了創造性，而舊詩人已失去了扮演創造者的角色了！由於舊詩失去了創造性，於是乎，也就變成了創造的障礙，變成了被淘汰的對象。

曾幾何時，如果我們的新詩也不新了，我們的現代詩也不現代了，那麼，這種新詩，這種現代詩，一旦失去了創造性，也就淪爲被批判的對象，成爲被革命的對象了。所以，現代詩的創造，是全新的創造，是新藝術的創造。如果現代詩一旦失去了創造性，那麼，所謂的現代詩人，也跟舊詩人一樣缺乏創意，而有其無聊的一面了！

當我們看到我們的現代詩中；有還沒消化的古詩詞的陳腔爛調，

有還沒徹底融會的語言的小兒痲痺症，有許多難解的語言的密碼，有許多標語口號般的觀念的直陳，有許多矯揉造作的互相標榜與應酬；如此這般，以上這些都是意味著我們現代詩人失去創造性的一面了！因此，當我們的現代詩人要創造所謂現代詩的時候，我們多麼希望現代詩人能推陳出新，全力以赴，以努力創造嶄新而有內容的作品相期許。我們知道，創造是沒有止境的，流行只是一時的風尚，互相標榜，自我陶醉，都不是創造的正道。

現代詩的欣賞

如果我是一個現代詩的欣賞者，那麼，我又該扮演怎樣的一個角色呢？如果把欣賞當作再創造的活動，不論我是一個寫詩的人，或不論我是一個一般的讀者，只要是面對著現代詩的欣賞，我該有怎樣的態度呢？我該有怎樣的需求呢？如果我是一個現代詩的欣賞者，我會努力使自己成爲一個有創意的欣賞者；不會被流行所迷惑，不會被名氣所誘惑，不會被商業化所吞沒，更不會被五花八門的評論或所謂論戰所困惑！我不會被一些詩人所製造的迷魂陣所謂詩刊、所謂副刊、所謂專號、所謂詩選、所謂詩論選、所謂自選集、所謂這個大系那個全集所蠱惑！不會被那些把詩當作功名利祿的敲門者所欺，也不會被那些把詩當作意識形態或政治掛帥的宣傳品所騙！一言以蔽之，如果我要當一個現代詩的欣賞者，我會欣賞現代詩的創造性，我會欣賞現代詩所表現的人道精神，我會欣賞現代詩對現代文明的批評，我會欣賞現代詩對鄉土社會的關懷，我會欣賞現代詩對眞理世界的探索，我會欣賞現代詩對道德勇氣的提昇，我會欣賞現代詩對美感情操的意識的覺醒，我會欣賞現代詩對自然、對人性品質的昇華與批判，我會欣賞現代詩對人生智慧的啟示，對歷史的激勵等等。簡言之，我會努力使自己成爲一個不受惑的欣賞者，一個有批判性的欣賞者，一個有關懷有愛心的欣賞者。當然，如果我做爲一個現代詩的欣賞者，我會好讀詩，不求甚解，每有會意，便欣然忘食。現代詩將成爲我的一種精神食糧，現代詩將成爲我讀書的良件，現代詩將成爲我文藝創造的對象，現代詩將成爲我學術研究的領域，現代詩將成爲我失意苦悶時莫大的安慰，現代詩將成爲我奮發努力時最大的鼓舞，現代詩將給我人生更高境界的追求，現代詩將給我藝術鑑賞品味的考驗等等。一言以蔽之，現代詩的欣賞，將給我一種走向創造性的人生力量！現代詩的欣賞，將使我在人生寂寞的旅程中，帶來一盞一盞的智慧的燈光。

那麼，我該怎麼來欣賞呢？現代詩入門啦！現代詩鑑賞啦！現代詩金句選啦！現代詩年度選啦！現代詩情詩選啦！現代詩評論集啦！我可能都會拜讀，但我不信這個或那個邪！我要打破現代詩的迷信，我要打破現代詩的神話，我要打破現代詩的偶像，我要打破現代詩的虛偽無聊，我要打破現代詩的空洞虛幻，我要打破現代詩的現代情意結，我要打破現代詩的歷史偽造狂，我要打破現代詩的贗幣製造者，我要打破現代詩的偽善背德者，我要打破現代詩的壟斷專賣者等等。當然，如果現代詩的表現是具有眞摯性的、有品質的、有意味深遠的、有批判精神的、有人生智慧的、有歷史意識的、有社會關懷的、有鄉土情懷的、有民族精神等等的話，我將永遠懷著一顆熱烈誠摯的心情來接近它來品味它來欣賞它！

現代詩的批評

如果我是一個現代詩的批評者，那麼，我該扮演怎樣的一個角色呢？所謂現代詩的批評者，也就是所謂現代詩的批評家了！那麼，怎麼才算是現代詩的批評家呢？當然，他對現代詩要有充分的創造與欣賞的基本知識與洞徹的領悟力。一個現代詩的批評者，要從現代詩的門外漢提昇爲現代詩的行家，他要有相當程度與豐富的潛修與體驗，例如：他要有一些外國語文及外國文學的修養，他要有一些本國語文及本國文學的修養，他要有對了解現代詩有益的或相干的現代人文科學、社會科學、自然科學以及哲學的知識與修養，他要有相當的美術、音樂、戲劇、電影、舞蹈等藝術的品味與修養。有了那些知識、修養與體驗，而對所謂的現代詩又下過一番紮實的研究與追求的功夫，而又能對現代詩批評的理論與實踐來加以努力切磋，這樣才具有所謂現代詩的批評者所扮演的角色的能力吧！

所謂現代詩的批評，是通過了現代詩的欣賞，而對現代詩的創作品給予判斷或評價的意思。對所謂現代詩的欣賞與理解；一方面我們要對現代詩的發展史及其思潮的動向有相當充足的知識；另一方面我們也要對現代詩的分析或賞析，包括解釋、說明與評價，也要有相當深刻的認識與能耐。

如果所謂現代詩的創造品是一種對象語言的話，那麼，現代詩的欣賞品味，相對於對象語言而言，該是一種後設語言了。同理，現代詩的批評或價值判斷，相對於欣賞層次的對象語言而言，則該是一種後設的後設語言了！我們對於一首詩的歷史脈絡跟語言結構同樣重視與兼顧，現代詩歷史性的批判是外在的批評，現代詩分析性的批評則是內在的批評，我們對於一個眞正的現代詩的創造者，我們該有力求客觀公正的評價的方法與能力，不黨同伐異，不偶像崇拜，不只以偏執爲得意，不播弄是非只逞個人的意氣。事實上，一部好的現代詩選，應兼顧歷史的眼光與藝術的品味，一則要對普遍性的讀者負責，二則也要對創造性的作者負責。同理，一部好的現代詩入門或鑑賞，也要有客觀公正的批評， 不要耍小動作， 不作不相干的人身攻擊，拿出學術的良心與誠意來做這些工作， 才不會誤導讀者。 至於顚倒是非， 玩弄詩壇的權術者， 反過來， 將會受到歷史無情的再批判!

綜上所述，我對現代詩的體驗，從現代詩的創造、欣賞與批評的不同層次與角度的省察，我們將可以發現那些現代詩人及其創造品才是我們心靈眞正的知音， 那些詩人才是我們精神世界的嚮導者。 當然，我不要求別人跟我一樣，整齊劃一，被我牽著鼻子走；同樣地，別人也不可能強求我的認同，或被他牽著鼻子走。在現代詩的創造、欣賞與批評的活動與感受中，我把我的體驗描述出來，也許並沒有完全命中紅心，也許這些感受只是一得之愚，然而，我希望藉著這樣的陳述，能讓現代詩的同好者，在現代詩迷濛的前途中，走出一條康莊的大道來，正如陽光把籠罩的大霧揭開一樣。

滄海叢刊已刊行書目(八)

書名	作者	類別
文學欣賞的靈魂	劉述先	西洋文學
西洋兒童文學史	葉詠琍	西洋文學
現代藝術哲學	孫旗譯	藝術
音樂人生	黃友棣	音樂
音樂與我	趙琴	音樂
音樂伴我遊	趙琴	音樂
爐邊閒話	李抱忱	音樂
琴臺碎語	黃友棣	音樂
音樂隨筆	趙琴	音樂
樂林蓽露	黃友棣	音樂
樂谷鳴泉	黃友棣	音樂
樂韻飄香	黃友棣	音樂
樂圃長春	黃友棣	音樂
色彩基礎	何耀宗	美術
水彩技巧與創作	劉其偉	美術
繪畫隨筆	陳景容	美術
素描的技法	陳景容	美術
人體工學與安全	劉其偉	美術
立體造形基本設計	張長傑	美術
工藝材料	李鈞棫	美術
石膏工藝	李鈞棫	美術
裝飾工藝	張長傑	美術
都市計劃概論	王紀鯤	建築
建築設計方法	陳政雄	建築
建築基本畫	陳榮美 楊麗黛	建築
建築鋼屋架結構設計	王萬雄	建築
中國的建築藝術	張紹載	建築
室內環境設計	李琬琬	建築
現代工藝概論	張長傑	雕刻
藤竹工	張長傑	雕刻
戲劇藝術之發展及其原理	趙如琳譯	戲劇
戲劇編寫法	方寸	戲劇
時代的經驗	汪琪 彭家發	新聞
大衆傳播的挑戰	石永貴	新聞
書法與心理	高尚仁	心理

滄海叢刊已刊行書目(七)

書名	作者	類別
印度文學歷代名著選(上)(下)	糜文開編譯	文學
寒山子研究	陳慧劍	文學
魯迅這個人	劉心皇	文學
孟學的現代意義	王支洪	文學
比較詩學	葉維廉	比較文學
結構主義與中國文學	周英雄	比較文學
主題學研究論文集	陳鵬翔主編	比較文學
中國小說比較研究	侯健	比較文學
現象學與文學批評	鄭樹森編	比較文學
記號詩學	古添洪	比較文學
中美文學因緣	鄭樹森編	比較文學
文學因緣	鄭樹森	比較文學
比較文學理論與實踐	張漢良	比較文學
韓非子析論	謝雲飛	中國文學
陶淵明評論	李辰冬	中國文學
中國文學論叢	錢穆	中國文學
文學新論	李辰冬	中國文學
離騷九歌九章淺釋	繆天華	中國文學
苕華詞與人間詞話述評	王宗樂	中國文學
杜甫作品繫年	李辰冬	中國文學
元曲六大家	應裕康 王忠林	中國文學
詩經研讀指導	裴普賢	中國文學
迦陵談詩二集	葉嘉瑩	中國文學
莊子及其文學	黃錦鋐	中國文學
歐陽修詩本義研究	裴普賢	中國文學
清真詞研究	王支洪	中國文學
宋儒風範	董金裕	中國文學
紅樓夢的文學價值	羅盤	中國文學
四說論叢	羅盤	中國文學
中國文學鑑賞舉隅	黃慶萱 許家鸞	中國文學
牛李黨爭與唐代文學	傅錫壬	中國文學
增訂江皋集	吳俊升	中國文學
浮士德研究	李辰冬譯	西洋文學
蘇忍尼辛選集	劉安雲譯	西洋文學

滄海叢刊已刊行書目(六)

書名	作者	類別
卡薩爾斯之琴	葉石濤	文學
青囊夜燈	許振江	文學
我永遠年輕	唐文標	文學
分析文學	陳啓佑	文學
思想起	陌上塵	文學
心酸記	李喬	文學
離訣	林蒼鬱	文學
孤獨園	林蒼鬱	文學
托塔少年	林文欽編	文學
北美情逅	卜貴美	文學
女兵自傳	謝冰瑩	文學
抗戰日記	謝冰瑩	文學
我在日本	謝冰瑩	文學
給青年朋友的信(上)(下)	謝冰瑩	文學
冰瑩書柬	謝冰瑩	文學
孤寂中的廻響	洛夫	文學
火天使	趙衛民	文學
無塵的鏡子	張默	文學
大漢心聲	張起鈞	文學
回首叫雲飛起	羊令野	文學
康莊有待	向陽	文學
情愛與文學	周伯乃	文學
湍流偶拾	繆天華	文學
文學之旅	蕭傳文	文學
鼓瑟集	幼柏	文學
種子落地	葉海煙	文學
文學邊緣	周玉山	文學
大陸文藝新探	周玉山	文學
累廬聲氣集	姜超嶽	文學
實用文纂	姜超嶽	文學
林下生涯	姜超嶽	文學
材與不材之間	王邦雄	文學
人生小語(一)(二)	何秀煌	文學
兒童文學	葉詠琍	文學

滄海叢刊已刊行書目㈤

書名	作者	類別
中西文學關係研究	王潤華	文學
文開隨筆	糜文開	文學
知識之劍	陳鼎環	文學
野草詞	韋瀚章	文學
李韶歌詞集	李韶	文學
石頭的研究	戴天	文學
留不住的航渡	葉維廉	文學
三十年詩	葉維廉	文學
現代散文欣賞	鄭明娳	文學
現代文學評論	亞菁	文學
三十年代作家論	姜穆	文學
當代臺灣作家論	何欣	文學
藍天白雲集	梁容若	文學
見賢集	鄭彥茶	文學
思齊集	鄭彥茶	文學
寫作是藝術	張秀亞	文學
孟武自選文集	薩孟武	文學
小說創作論	羅盤	文學
細讀現代小說	張素貞	文學
往日旋律	幼柏	文學
城市筆記	巴斯	文學
歐羅巴的蘆笛	葉維廉	文學
一個中國的海	葉維廉	文學
山外有山	李英豪	文學
現實的探索	陳銘磻 編	文學
金排附	鍾延豪	文學
放鷹	吳錦發	文學
黃巢殺人八百萬	宋澤萊	文學
燈下燈	蕭蕭	文學
陽關千唱	陳煌	文學
種籽	向陽	文學
泥土的香味	彭瑞金	文學
無緣廟	陳艷秋	文學
鄉事	林清玄	文學
余忠雄的春天	鍾鐵民	文學
吳煦斌小說集	吳煦斌	文學

滄海叢刊已刊行書目㈣

書名	作者	類別
歷史圈外	朱桂	歷史
中國人的故事	夏雨人	歷史
老臺灣	陳冠學	歷史
古史地理論叢	錢穆	歷史
秦漢史	錢穆	歷史
秦漢史論稿	刑義田	歷史
我這半生	毛振翔	歷史
三生有幸	吳相湘	傳記
弘一大師傳	陳慧劍	傳記
蘇曼殊大師新傳	劉心皇	傳記
當代佛門人物	陳慧劍	傳記
孤兒心影錄	張國柱	傳記
精忠岳飛傳	李安	傳記
八十憶雙親 師友雜憶 合刊	錢穆	傳記
困勉強狷八十年	陶百川	傳記
中國歷史精神	錢穆	史學
國史新論	錢穆	史學
與西方史家論中國史學	杜維運	史學
清代史學與史家	杜維運	史學
中國文字學	潘重規	語言
中國聲韻學	潘重規 陳紹棠	語言
文學與音律	謝雲飛	語言
還鄉夢的幻滅	賴景瑚	文學
葫蘆・再見	鄭明娳	文學
大地之歌	大地詩社	文學
青春	葉蟬貞	文學
比較文學的墾拓在臺灣	古添洪 陳慧樺 主編	文學
從比較神話到文學	古添洪 陳慧樺	文學
解構批評論集	廖炳惠	文學
牧場的情思	張媛媛	文學
萍踪憶語	賴景瑚	文學
讀書與生活	琦君	文學

滄海叢刊已刊行書目(三)

書名	作者	類別
不疑不懼	王洪鈞	教育
文化與教育	錢穆	教育
教育叢談	上官業佑	教育
印度文化十八篇	糜文開	社會
中華文化十二講	錢穆	社會
清代科舉	劉兆璸	社會
世界局勢與中國文化	錢穆	社會
國家論	薩孟武譯	社會
紅樓夢與中國舊家庭	薩孟武	社會
社會學與中國研究	蔡文輝	社會
我國社會的變遷與發展	朱岑樓主編	社會
開放的多元社會	楊國樞	社會
社會、文化和知識份子	葉啓政	社會
臺灣與美國社會問題	蔡文輝 蕭新煌 主編	社會
日本社會的結構	福武直 著 王世雄 譯	社會
三十年來我國人文及社會科學之回顧與展望		社會
財經文存	王作榮	經濟
財經時論	楊道淮	經濟
中國歷代政治得失	錢穆	政治
周禮的政治思想	周世輔 周文湘	政治
儒家政論衍義	薩孟武	政治
先秦政治思想史	梁啓超原著 賈馥茗標點	政治
當代中國與民主	周陽山	政治
中國現代軍事史	劉馥 著 梅寅生 譯	軍事
憲法論集	林紀東	法律
憲法論叢	鄭彥棻	法律
師友風義	鄭彥棻	歷史
黃帝	錢穆	歷史
歷史與人物	吳相湘	歷史
歷史與文化論叢	錢穆	歷史

滄海叢刊已刊行書目(二)

書名	作者	類別
語言哲學	劉福增	哲學
邏輯與設基法	劉福增	哲學
知識・邏輯・科學哲學	林正弘	哲學
中國管理哲學	曾仕强	哲學
老子的哲學	王邦雄	中國哲學
孔學漫談	余家菊	中國哲學
中庸誠的哲學	吳怡	中國哲學
哲學演講錄	吳怡	中國哲學
墨家的哲學方法	鍾友聯	中國哲學
韓非子的哲學	王邦雄	中國哲學
墨家哲學	蔡仁厚	中國哲學
知識、理性與生命	孫寶琛	中國哲學
逍遥的莊子	吳怡	中國哲學
中國哲學的生命和方法	吳怡	中國哲學
儒家與現代中國	韋政通	中國哲學
希臘哲學趣談	鄔昆如	西洋哲學
中世哲學趣談	鄔昆如	西洋哲學
近代哲學趣談	鄔昆如	西洋哲學
現代哲學趣談	鄔昆如	西洋哲學
現代哲學述評(一)	傅佩榮譯	西洋哲學
懷海德哲學	楊士毅	西洋哲學
思想的貧困	韋政通	思想
不以規矩不能成方圓	劉君燦	思想
佛學研究	周中一	佛學
佛學論著	周中一	佛學
現代佛學原理	鄭金德	佛學
禪話	周中一	佛學
天人之際	李杏邨	佛學
公案禪語	吳怡	佛學
佛教思想新論	楊惠南	佛學
禪學講話	芝峯法師譯	佛學
圓滿生命的實現 (布施波羅蜜)	陳柏達	佛學
絶對與圓融	霍韜晦	佛學
佛學研究指南	關世謙譯	佛學
當代學人談佛教	楊惠南編	佛學

滄海叢刊已刊行書目(一)

書名	作者	類別
國父道德言論類輯	陳立夫	國父遺教
中國學術思想史論叢(一)(二)(三)(四)(五)(六)(七)(八)	錢穆	國學
現代中國學術論衡	錢穆	國學
兩漢經學今古文平議	錢穆	國學
朱子學提綱	錢穆	國學
先秦諸子繫年	錢穆	國學
先秦諸子論叢	唐端正	國學
先秦諸子論叢（續篇）	唐端正	國學
儒學傳統與文化創新	黃俊傑	國學
宋代理學三書隨劄	錢穆	國學
莊子纂箋	錢穆	國學
湖上閒思錄	錢穆	哲學
人生十論	錢穆	哲學
晚學盲言	錢穆	哲學
中國百位哲學家	黎建球	哲學
西洋百位哲學家	鄔昆如	哲學
現代存在思想家	項退結	哲學
比較哲學與文化(一)(二)	吳森	哲學
文化哲學講錄(一)(二)(三)(四)	鄔昆如	哲學
哲學淺論	張康譯	哲學
哲學十大問題	鄔昆如	哲學
哲學智慧的尋求	何秀煌	哲學
哲學的智慧與歷史的聰明	何秀煌	哲學
內心悅樂之源泉	吳經熊	哲學
從西方哲學到禪佛教 —「哲學與宗教」一集—	傅偉勳	哲學
批判的繼承與創造的發展 —「哲學與宗教」二集—	傅偉勳	哲學
愛的哲學	蘇昌美	哲學
是與非	張身華譯	哲學